帀論要訣

잡론요결

雨論要訣

잡론요결

이봉태 편저

命理學은 인간의 命運을 看命하는 역학서이다.

본서는 필자가 교단에서 학생들과 명학을 접했을 때 고명서(古命書)로만 학문을 연구하고
상아탑을 완성하기엔 마땅치 않아 고심하다가 교재로 사용하기 위해 시작한 것이다.

좋은땅

머리말

술학(術學)과 학술(學術)을 구분 짓기가 모호하면서도 분명한 것은 과학을 빙자하면서 술수적 행위를 하는 술학과 자연의 발생근원과 만물의 생태적(生態的) 원리를 천문학과 과학으로 입증하고 있는 학술은 그 의미가 분명 다르다.

고대 중국에서는 개인의 운명을 연구했던 주요학파로 팔자명리학(八子命理學)이란 추명술(推命術)이 존재하였고, 이 학술의 근원이라 할 수 있는 원조(元祖)는 음양오행론과 천인지(天人地)의 삼원론(三元論)에 근거를 두고 천문학과 유기적인 깊은 연관성을 가지고 있다. 즉 명리학은 고대 중국에서 형성된 음양과 오행을 핵심으로 하는 자연생태 모식(模式)에 따라 개인의 출생시간을 간지란 팔자 부호를 접목하여 인생사를 해독한 것이다. 이는 논리적으로 설명될 뿐 아니라 사실적으로도 증빙이 되고 있다 보니 많은 이들이 미신적(迷信的) 행위로 반신반의(半信半疑)하면서도 추종 내지는 믿고 있는 것이 현재의 실정이라 할 수가 있겠다.

다만 운용방법에 있어서 심사숙고해야 할 것은 정당하게 인간사 공기(公器)의 역할을 다하게 되면 존경의 대상이 될 것이지만 도리를 벗어나 사술(詐術) 행위로 흘러가게 되면 불신을 초래하고 미신(迷信)을 조장한다 하여 사회로부터 지탄(指彈)의 대상이 될 것이다. 이런 점은 명학(命學)을 공부하고 연구하는 학자들은 명심하여야 하며, 건전한 마음으로 임하되 작은 이익을 위해 불온한 사행심(射倖心)을 가져서는 곤란하다. 왜 냐면 후인들의 일탈(逸脫)된 행동은 선인들의 노고를 욕되게 하는 일이며, 더구나 사술(詐術)로 흘러간 선배들의 말로가 아름답지 못한 것이 역사가 말하고 있기 때문일 것이다. 이러한 문제를 가슴 깊이 새기고 정신을 가다듬고 좋은 결과를 이루기를 진심으로 기원한다.

책 내용은 세파와 물정(物情)에 따라 잊혀 가고 있는 선인(先人)들의 참된 학설을 찾아 명학에 끼쳐진 영향과 관련성 등을 연구하여 학문의 발전을 기하고 후인들이 진리를 습득(習得)하는 데 미력하나마 도움을 주고자 하는 데 큰 의미가 있겠다. 이런 충정을 헤아려 주기를 부탁드리며 잘못되고 왜곡된 서술도 있을 것이다. 깊고 넓으신 마음으로 혜량(惠諒) 있으시길 바란다.

특히 관용을 바라는 바는 명조나 문구 인용에 있어서 사전 허가를 받지 않았다. 관계분에 이 점 용서를 부탁드린다.

목차

제5장   점사(占辭)의 이해

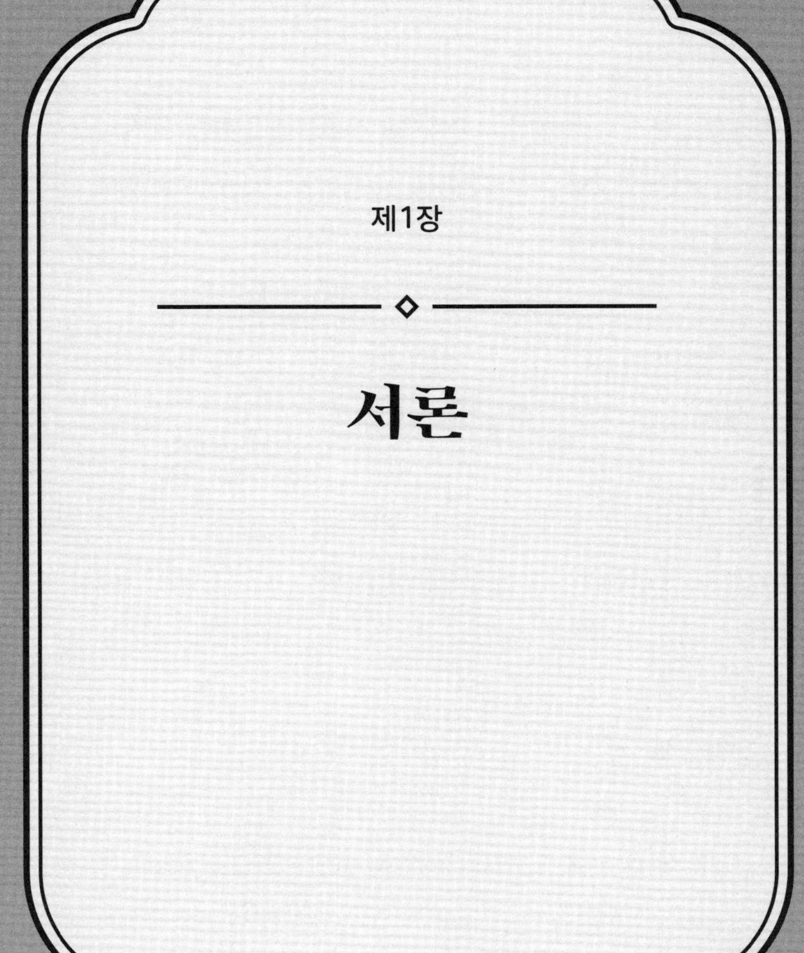

서론

동양을 말하고자 하면 먼저 동아시아 문화권에서 철학[1]의 해답으로 인용되고 있는 음양오행론(陰陽五行論)과 삼원론(三元論)에 관련된 의미를 알아야 한다.

1. 개요

이를 구체적으로 요약하면 음양오행(陰陽五行)은 우주의 모든 존재의 질료(質料)에 관한 연구이며 삼원론(三元論)은 우주의 모든 존재의 원리(原理)에 관한 설명이다.

1) 음양오행

고인들은 우주 천체의 변화와 만물의 생성과 쇠멸의 원인을 음양오행으로 설명하고 있다. 즉 음양(陰陽)은 우주 만물의 태생적 변화의 원리로서 두 개의 상반된 기(氣)이며 하나이다는 논리를 지속하고 있다. 이를 요

---

1) 철학(哲學:philosophy)이란, 인간이 자기 존재의 근원을 탐구하고 나아가 우주의 근원을 연구하는 학문. 모든 학설의 기본이며 기초로 인식되고 있다.

약(要約)하면 대대(代對)와 소장(消長)의 역할로 설명을 하게 된다. 즉 음양은 상반되는 두 가지 기운으로서 서로 대립하고 의존하면서 사물을 만들고 성립시키는 생성과 존립의 원리로 존재하며 서로 순환하고 전화하는 변화의 원리로서 작용하여 왔다.

또 오행은 수대(隋代)의『오행대의(五行大義)』[2] 서문에 "오행이라는 것은 조화의 근원이며 인류의 시발점으로 만물이 오행을 받아 바뀌게 되고 백 가지 영령들이 오행으로 인해 감응하고 통하게 된다."라고 말하며 오상(五常)과 오사(五事)를 말하고 있다. 이런 논리는 음양과 오행이 결합하면서 발전하여 왔다.

2) 삼원

동아시아 문화권에서는 천(天)과 자연과 인간의 우주론적 조화질서의 연관 구조를 천지인(天地人) 삼원(三元)으로 설명한다. 이런 용어는 삼재(三才)니 삼극(三極)이니 하여 일찍이 역서(易書)에 전해지고 있다.

(1) 교학적 사고

유교의 철학적(哲學的) 지평과 통일적 세계관을 제시하여『주역(周易)』「설괘전(說卦傳)」에 '성인이 역(易)을 지으심은 장차 성(性)과 명(命)의 이

---

2) 蕭吉. 북주 말엽 사람으로 隋나라의 陰陽學과 算術學의 대가로 평가받고 있다. 본서는 수나라의 초기까지 전해져온 오행학설의 문헌을 토대로 하여 24종류로 분류해서 정리한 책이다. 五行의 정의에서부터 출발하여 천문·지리·인사적 요소는 물론이고 각 동식물의 분류와 맛 오장육부, 심지어는 왕조의 변천에 이르기까지 오행에 의하지 않음이 없음을 밝힌 일세의 대작으로 평가받고 있다.

치에 순응하고자 함이니 이로써 하늘의 도(道)를 세워서 말하기를 음과 양이요, 땅의 도를 세워서 말하기를 유(柔)와 강(剛)이요, 사람의 도를 세워서 말하기를 인(仁)과 의(義)이니 삼재(三才)를 겸하여 둘로 한다.' 즉 '역(易)이 여섯 획이 한 괘를 이루고 음을 나누고 양을 나누며 유와 강을 번갈아 쓴다. 그러므로 역이 여섯 위가 되어 문장을 이루는 것이다.'라고 설명을 하고 있다.

이같이 역의 논리 체계에서 삼원(三元)의 세계구조는 괘상(卦象)에서 먼저 드러난다. 역의 괘상에 세 효(爻)로 된 팔괘(八卦)와 여섯 효로 된 64 괘(中卦)가 있다.

또 유교와 더불어 중국 전통사상에서 큰 흐름의 하나를 이루는 도가(道家)사상에서도 삼원론(三元論)적 존재 인식이 잘 나타나고 있다. '도(道)가 하나를 낳고 하나가 둘을 낳고 둘이 셋을 낳고 셋이 만물을 낳는다. 만물은 음을 짊어지고 양을 품으며 텅빈 기운(神氣)으로 조화를 이룬다.[3]'라고 설명하고 있다. 노자(老子)의 도(道) 사상은 무극(無極)—태극(太極)—음양(陰陽)—삼원(三元)—만물(萬物)이라는 생성방식은 음기(陰氣)와 양기(陽氣) 그리고 충기(沖氣)의 3개의 결합과 조화로서 우주 만물의 생성되는 체계를 보여 준다. 따라서 음기·양기·충기의 삼원론으로 설명이 되고 있다. 『오행대의(五行大義)』에 나타난 삼원은 『한서(漢書)』「율력지(律曆志」를 인용하여 '삼원(三元)은 하늘의 베풂(天施)과 땅의 조화(地化), 그리고 사람의 일인 인사(人事)에 대한 법이다.'라고 설명하고 있다.

---

3) 『老子(노자)』 42장, 참조.

(2) 철학적 논리

철학(哲學:philosophy)적 논리는 '동서양을 막론하고 인간이 자기 존재의 근원에 대해 궁금증을 가짐으로 인하여 비롯되었고, 이로부터 더 나아가 우주의 존재와 근원에 대해서까지 묻게 됨으로 인하여 철학은 더욱 심화되었다. 그리고 지금까지 주체(主體)로서의 인간과 객체로서의 세계에 대해 수많은 철학적 의미가 밝혀졌다.

그중에 인간과 세계 혹은 우주의 모든 존재의 궁극적 근원 또는 근본원리가 무엇이냐를 밝히려는 존재론(存在論) 분야가 있다. 이는 우주 사이의 모든 존재는 어떻게 생성되었으며 무엇으로 이루어졌으며 장차 어떻게 될 것인가 하는 것들에 대한 궁리(窮理)이다.

동아시아 문화권에서는 철학이란 물음에 대해 그 해답으로 음양오행론과 삼원론을 제시하였다. 정확히 말하면 음양오행은 우주의 모든 존재는 무엇으로 이루어졌느냐는 질료(質料)에 관한 것이고, 삼원론(三元論)은 음양오행을 포함한 원기(元氣)에서 우주의 모든 존재가 어떻게 생성되었으며 변화되는가 하는 원리(原理)에 관한 것이다.[4]

이같이 동양(東洋)을 말하고자 하면 고인들이 추구하고자 했던 삼원(三元)의 원리와 이치를 먼저 알아야 한다.

(3) 명학적 논리

명리학의 철학적이고 형이상학(形而上學)적인 입지를 심화시킨 명대(明代) 초의 『적천수(滴天髓)』에서는 책 첫머리에 천도(天道)와 지도(地

---

4) 네이버 지식백과 참조.

道) 그리고 인도(人道)를 언급하며 삼원(三元)의 중요성을 강조하고 있다. 즉 '천도(天道)는 모든 법의 근본인 삼원을 알고자 한다면 먼저 음양과 오행을 살펴야 한다. 지도(地道)는 곤원(坤元·地支)은 덕과 합하여 기미를 품어서 통하게 하고, 오기(五行)의 치우침과 온전함으로써 길흉을 정한다. 인도(人道)는 하늘을 이고 땅을 밟고 있는 것으로써 사람이 가장 귀하다.'라는 논리로 삼원을 설명하고 있다.

『삼명통회(三命通會)』에서는 천지창조와 음양과 사주팔자와 지장간(地藏干)에 연관하여 말하기를 '태시(太始)에서 시작하여 하나가 셋으로 갈라 터져 가볍고 맑은 것은 하늘이요 양(陽)이며, 무겁고 어지러운 것은 땅이며 음(陰)이다. 사람은 천지에서 음양과 기를 품었다. 주록(主祿)은 천원(天元)이니 십간(十干)이요, 주신(主神)은 지원(地元)이니 십이지라 하고, 사람은 천지에서 음양과 기(氣)를 품은 연고로 지지 중에 주명(主命)이 숨어 있으니 인원(人元)이라 하였고, 이름은 사사지신(司事之神)이라 하였다.'라고 삼원론을 설명하고 있다.

◇ **삼명통회(三命通會)**

<pre>
                          ┌ 天 - 主祿 - 十干 - 天元
배운(胚腪) - 太始 - 木 - 3 ─┤ 人 - 主命 - 암장 - 人元
                          └ 地 - 主神 - 十二支 - 地元
</pre>

◇ 연해자평(淵海子平)

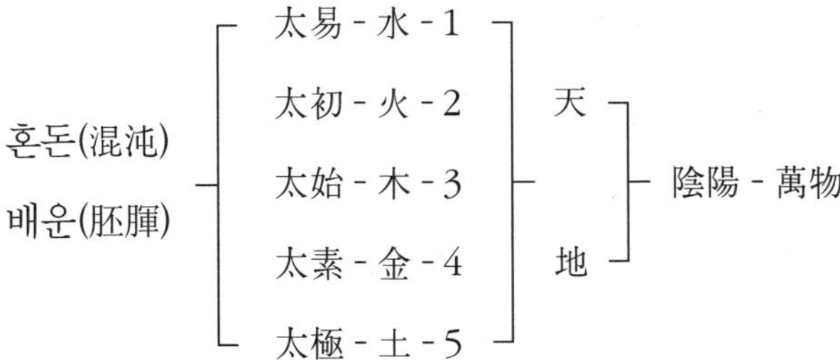

◇ 주역(周易)

　참고로 동방문화권(東方文化圈)에서 설명하고 있는 우주 창조의 비밀을 간략히 도표로 짚어 보면 위와 같이 설명을 할 수 있을 것이다.

2. 운명론

인간이 삶을 살면서 운명에 대해 한두 번 고민해 보지 않은 경우는 거의 없을 것이다. 그러나 흔하게 말하고 있는 운명이란 무엇인가 과연 존재하고 있는 것인가 하고 의문 또한 가져 보지 않은 경우도 드물 것이다. 그럼 과연 운명이란 어떤 논리로 설명되고 있는지를 간단히 탐독하여 본다.

1) 사전적 운명

운명(運命)이란 무엇인가 국어사전에서는 '첫째 인간을 포함한 모든 것을 지배하는 초인간적인 힘, 또는 그것에 의하여 이미 정하여져 있는 목숨이나 처지. 둘째 앞으로 닥칠 여러 가지 일이나 사태' 즉 운명(運命)에 관한 설명이다. 이는 교과서적인 답변인데 어떻게 보면 다소 냉소적이고 회피성 발언이라 할 수도 있겠다. 왜냐면 인간이 추구하고자 하는 행복과 도피하고자 하는 불행에 대한 무한의 답변과는 너무 추상적이고 거리가 멀게 느껴지기도 하기 때문이다.

또 치유의 방법 등을 말하면서 의학의 힘을 빌려 치료하는 의학적 처방법과 또 심리학 등 전문적 학식이나 정신적 심리치료 방법과 또 다른 방법으론 종교의 힘을 빌려 영적(靈的)으로 완치하는 방법 등을 주장하기도 한다. 그러나 그 어떤 것도 궁금증 해소(解消)는 말할 것도 없고, 인생사 한 치의 앞길을 가늠할 수가 없다는 것을 인생 경험으로 설명이 되고 있다.

2) 일반적 운명

대중적으로 말하는 일반적 운명론이다. 즉 모든 일은 운명적으로 일어나며 운명적 판단으로 인생사(人生事)를 논하고자 하는 경우 등이다. 일례로 첫째 호운(好運)이 도래하는 시기에는 자기 앞에 귀인(貴人)이 등장한다든지, 둘째 좋은 운이 오기에 앞서 삶이 일시적으로 고되고 고난의 시기가 있다든지, 셋째 얼굴의 생기가 도는 등 신체의 변화가 온다든지, 넷째 아픈 몸이 서서히 나아진다든지, 다섯째 긍정적인 행동과 말을 사용하게 되고, 여섯째 남을 돕는 행위를 하게 된다든지 일곱째 행복한 꿈을 자주 꾸는 등으로 생활환경의 변화와 신체의 변화가 오게 된다는 등으로 운명을 말하고 있다.

그러나 인간사 삶에 좋은 일만 있을 수 있겠는가? 불운 또한 호운과 반대의 기운이 예시로 나타나 삶에 영향을 끼쳐 몸과 마음을 힘들게 한다. 이런 일들의 조짐이 있을 때는 몸을 청결히 하고 마음을 정숙하게 가다듬고 닥쳐올 여러 단계를 엄숙히 받아들여야 하고 행동으로 실천하여야 한다고 한다. 그 내용은 첫째 선의의 행동을 많이 하여야 한다. 둘째 자신의 내면을 성장시킨다. 셋째 인맥의 중요성을 알고 주위에 사람들이 모이도록 베풀며 살아가야 한다. 넷째 자신은 유일한 존재임을 자각하고 긍정적인 생각을 가져야 한다. 다섯째 욕과 같은 상스럽고 치욕스러운 말과 부정적인 언어를 사용하지 않는다. 여섯째 보시(普施)를 한다.

위와 같은 일들은 누구나 알고 있고 할 수가 있는 일들이다. 그러나 다만 예단으로 그치고 예사롭게 생각하고 실천하지 않는 것이다. 운명은 스스로 만들고 고쳐 나가야 한다는 일반적인 운명론이다.

3) 역학적 운명

그러나 역학적 입장에서는 이렇게 설명하기에는 해답이 될 수가 없다. 특히 명리학을 공부하는 학인으로서는 더욱 애매모호한 답변인 것이다.

인간은 미래에 대한 불확실성과 두려움이 존재하고 일어나지도 않은 일에 대한 공포심으로 정신적 혼란에 시달리는 경우가 많다. 참된 삶과 행복한 생활을 영위(營爲)하기 위해서는 운명적 사유를 알고 해결 방법이 절대적으로 필요한 것인 만큼 인간적 본능으로서 이를 해소하고자 정확하고 좀 더 확실한 예언서(豫言書)가 필요하였을 것이다.

명리학은 이와 같은 욕구를 염원(念願)하는데 일조하고자 한 것이다. 즉 과학적인 천상의 원리를 설명한 역법(曆法)과 우주 만상과 만물의 변화하는 원리를 명(命)과 운(運)이라는 결과물에 담고, 자연의 피조물인 인간 또한 이를 운명으로 삼아 사실적으로 접근해 피흉추길(避凶諏吉) 하고자 한 것이다. 이와 같은 내용이 자평학(子平學) 논리에 잘 드러나 있다.

(1) 명리학적 운명

명리학에서는 출생의 시간을 사주팔자(四柱八字)로 표시하고 이를 명(命) 이라 하고 있으며, 삶의 시간은 운(運)이라 하여 달리 인간의 운명(運命)이라 명명(命名)하고 있다. 즉 명리학에서는 이런 운명을 명운(命運)으로 설명하고 있다.

◇ 출생일시 : 양력 1948. 2. 3. 06:20

命	運
甲戊甲戊 寅午寅子	庚己戊丁丙乙 申未午巳辰卯

다시 말해서 명리학은 인간의 운명을 태생적인 명(四柱)과 삶에서 일어나는 행위의 시간적인 운(時運)을 가지고 설명을 하고 있다. 그것이 비록 우연히 일어나는 일들을 두고 미사여구(美辭麗句)를 섞어 이야기한다고, 이는 미신(迷信)적 행위라고 하지만 앞으로 전개되는 학술은 우리가 얼마나 무지하게 운명을 읽고 보고 있는지를 깨우쳐 줄 것이고, 고인들의 노고에 숙연(肅然)하게 될 것이다.

(2) 명학적 구분

근대 들어와서는 명학(命學)의 한 방법으로 점학(占學)과 무속(巫俗)과 특히 자미두수(紫微斗數)니 기문(奇文) 명리니 하여 명리학이란 타이틀을 걸고 운명을 논하고 있으나 이는 사주(四柱)명리학과 엄연히 구분되어야 할 것이다, 왜냐면 그들이 취하고자 한 본연의 학술과 의미가 다를 뿐 아니라 사용 용도도 분명 다르기 때문이다. 다만 간명의 차이는 있을지라도 인간의 운을 보고자 하는 목적은 같다고 할 수는 있다.

(3) 운명의 지배적 요소

운명은 선천적(先天的) 요소와 후천적(後天的) 요소로 나누어 볼 수 있다. 이것은 현실적 문제와 철학적(哲學的) 관점에서 관찰하여 볼 때의 이야기다. 즉 인간이 이 세상에 올 때는 누가 언제 어디서 누구 자식으로 태어날 것이다. 하고 정해져 있는 것은 아니라는 것이며, 후천적 요소 또한 어떤 일들이 어떤 환경에 의해 일어나고 또 처하여질 것이다 하는 것도 정해져 있지 않다는 것을 말한다. 그러하다 보면 운명을 운명적으로 논하는 자체가 무의미하다고도 할 수 있겠다. 다만 불확실한 운명을 현재의 사실에서 논하여 보는 것 이것이 운명을 논하는 매력이다.

◇ 운명의 지배요소

① 선천요소 - 사주팔자　　　　② 후천요소 - 환경

　　　　출신가문　　　　　　　　　사회

　　　　蔭德　　　　　　　　　　　직업

　　　　世德　　　　　　　　　　　주거

　　　　혈연　　　　　　　　　　　이름

　　　　출생지역　　　　　　　　　종교

　　　　地靈　　　　　　　　　　　학교

　　　　地緣　　　　　　　　　　　嗜好

　　　　부모인연　　　　　　　　　妻緣

　　　　血緣　　　　　　　　　　　친우

　　　　　　　　　　　　　　　　　戰禍

③ 풍습 - 풍속과 관습

　　　정치제도

　　　사회적 환경

체격과 용모

돌연변이 등

④ 기타

이외에도 삶을 영위하면서 나타나는 여러 가지 요소가 가미될 수 있을 것이다.

3. 자평명론(子平名論)

역서를 공부할 때 가장 신경 쓰이는 분야가 학자들이 추구하고자 한 학설의 의미와 진의를 정확히 알 수가 없다는 것이다. 즉 위서(僞書)가 진서로 둔갑하는 경우가 너무 많아 학습에 혼란을 자초하고 있다. 근대에 들어와선 많은 명리서가 출판됨으로 더욱 학습을 어렵게 하고 있다.

1) 시대상

동양사상과 역서는 밀접한 관련성이 있으며 우리들의 생활에 그대로 녹아있다. 옛날도 그랬고 오늘 사는 사람들도 마찬가지다, 다만 믿고 있으면서도 믿지 않으려는데 문제가 있다. 역사는 그 시대의 풍습을 담고 시간의 흐름에 따라 만들어지고 있다. 이는 부인할 수 없는 사실이다.

(1) 년대

기원전 29세기경	三皇 · 五帝
기원전 2070년경	夏
1600년경	銀
기원전 1046년	周 - 西周
기원전 770년	東周 - 春秋時代
475년	戰國時代
221년	秦나라
206년	前漢

기원후 9년	後漢
220년	三國時代
265년	晉代 - 서진
	동진
304년	5호16국
316년	南北朝
581년	隋代
618년	唐代
907년	5대10국
960년	宋代 - 북송
	남송
1115년	金代
1219년	元代
1368년	明代
1616년	淸代
1912년	中華民國

(2) 연혁(沿革)

선인들의 사상과 학설에 관하여 관련된 서책과 자료 의미 등을 시대별로 약설(略說)하였다. 위 시대상과 연결하여 검토하면 도움이 된다.

*복희(伏羲)씨 - 음양·주역 8괘.

*황제(黃帝) - 십간십이지·역법창시·60갑자.

*하(夏) - 하도(河圖)·낙서(洛書)·홍범구주(洪範九疇)

*은(銀) - 역법(曆法)·태음력·태양력·태음태양력.

*주(周) - 문왕(주역 64괘)

*춘추시대(春秋時代) - 공자(孔子)[5]·자사[6]·노자[7]

*전국시대(戰國時代) - 낙록자(珞琭子·三命消息賦)·귀곡자(鬼谷

---

5) 공자(孔子·552~479년)의 도(道)와 사상, 동양을 알고자 하면서 공자를 빼놓을 수가
    없다. 즉 공자의 유교는 수신제가(修身齊家) 치국평천하(治國平天下)를 근본으로 하
    고 인의(仁義)로 설명했다. 공자의 사상은 정명(正命)과 치국(治國)으로 설명을 하
    고 있다고 볼 수가 있다. 다만 이 논리는 박학다식(博學多識한 군자가 백성을 다스리
    고 예악(禮樂)에 의한 제도를 완비하고자 한 것으로 이는 백성 위에 군림하여 천하에
    평화를 유지하는 것임을 참고할 필요가 있다. 삼재 논리는 설괘전(說卦傳)에서 음양,
    강유(剛柔), 인의(仁義)니, 삼재(三才)를 겸하여 쓴다. 삼극, 삼령(三靈), 삼의(三儀),
    삼원(三元) 같은 말이다.

6) 중용(中庸)

7) 노자(老子·기원전 571년~471)의 도교 사상은 무위(無爲) 자연사상으로서 유교적인
    지식이나 제도를 도외시하였다. 따라서 위정자들의 번거로운 간섭을 일체 배제하였
    으며 모든 사람이 하여금 천지 만물의 생성자인 도의 뜻을 체득하여 유약하고 비천
    하고 겸손하면서도 또 한편 강인하고 무불위(無不位)한 능력으로써 이 세계를 차지
    해 나가려는 것이다. 동양문화의 밑바닥에는 형체가 없는 것의 형체를 보고 소리 없
    는 것의 소리를 듣는 따위의 것이 숨어 있지 않을까 하고 있는데 이는 노자의 근본 철
    학을 설명하는 것이다. 인간을 포함한 만물은 생멸변화(生滅變化)를 되풀이하는 유
    한한 존재이지만, 도(道)는 만물의 생멸과 변화를 초월하여 유구하며 무한하다. 유한
    한 존재인 인간이 유구 무한의 실재인 도(道)에 대하여 근원적인 눈을 뜨게 되고 그
    형체 없는 형체를 지그시 바라보고 그 소리 없는 소리에 차분히 귀를 기울일 때, 자기
    가 본래 어떠한 존재이며 무엇을 해나가면 좋을까, 또 인간이 참으로 산다고 하는 일
    은 도대체 무엇일까 하는 것이 명백해진다고 가르치는 것이 노자 철학의 근본이다.

잡론요결

子)[8] · 맹자(孟子)[9] · 추연(鄒衍)[10] · 장자(莊子)[11]

*진(秦)대 - 분서갱유(焚書坑儒)[12]를 빼놓을 수가 없는데, 이는 사기의 진시황본기(秦始皇本紀)에 기록되어 학문과 사상에 대한 탄압을 상징하는 의미로 쓰인다.

*한(漢)대 - 중국 역사에서 가장 강력했던 국가의 하나이고 중국인이 한족(漢族)이란 명칭도 여기서 유래되었다고 한다. 특히 학문과 사상이 구류십가(九流十家)[13]로 혼란스러운 시기이면서도 발전되었던 시기이기도 하다.

*전한시대(前漢時代) - 동중서(紀元前 · 179~104)는 한 무제 때 유교에

---

8) 명리학의 최초 창시자 · 납음오행(納音五行)을 만들고 간지(干支)에 의해 점술을 체계화(體系化)하였다.

9) 맹자(孟子 · 기원전 372?~289년?)는 의(義)를 강조하여 인(仁)의 위치에 같이 놓아둠으로써 공자의 사상을 보충하고 발전시켰다. 특히 성선설(性善說)을 주장하였는데 사람은 태어날 때부터 착한 성품을 가졌다는 것이다. 또 역성설(逆成說)을 설파하였다.

10) 추연(鄒衍 · 기원전 305년~240)은 중국의 전국시대의 제나라 사람이며 제자백가(諸子百家) 중 음양가의 대표적 인물로 오행(五行)과 음양이원론(陰陽二元論)을 결합하여 음양오행 사상을 구축하고 오덕종시설(五德終始說), 적현신주설(赤縣神洲說) 등을 표방하고 주장하였다.

11) 장자(莊子 · 기원전 369~289년경)는 중국 고대 도가(道家)의 사상가로서 노자(老子)의 사상을 계승한 것으로 만물일원론(萬物一元論)을 주장하였다. 또 안심입명론(安心立命論)을 주장하였다.

12) 분서갱유(焚書坑儒) - 의약(醫藥), 복서(卜筮), 종수(種樹) 등의 분야를 제외한 시서(詩書), 제자백가(諸子百家)의 서적은 박사관(博士官)이 가지고 있는 것을 제외한 모든 서적을 불사르고 이듬해 방술사(方術士) 등 460여 명을 구덩이에 파묻어 죽인 사건이다.

13) 구류(九流) - 도가 - 노자, 장자, 열자 · 유가 - 공자, 맹자, 순자 · 명가 - 등석, 혜시 · 음양가 - 추연, 추석 · 법가 - 관자, 한비자, 신불해 · 묵가 - 묵자 · 종횡가 - 귀곡자, 장의, 소진 · 잡가 - 여불위, 유안 · 농가 - 허행 ◎십가(十家) - 소설가 - 손빈,오자서, 등

의한 사상통일을 주장하며 유교가 국교화하는 데 기초를 만들었다. 이후 중국 문명의 핵심으로 큰 역할을 하게 되었다. 동중서(董仲舒)[14]의 유가 사상은 이전의 유가 사상과는 달리 음양론을 중심으로 하고 있다. 모든 존재의 궁극적인 근원이며 만물을 구성하고 있는 보편적 존재, 즉 우주생성론에서 최초 근원지는 기(氣)이며 음양과 사시를 통하여 만물이 생성된다고 주장하였다. 즉 원기(元氣) - 음양 - 사시 - 만물을 생성한다고 보았다.

*후한시대(後漢時代) - 왕충(王充)은 논형(論衡)[15]을 짓고 유물론(唯物論)[16]과 자연정명론(自然定命論)[17]을 주장하고 공자·맹자를 비판하여 중국말까지 주류사회로부터 이단시되어 왔다. 즉 공자·맹자를 비판했기 때문이다. 천인상관설(天人相關說)이나 미신적 예언설인 참위설(讖緯說)을 비판하고 부정하였으며 특히 동중서의 천인감응설(天人感應說)을 신랄하게 비판하였다.

---

14) 동중서의 학설에는 천인감응론(天人感應論) 재이론(災異論) 참위설(讖緯說) 등 음양오행설에 바탕을 두어 일식·월식·지진 등의 천재지변이나 인간 사회의 길흉화복을 예언하던 학설, 삼강오륜의 신격화, 인부천수설 등이 있다.

15) 논형(論衡) - 명의(命義) 편에 국가의 명이 사람의 명을 이기고 수명(壽命)이 녹명을 이긴다는 주장을 하였다. 다만 본성의 악함은 후천적인 학습과 교육을 통하여 선으로 바뀔 수 있다고 보았다.

16) 유물론(唯物論) - 논형(論衡)에서 '하늘의 도는 자연적이고 길흉은 우연히 모인다'고 하고, 자연으로서의 천(天)과 모든 현상은 기(氣)의 작용에 의한 필연적으로 일어난다고 주장하였다.

17) 자연정명론 - 본성(本性)과 명은 다르다고 보고 길과 흉을 얻는 것을 명(命)이라 했다. 그는 명을 수명과 녹명(祿命)으로 분류하여 수명(壽命)은 삶과 죽음, 장수와 요절을 말하고, 녹명은 빈부와 귀천인 부귀를 가리키는데 이것은 부모가 기를 줄 때에 결정된다고 보는 기일원론(氣一元論)을 위주로 한 자연정명론(自然定命論)을 주장하였다.

*삼국시대(三國時代) - 위(魏)·촉(蜀)·오(吳)·삼국시대(220~280년)에
는 기문둔갑(奇門遁甲)에 능했던 제갈공명과 관로(管路)가 있었다.

*위진(魏晉) 남북조시대 - 이후에 술수(術數)는 점진적으로 정통적인 학
술의 전당에서 배척되기 시작했다. 왜냐면 봉건 사회에서 장기간 통치
적 지위를 점유한 유가의 학설은 군주에게 충성하고 부모에게 효도하
는 정치적 윤리의 원칙을 첫 번째 위치에 놓았다. 그러다 보니 통치술
과 그다지 관계가 많지 않은 고대의 음양오행(陰陽五行術)은 특이한
기술과 음흉한 기교로 보았으므로 방기와 술수는 결코 고상한 학술의
전당에 이름을 올리지 못했기 때문이다. 술수는 단지 도교에 흡수되거
나 재야(江湖)의 술사의 손에 들어갔을 뿐이다.

*수대(隋代·581년) - 소길(五行大義)[18]

*당대(唐代·618년) - 이허중(李虛中命書, 762년)[19]

*5대10국(907년) - 진희이(紫微斗數), 서자평(明通賦)

*송대(宋代) - 서자평(珞琭子三命消息賦注), 서승(淵海子平(1162년), 요
중(五行精記), 왕정광·석담영(珞琭子賦注)

*금대

*원대

*명대(明代·) - 유백온(滴天髓·1368년·奇門遁甲秘笈), 만민영(三命

---

18) 북주(北周) 말엽과 수나라 초기의 음양학과 산술학(算術學)의 대가. 수나라 이전의
오행에 관한 전적들을 총망라하여 모든 사물과 현상들을 오행으로 분류한『오행대의
(五行大義)』를 지었다.

19) 중국 당나라 때의 인물로 명리학을 체계화하여 중국 고대 명리학의 종사(宗師)로 평
가된다.『네이버지식백과』

通會),[20] 장신봉(新峰通考·命理正宗), 미상(欄江網), 당금지(評注淵海子平)

*청대(清代) - 진소암(命理約言·1637년·滴天髓輯要), 심효첨(子平眞詮 1739년), 임철초(滴天髓闡微)[21], 원수산(命理探原 1881년), 여춘대(窮通寶鑑)

*중화민국(中華民國) - 위천리(精選命理約言·1933년, 八字提要 1946년), 서락오(滴天髓徵義·子平眞詮評注·子平粹言)

2) 명론

『삼명통회(三命通會)』「자평설변(子平說辯)」에 의하면 명리학의 초기 단서로 '요즘 명(命·四柱)을 이야기하는 사람은 종종 자평(子平)을 근본으로 삼고 있지만, 그 근원을 정확히 모르고 있다. 자평(子平)은 서거이(徐居易)의 자(字)와 연관이 된다.'라고 하고 있다.

『탁영필기(濯纓筆記)』를 보면 '자평의 성(姓)은 서(徐)이고 이름은 거이(居易)인데 자평이 자(字)이다. 그는 동해(東海)의 사람으로서 사척(紗滌) 선생이라고도 부르고 또한 봉래수(蓬萊水)라고도 불렀는데, 태화산

---

20) 萬民英 : 『삼명통회(三命通會)』의 저자, 세상의 명리이론을 망라한 것으로 그 범위가 방대하다. 다만 다소 체계화되어 있지 못하여 이해하기가 힘든 면도 있다.

21) 任鐵樵 : 청대 명리학자, 본인의 팔자를 간명한 내용이 서책에 기록되어 있다. 그기에는 '호구지책으로 명리를 배웠지만 하찮은 기술을 가지고 웃음거리만 되었으니 소위 물 마른 수레바퀴 자국 속에 살아 있는 붕어와 같은 처지로 겨우 한 바가지의 물과 한정된 땅에서 곤궁한 때를 맞이하니 슬프도다.' 라고 적고 있다. 명리학자로서의 비애(悲哀)일 것이다.

(太華山) 서쪽에 있는 당봉동(棠峰洞)에 은거하였다. 자평의 법은 사람의 생·년·월·일시로써 녹명(祿命)을 추산하는 것인데 적중하지 않은 것이 없었다. 전국시대에 귀곡자(鬼谷子)와 낙록자(珞琭子)가 있었는데, 사주의 근원은 이들부터 나온 것이다. 세상에 원리소식부(元理消息賦) 한 편이 있는데 낙록자가 지은 것이라고 말한다. 그러나 그 글을 보면 거의 후세 사람들이 거짓으로 지은 것이지 진본(眞本)이 아닌 위서(僞書)일 가능성이 많다.'라는 것으로 설명하고 있다.

한 대(漢代)에는 동중서(董仲舒), 사마계주(司馬季主), 동방삭(東方朔)과 엄군평(嚴君平)이 있었다. 삼국시대(三國時代)에는 관로(管輅)가 있었고, 진(晉)나라에는 곽박(郭璞), 그리고 북제(北齊)에는 위령(魏寧)이 있었다.

당나라에는 원천강(袁天綱), 일행(僧侶一行), 이필(李泌)과 이허중(李虛中)이 있었다. 이들은 모두 그의 학술을 원조로 했다. 특히 이필은 유람하다가 관로(管路)의 책 『천양결(天陽訣)』을 얻고 또 일행에게서 『동발요지(銅鈸要旨)』를 전수(傳受) 받았는데, 사람들의 길흉(吉凶)을 점쳐보니 대단히 영험했다. 그는 이허중에게 전한 것이 널리 퍼져 사용된 것이다. 낙록자는 연(年·年柱)을 기준으로 하고, 이허중은 일(일·日柱)을 기준으로 하여 그 법이 여기에서 바뀐 것이다.

오대 때 마의도자(麻衣道者)와 희이(希夷) 선생이 있었다. 이것이 자평의 무리까지 이어진 것이다. 자평은 이허중의 학술을 터득하여 첨삭(添削)하여 전적으로 오행만을 위주로 하고 납음(納音)은 위주로 하지 않았으므로 여기에 이르러 그 법이 또한 한번 바뀌었다.

자평(子平)이 사망한 후 송대(宋代) 효종(孝宗) 순희(淳熙) 때 회전(淮

甸)의 술사가 있었다. 호(號)가 충허자(沖虛子)라는 사람이 이 술수에 정통하고 당시에 그것을 중시했다. 그리고 승려인 도홍(道洪)이라는 사람이 은밀히 그 법을 이어받고는 전당(錢塘)에 가서 그 학문을 전수하고 유포시켰는데, 세속에서는 그 유래를 알지 못하여 직접적으로 자평을 언급했을 뿐이다.

이후에 도홍이 서대승(徐大升)에게 전했다. 현재 전해지는 것, 예를 들어『삼명연원(三命淵源)』,『정진론(定眞論)』등의 저서들은 이 본래의 책을 바꾸어 놓은 것이다.『오행정기(五行精紀)』,『난대묘선(蘭臺妙選)』,『삼거일람(三車一覽)』,『응천가(應天歌)』등의 책을 살펴보면『연원(淵源)』,『연해(淵海)』와는 다르다. 대개 문장을 보고 그 바뀐 내용을 살피면 역법을 다스리고 때를 밝힌 것인데, 모두가 그 시기에 맞게 바꾸어 놓은 것이다. 비록 100년밖에 떨어져 있지 않을지라도 술수의 학설도 다르지 않다고 할 수 없다.

서대승 때에 이르러 자평의 시대와는 이미 3백여 년 떨어져 있다 보니 그 법이 몇 번 바뀌었는지 모른다. 간혹 서대승(徐大升)은 자평(子平)이 진정으로 전수한 것을 터득했다고도 하지만『계선(繼善)』편 등을 보면『명통부(明通賦)』를 벗어나지 않고 단지 그 말들을 더 바꾸어 놓았다. 낙록자(珞琭子)의『원리소식부(元理消息賦)』라는 하나의 부는 서대승이 혼자 터득한 것으로 판명되며 더불어 오늘날 명을 추산하는 술수는 또한 원나라 자평과 서대승 두 학파의 법을 미루어 연역해 낸 것이다.

오늘날 명을 이야기하는 사람들을 돌아보면 종종 자평이라고 바꾸어 부르지만, 그 근원을 알지 못한다. 그러므로 자평이라는 두 글자를 풀이

하여 상세히 논하였다[22]는 설명을 하고 있다. 그러나 불명확한 논리가 그러하듯이 이 또한 진서에 나타난 것은 아니다.

위의 내용은『자평설변(子平說辯)』에 나오는 설명을 약설한 것인데, 육치극(陸致極)[23]은 이것도 또한 근거가 불확실하다고 한다. 이런 점을 볼 때 명리학의 변천사의 진위를 가리기가 모호하고 어렵다.

---

22) 三命通會. 자평설변 인용.

23) 陸致極 著,『중국명리학사론(中國命理學史論)』, 상해인민출판사.

제2장

◇

명리 잡론(雜論)

잡론(雜論)의 구체적 내용은 명리학적으로 중요한 사료(史料)들인데도 불구하고 학문의 중심에 들지 못하고 소외되거나 무관심으로 외곽에서 겉돌며 때론 도태(淘汰)되기도 하는 내용 등을 발췌하여 집설(輯說)한 것이다.

다만 이런 내용이 사장되어 간다는 것은 학문의 발전뿐 아니라 인간사 피흉추길(避凶諏吉)과 인의(仁義)에도 악영향을 끼치게 된다는 것을 감안(勘案)할 때 참으로 안타깝기 그지없다. 그러므로 학설의 진의를 도와 역학발전에 도움을 얻어야 하겠기에 수집하여 기록한 것이다.

1. 역학의 태동

고대 중국에서는 농업경작의 수요 때문에 일찍부터 역법으로서 월령과 절기를 십분 활용하고 있었는데 주대(周代)를 거쳐 춘추전국시대에는 제자백가들로 인해 다방면으로 학술의 발달을 하였다. 그러다 진시황의 분서갱유(焚書坑儒)로 인해 많은 서적이 소실되고 분실되는 비운을 맞지만 『주역(周易)』은 점서(占書)로 평가되어 그 화(禍)를 면하고 육경(六經)의 하나로서 많은 발전을 하게 된다.

『주역(周易)』은 상수역학(象數易學)과 의리역학(義理易學)으로 구분하는 것이 통례인데 상수역은 상(象)과 수(數)로서 괘효(卦爻)와 음양(陰陽)으로서 역학(易學)의 부호 체계를 말하고, 의리역(義理易)은 경전의 내용에 관한 설명과 철학적인 가치와 뜻을 나타내는 형이상학적인 면을 연구하는 것이다. 이 상수역(象數易)은 한 대의 역법의 발전과 더불어 천지 자연변화의 이치에 연관하여 인간의 길함을 좇고 흉함을 피하는 피흉추길(避凶諏吉)의 한 방법으로서 절기(節氣)를 응용한 역학(易學)의 원리가 형성되게 된 것이다.

1) 역학설

(1) 맹희의 괘기설(卦氣說)

맹희(孟喜)[24]는 괘기설의 창시자이다. "괘기설은 주역의 괘효상(卦爻象)을 이용하여 1년의 절기의 변화를 설명한 것이다. 구체적으로 설명하면 그것은 주역의 괘효를 일정한 법칙에 따라 사계절·열두달·24절기·72후 등을 유기적으로 결합하고『주역(周易)』의 역법을 융합하여 일체가 되는 역할 이론을 형성한 것이다. 이 이론의 목적은 기후의 변화를 추측하고 더 나아가 인간의 일에서 길함과 흉함을 미루어 판단하는 것이다."[25] 중국의 명리학사에 나타낸 괘기역학에 관한 설명이다.

---

24) 맹희(孟喜): 기원전 90~기원전 40, 서한 시대에 소제와 선제 때에 태어났고 동해의 난릉의 사람으로서 자는 장경. 전하의 제자로 금문경학파.

25) 『中國의 命理學史』, 123쪽.

(2) 경방의 괘기설

경방(京房)은 맹희의 괘기설을 한 걸음 더 발전시켰다. "서한 시대 말기에 나온 역위(易緯)는 맹희와 경방의 괘기설을 전반적으로 총정리한 것이며 또한 효진설(爻辰說)을 제시했다.

이는 주역의 64괘 순서에 따라 서로 대립하는 12개의 효를 각각 역법에 안배하여 1년 열두 달의 십이지를 나타내었다. 그러므로 서로 대립하는 두 괘는 열두 달을 대표하여 1년이 되고 서른두 쌍의 괘는 32년을 대표한다.

건(乾)과 곤(坤)이 두 개의 괘에서 시작하여 마지막 두 개의 괘상, 즉 기제괘(既濟卦)와 미제괘(未濟卦)까지 왕복하고 순환하는 과정에서 연대가 추산된다. 그것은 1년의 한계를 뛰어넘어 32년을 하나의 순환주기로 본 것이다."[26]

이것은 괘상(卦象)과 효상(爻象)을 통해서 우주의 자연 도식을 체계적으로 표현하고 또 여기서 나타내고자 한 음효(陰爻)와 양효(陽爻)는 우주의 시간대인 하루·한 달·한 계절·일 년의 시간대에 있는 기(氣)의 상태를 표현하고자 했다.

(3) 괘기설의 변화

『주역(周易)』의 사유방식에서 시작하여 괘효의 부호 모형을 통해 천지 자연의 변화를 읽고자 한 괘기설(卦氣說)은 시대의 흐름에 따라 여러 모양으로 변화와 발전을 가져왔다.

"동한(東漢) 시대에 위백양(魏伯陽)의 『주역참동계(周易參同契)』에서는

---

26) 『위 책』, 131쪽 참조.

괘기설을 도가(道家)의 연단술(煉丹術)에 도입했다. 연단에 사용되는 화(火)를 괘기설에서 말했던 달의 기우는 것과 차는 것 및 사계절의 변화에 연관시킴으로써 연단술에 일종의 이론적 근거를 제공했다.

그리고 북송시대에 소옹(邵雍)의 선천역학(先天易學)은 도가와 유가를 흡수하여 상수 역학을 절정에 이르게 하였다. 소강절(邵康節)은 '선천도(先天圖)'라는 법칙을 활용하여 점진적으로 분석함으로써 팔괘와 64괘가 형성되는 원리를 설명하고 우주가 형성되는 도식을 세웠으며 이로써 인간 사회가 변화하고 발전하는 것을 설명했다."[27]

(4) 괘기역학과 명리학과의 관계

명리학(命理學)의 사유체계이자 이론을 검토하여 보면 그 본령은 위의 괘기역학(卦氣易學)의 그 본령과 같은 점을 발견하기에 수월하다. 괘기역학에서 말하는 계절의 변화를 괘상(卦象)으로 나타내고 있는 것과 명리학의 천문역법과 음양오행이 결합한 간지 체계로 시간의 변화를 읽고 있는 점은 그 원리가 같다는 것이다. 즉 '경방의 괘기(卦氣) 역학의 사유구조(事由構造)와 명리학의 사유구조는 전적으로 동일(同一)한 것이다.

재론하면 괘기역학(卦氣易學)은 1년, 12달, 24절기, 72후의 시간 변화로서 역(曆)을 팔괘와 64괘의 괘상(卦象)으로 역(歷)과 상관적으로 결부 지어 설명한 것이고, 명리학(命理學)은 10간과 12지의 상합(相合)으로 60갑자가 연·월·일·시로 순환하는 체계로서 24절기와 72후의 시간 변화를 음양 이기의 소식 과정과 오행의 변천을 표상하는 매체로 삼아 인간의 길

---

27) 『中國의 命理學史』, 132쪽 참조.

흉화복을 설명한 것이다.

즉 경방의 괘기 역학과 명리학의 관계는 근본적으로 우주와 시간의 변화를 동일(同一)하게 표상하는 서로 다른 형상의 매체로서 동일한 본령 위에서 동일한 내용을 전개한 것이라고 할 수 있다.[28] 이는 곧 만물의 변화는 시간의 변화로서 시간이 지나면 만물은 변화의 과정을 거치고 그것에 인간도 예외로 취급될 수가 없다는 논리가 곧 진리로 말하고 있다.

괘기역학과 명리학은 이 같은 근원에 바탕을 두고 발전한 역학으로 그 근원은 상관이 있다고 볼 수 있다. 다시 말해서 괘기역학과 명리학의 근원은 사시(四時)와 절기력(節氣曆)에 그 바탕을 두고 있다.

(5) 산명술(算命術)과 명리학과의 관계

명리학을 공부하고자 하는 사람들은 제일 먼저 역의 삼대(三大) 보서(寶書)로 여기고 있는『자평진전(子平眞詮)』,『적천수(滴天髓)』,『궁통보감(窮通寶鑑)』을 근본으로 삼고 이를 당연히 배워 익혀야 한다고 한다.

그러나 명리의 근원을 알고자 하면 이들 외에 먼저『연해자평(淵海子平)』과『삼명통회(三命通會)』로 공부를 하여야 한다. 그러나 일부 명리학자들이 말들 하기를 이들 책은 그 범위가 너무 방대하고 난해(難解)하며 내용이 정미(精美)하지 못하다 하여 소홀히 취급하고 일부는 기피하기도 하며 하물며 이를 공부하지 않아도 명조(命造)를 통변(通辯) 하는 데는 아무 문제가 없다고 한다. 그것은 정말 위험한 말들이다.『연해자평(淵海子平)』과『삼명통회(三命通會)』를 공부하지 않는 것은 숲을 보지 않고 나무

---

28) 정하용, 논문 참조.

를 보는 경우다. 물론『자평진전(子平眞詮)』,『적천수(滴天髓)』는 훌륭한 명리서이지만 그것은 하나의 산명술서(算命術書)로서 간지와 음양오행을 통한 명조(命造)의 통변을 위한 해설서(解說書) 와 같은 경우다. 다만 『궁통보감(窮通寶鑑)』은 이들 명서(命書)와 좀 다른 경우로서 괘기역학과 연관성이 많은 명서이다. 물론 간지와 음양오행의 원리를 접목하여 통변을 하고 있지만, 그 내용은 천문(天文)과 계절의 변화를 읽고 인간도 자연의 일부인 만큼 자연의 변화 원리에 순응하는 만물의 한 구성 원소로서 인간의 변화를 이야기하고 있다.

이것은『주역(周易)』을 이용한 괘기역학의 산물로서 보는 경우이지만 세월이 지나오면서 여러 논리와 사상이 접목되어 발전하였다고 봐야 한다.

(6) 절기력(節氣曆)과 명리학과의 관계

명리학은 천상의 원리를 설명한 역법(曆法)과 우주 만상의 변화는 원리를 명(命)이라는 결과물에 담아 인간의 운명을 예측해 보고자 오랜 옛날부터 지금까지 2천여 년의 세월 동안 수많은 곡절을 겪으면서도 그 시대의 사상과 철학에 접목되면서 발전하여 온 것이 사실이다. 이의 학설을 뒷받침하는 것은 음양오행에 근원을 두고 있다. 또 음양오행(陰陽五行)의 변천에는 천지 변화의 원리가 그 속에 담겨 있고 천지 변화의 원리는 계절의 변화로서 표현되고 있다. 이같이 자연의 변화를 고인들은 생활에 십분 활용하고 인간의 길흉화복도 그 자연의 변화에서 찾고자 한 것이다.

특히 매월 절기의 변화를 동월이명(同月異名)으로 나타내고 있는 것을 볼 때 이를 잘 나타내주고 있음을 감지해 볼 수 있을 것이다. 즉 정월(正月)에는 맹춘(孟春)과 초춘(初春)이 들어오는 달이니 십이율(十二律)은 태주이고 월명(月名)은 1월의 시작이니 인월(寅月)로서 나타내고 12개월의 으뜸이니 원월(元月)이라 하고, 햇빛이 푸른빛을 띤다 하여 청양(淸揚)으로 표현하고, 양기(陽氣)를 처음으로 맞이한다 하여 맹양(孟陽)이라고도 한다.

2월은 음양 소식과 오행으로서 묘(卯)의 활동을 할 뿐만 아니라 이달은 중춘(仲春)으로서 월의 중심이요 봄의 우두머리라 하여 영월(令月)이요 대장월(大壯月)로 표현하고 복숭아 꽃이 피니 도월(桃月)이요 여러 꽃이 봉오리를 맺는 시절이라 하여 화조(華朝)로도 표현한다.

3월은 진월(辰月)이요 만춘(晚春)이니 십이율(十二律)로는 고선이고 모란꽃이 자태를 나타낸다 하여 화월(花月)이요 아름다운 계절이라 하여 가월(嘉月)이요 누에를 치는 달이라 하여 잠월(蠶月)로 표현하고 있다.

4월은 여름의 시작이라 하여 시하(始夏)라 하고 들어온 달이니 입하(立夏)요 보리가 자라 추수를 한다 하여 맥추(麥秋)로 표현하였다. 또 이달의 절기는 소만(小滿)으로서 비치는 햇빛이 짧다 하여 유하(維夏) 괴하(塊夏) 입하(立夏) 등으로 양성적(陽性的)으로 표현하고 있다.

5월은 매실(梅實)이 누렇게 익는다 하여 매월(梅月) 매천(梅天) 매하(梅夏)로 나타내고 날씨가 덥다 하여 서월(暑月) 여름 날씨에 꽃향기가 바람에 날린다 하여 훈풍(薰風), 포월(蒲月)로서 창포(菖蒲) 잎이 무성함을 나타내고 낮이 길게 이어진다 하여 장지(長至)라 나타내고 있다.

6월은 여름의 끝이니 계월(季月)이고, 밤하늘에 반딧불을 보니 형월(螢月)이요 재양(災陽)은 무더운 여름 날씨는 음양에서 양이니 양기가 극심하여 우환(憂患)이 있다는 표시로 보이고 절기는 소서(小暑)로 나타낸다. 또 이달은 매미 날개에서 계절을 느낀다 하여 선우월(蟬羽月)로 나타냈다.

7월은 매미가 울어대니 선월(蟬月)이라 하고, 아침저녁 차갑고 서늘한 한기가 돈다 하여 양월(涼月) 냉월(冷月)이라 하고, 가을의 초입이라 신추(新秋) 상추(上秋)라 하고 절기는 처서(處暑)를 나타낸다.

8월은 북쪽 하늘에서 기러기가 날아온다 하여 안월(雁月) 밤하늘에 높이 떤 달이 아름답다 하여 교월(巧月)이라, 또 계수나무를 상상하여 계월(桂月)이라, 절기(節氣)로는 이슬이 내린다는 백로(白露)이다.

9월에는 밤하늘 빛이 칠흑같이 검다 하여 현월(玄月)이요 국화꽃이 핀다 하여 국월(菊月), 가을이 저물어 간다 하여 모추(暮秋)로 표현하고 있다. 가을 하늘이 높다 하여 고추(高秋), 서리가 내린다 하여 상진(霜辰)이라 했다.

10월에는 날씨가 그리 춥지 않다고 양월(陽月) 양월(良月), 소양춘 소춘이라 하고 절기로는 입동(立冬)을 나타낸다.

11월에는 겨울이 맹위를 떨친다 하여 창월(暢月)이라 하고, 양기가 돌아온다 하여 양복(陽復)이라 하였다. 이달의 절기는 동지(冬至)이다.

12월에는 엄청 춥다 하여 엄월(嚴月), 만물이 꽁꽁 얼었다 하여 빙월(氷月)이라 하고, 12월은 섣달로도 불리고 있다. 또 겨울이 저문다 하여 모동(暮冬)으로 표현하고 있다.

이들 외에도 월명을 해당 계절의 식물을 나타내기도 하고 있다. 즉 "3월의 화월은 개나리, 진달래, 할미꽃을 본 따기도 하고 5월은 매실이 익는다 하여 매월, 매하, 매천으로 표현하고, 또 창포잎이 무성하다 하여 포월이라고도 한다. 7월의 조월, 동월, 과월도 모두 그 식물잎이나 열매가 인상적인 데에서 가져온 이름이다." 또 월명을 월별로 왕성한 활동을 하는 동물로도 표현하고 있다.

이외에도 "누에 칠 준비에 바쁘다 하여 3월을 잠월(蠶月)로 메추리와 매미가 나타났다 하여 5월을 순월, 조월, 명조라 하고 6월의 반딧불과 매미 날개에서 형월과 선우월 7월의 매미 소리에서 선월, 8월의 기러기에서 안월이 있게 된다. 또 기온과 강수량에 관계되는 월명도 있다. 청명 곡우 중화는 3월을 건월은 4월을 복월 유월 소서는 6월을 나타내고 또 2월은 영월(令月), 여월(麗月), 대장월(大壯月)이라 하고, 8월을 교월(巧月), 가월(佳月), 장월(壯月)로 표현하여 월광(月光)의 아름다움을 월명(月名)에 붙인 것도 있다."[29]

위와 같이 절기력(節氣曆)으로서 자연의 모든 부분을 잘 나타내 주고 있다. 인간 또한 만물의 영장으로서 계절의 영향을 받고 있다고 볼 수가 있을 것이다.

2) 간지론

간지(干支)란 천간(天干)과 지지(地支)를 통틀어 줄인 말이며 명리학에서는 가장 중요하고 근본이 되는 것이다. 간지(干支)의 기원(起源)에서는 정확한 발생기원을 알 수가 없다. 여러 가지 설이 있으나 크게 두 가지로 요약해 볼 수 있다.

하나는 『연해자평(淵海子平)』에서 말하는 황제 헌원(軒轅) 씨의 간지기원설(起源說)이고, 또 하나는 『삼명통회(三命通會)』에서 말하는 천황(天皇)씨의 간지 천강설(天綱說)이다.

---

29) 이은성, 위 책 참조.

 잡론요결

'간지의 성명은 천황씨 때 처음 제정하고 지황(地皇)씨가 삼진(三辰)의 도(道)를 주야(晝夜) 30日로서 일월(一月)로 삼고 간지를 처음 배정 하였으며 복희(伏羲)씨 때에 이르러 우러러 천에 관상(觀象)하고 굽어 치중(地中)에 관법(灌法)하여 사람과 더불어 만물을 보고 신시(神時)에 통한 덕으로 팔괘를 그리고 만물의 정을 분류하여 갑력(甲歷)을 지으니 문자가 처음 생기었다. 황제에 이르러 대요씨(大撓氏)에 명하여 오행의 정을 천서삼식(天書三式)을 참고하고 十干과 十二支를 연결하여 육십을 이루었다.'[30]라고 설명하고 있다.

60갑자(甲子)가 처음 만들어진 경위까지 설명하고 있다.

(1) 기원설

간지(干支)는 명리학을 구성하는 데 근본이 된다. 특히 통변을 하는 데, 가장 중요하고 중추적인 역할을 하며 십간과 십이지의 풀이를 어떻게 하느냐 하는 것이 가장 중요한 관건이다. 다만 간지의 기원은 하나의 설화(說話)에 기인한다고 볼 수 있으나 어떻든 사람이 만들었을 것이고 그 정묘함에 탄복할 수밖에 없다.

① 황제 기원설

『연해자평(淵海子平)』에 게재된 황제 기원설에는 중국의 오제(五帝)의 한 분인 황제(黃帝)께서 당시 세상이 혼란하여 백성이 어려움에 고통을 당하자 이를 해결하고자 하늘에 기원하니 십간십이지의 영시(靈市)를 내

---

30) 만민영저, 박일우編著『三命通會』, 臺灣,培琳出版社, 1996, 43쪽 참조.

려 주셨고 황제는 이를 부여받아 십간은 하늘의 모양을 본떠서 원(圓)으로 포(布)하고 십이지는 땅의 모양을 본떠서 모나게 퍼서 지형을 상징케 하였다고 아래와 같이 설명하고 있다.

"황제(黃帝) 시대에 치우(蚩尤)가 병난과 횡폭을 좋아하므로 황제께서 백성의 고통을 근심하사 탁록(涿鹿)의 들판에서 전쟁을 치러 주살하니 수많은 사상자가 나서 그 유혈이 백 리에 뻗치므로 수습할 수가 없었다. 황제께서 목욕재계 한 뒤 단(壇)을 쌓고 하늘에 제사를 지내자 방구(方丘)의 예지로 하늘이 10간과 12지를 내려보내셨다. 황제가 이에 10간으로써 원(圓)을 만들어 하늘의 모양을 본뜨고, 12지를 네모지게 벌려 땅의 모습을 본떠 비로소 간(干)을 하늘로 삼고, 지(支)를 땅으로 삼게 되었다.

이를 햇빛을 받도록 높이어 관청의 대문에 걸어 놓은 뒤 치우를 다스릴 수 있었다. 그 후 대요(大橈)씨가 집정하실 때 후인(後人)을 근심하고 말씀하시기를 '한탄스럽도다! 황제(黃帝)씨는 성인이신데 오히려 악살(惡殺)을 간단히 치화(治化)하실 수 없었거니 후세에 재난을 당하고 고액(苦厄)을 받을 때는 어떤 방법으로 해구(解求)할 수 있겠느냐?' 하시고 드디어 십간과 십이지를 분배하시어서 육십갑자 등을 작성하시었다."[31]라는 기원설이다.

---

31) 黃帝時 有蚩尤神擾亂 當是時 黃帝甚憂民之苦 逐戰蚩尤於逐鹿之野 流血百里 不能治
之 黃帝於是齊戒築壇祀天 方丘禮地 乃降十干十二支 帝乃將十干圓布象天形 十二支
方布形地形 是以 干爲天之爲地 合光仰職門放之 然後 乃能治也 自後有大橈 爲後人憂
之 嗟呼 黃帝乃聖人 尙不能治其惡殺 萬一後世見災被苦 將奈何乎 遂將夫十干十二支
分配 成六十甲子云.

　　　　　　　　　　　　　　　　　　　　　　　잡론요결

② 천황씨의 간지 기원설

『삼명통회(三命通會)』에서는 다음과 같이 설명하고 있다. "옛날 반고씨(盤古氏)가 천지의 도를 밝힐 때 음양의 변화에 통달하여 삼재의 수군(首君)이 되었다. 천지가 이미 나누어진 후에는 하늘이 먼저 생기고 뒤에 땅이 생기었다. 이 천지의 기(氣)로부터 사람이 나왔다. 고로 천황씨가 반고씨를 이어 다스리게 되었다. 이때를 일러 천령(天靈) 이라 하니, 담백(淡泊)하고 무위(無爲) 함에도 풍속이 저절로 순화되었다. 비로소 간지의 이름을 지어 세(歲)의 소재를 정하였다.

간(干)은 열 개로 곧 십간이다. 십간은 알봉(閼逢), 전몽(旃蒙), 유조(柔兆), 강어(疆圉), 저옹(著雍), 도유(屠維), 상장(上章), 중광(重光), 현익(玄黓), 소양(昭陽)을 말하고, 十二支는 곤돈(困敦), 적분야(赤奮若), 섭제격(攝提格),단알(單閼), 집제(執除), 대황낙(大荒落), 돈장(敦牂), 협흡(協洽), 군탄(涒灘), 작악(作噩), 엄무(閹茂), 대연헌(大淵獻)을 말한다. 이를 채옹(蔡邕)이 독단하여 말하기를 간(干)은 줄기이다. 십무(十毋)라고도 부르니, 곧 오늘날의 甲·乙·丙·丁·戊·己·庚·辛·壬·癸가 그것이다.

지(支)는 줄기이다. 그 이름에 십이가 있어 십이자(十二子)라고도 하니, 곧 오늘날의 子·丑·寅·卯·辰·巳·午·未·申·酉·戌·亥가 이것이다. 천황씨라 말하는 것은 하늘이 子에서 열리는 뜻을 취한 것이고, 지황씨라 말하는 것은 땅이 丑에서 열리는 것을 취한 것이며, 인황씨라 말하는 것은 사람의 삶이 寅에서 시작되는 뜻을 취한 것이다.

그러므로 간지(干支)의 이름이 천황씨에서 비로소 만들어지고, 지황씨가 이로부터 삼진(三辰)을 정하여 주야를 도분(度分)하니, 이로써 30일이 1개월이 되고, 干支가 각기 배속되었으며, 인황씨(人皇氏)가 임금은 허

(虛)하지 않음으로 왕도(王道)로 삼고, 신하는 허하지 않음으로 귀(貴)로 삼으니, 정교(政敎)와 군신(君臣)의 관계가 저절로 일어나게 되었고 음식과 남녀관계가 저절로 이루어지기 시작하여 비로소 천지 음양의 기를 얻기 시작함으로써 부모와 자식의 나뉨이 생겼으니 이로부터 간지에 소속이 생기게 되었다."[32]

간(干)은 하늘의 운기(運氣)요 지(支)는 땅의 기질(氣質)이다. 간지는 태초에는 날짜의 변경으로 사용되어 오다가 한 대에 와서 음양오행의 사상이 간지에 접목됨으로써 바야흐로 점학(占學)으로서의 역할이 대두되게 된 것이다. 『회남자(淮南子)』에서 그 사용처가 도출되고 있다.

(2) 십간·십이지론

『삼명통회(三命通會)』에서는 하늘에는 십간(十干)이 있으며 지(地)에는 십이지(十二支)가 있으니 "천기(天氣)는 갑간(甲干)에서 시작하고 지지는 자지(子支)에서 비롯한 것은 성인이 음양의 경중을 용하여 깊은 연구를 한 것이다. 이름을 나타내서 그 덕을 나타냈고 이름을 지어 그 사유를 나타내서 그러므로 子와 甲이 상합(相合) 한 후에야 이루어 멀리 걸쳐서 60년을 거느려 일(日)과 십이시(十二時)며 세운의 영허(盈虛)를 살피고 기령(氣令) 조만(早晚)을 밝히고 추리하여 만물의 생사와 미래·현재·과거 지사 등의 시시비비를 추리할 수 있게 되었다."[33]라고 설명하고 있다.

즉 육십갑자(六十甲子)를 형성하는 천간 십자(十字)와 지지 십이자

---

32) 『위 책』, 12쪽.

33) 『위 책』, 45~46쪽.

(十二字)의 순서와 시작의 원리를 설명하고 있다. 십간의 어원과 시작은
사시의 시작부터이니 한대의 태초력(太初曆)에서 말하고 있는 것과 같이
寅에서 시작하는 원리와 같다. 사시(四時)의 시작은 寅 즉 봄의 시작이니
만물이 소생하는 작태가 목(木)에서 가장 잘 나타나고 있으며 그 형상을
그림으로 나타내어 차후 문자로 발전되어 왔다.

　또 『오행대의(五行大義)』에서는 간지의 배합을 '천간은 홀로 쓰지 않고
지지는 헛되이 만든 것이 아니므로 배합을 해서 세월 일시에 정해서 써야
한다. 마치 임금과 신하, 남편과 아내가 반드시 배합해서 서로 이루어내
는 것과 같다.'라는 배합의 원리와 甲子를 첫 간지로 삼는 이유도 설명하
고 있다.

　앞의 설명과 유사성을 가지고 있다. '만물은 寅월에서 다투어 나와서 모
두 형체를 나타낸다. 甲이 이달에 속하기 때문에 甲을 머리로 삼아서 子
와 배합시킨 것이다. 즉 나타나는 것은 양이 되기 때문에 천간을 따르고
나타나지 않은 것은 음이 되기 때문에 지지를 따른다. 그래서 甲과 子를
서로 배합시켜서 육순의 시작으로 삼았다.'라는 내용 등을 담고 있다.

　① 십간론
　십간(十干)은 공자 사상에서 말하고 있는 천지인(天地人) 삼재(三才)
중 천(天)을 말하고 陰陽의 陽으로서 기(氣)를 나타낸다.

　가. 삼명통회
　『삼명통회(三命通會)』에 '옛적에 반고씨는 천지인 삼재로서 군(君)을 삼
고, 천지가 나뉜 뒤에는 먼저 천이 있고 뒤에 지가 있어 이후 인(因)하여

기(氣)가 화(化)하여 인(人)이 생기었다 하였다. 고로 천황씨(天皇氏)는 일성(一姓) 13인이 반고씨(盤古氏)를 이어 다스리니 이를 천령담박(天靈澹泊)이라 하여 아무것도 하지 않아도 통속이 스스로 화(化)하고 처음으로 천간(天干)의 이름을 제정하여 해를 정하니 곧 십간(十干)은 알봉(閼逢), 전몽(旃蒙), 유조(柔兆), 강어(彊圉), 저옹(著雍), 도유(屠離), 상장(上章), 중광(重光), 원묵(元黙), 소양(昭陽)이라 하였다. 십(十)은 또 십모(十母)라 하여 오늘날의 甲·乙·丙·丁·戊·己·庚·辛·壬·癸이다. 특히 십간의 성정을 구체적으로 말하고 있다.

십간을 사방으로도 나타내는데 동(東)은 甲乙, 남(南)은 丙丁, 서(西)는 庚辛, 북(北)은 壬癸, 중앙(中央)은 戊己로서 오행이 위치하게 된다.

甲乙은 위치가 木이요 봄(春)의 영을 얻었고, 그리고 甲은 양을 안고 아직 음기(陰氣)가 내포한 초목으로서 출기(出起) 하는 것이다. 乙은 양이 지나가는 중에서 정방(正方)을 얻지 못하여 乙이 굽은 것이며 따라서 乙은 구부러져 밀고 나오는 것이며 만물(萬物)이 모두 봉우리를 지어 풀이 뾰죽거리면서 나오는 것이다.

丙丁은 그 자리가 화(火)로 하절(夏節)로 행하는 영(令)으로 丙은 상(上)으로 양(陽), 하(下)는 음(陰)의 상태로 내음(內陰) 외양(外陽)의 상(相)이다. 丁은 그 강함이 음기(陰氣)와 맞먹는 상태로서 정장(丁莊)의 뜻이 있으며, 丁은 일명 병의 불꽃이라고도 한다. 만물이 다 불꽃처럼 나타난 후, 그 자리가 보이며 강대해지는 것이기 때문이다.

戊己는 그 자리가 토행(土行)이니 사계(四季)를 도는 戊는 양토(陽土)로서 만물을 생(生)하기도 출(出)하기도 벌극(伐克)하기도 장입(藏入)시키기도 한다. 己는 음토(陰土)이고 기(氣)를 얻는 것이다. 또 戊는 번성하는(茂) 것이다. 또 己는 일어나는(起) 것이니 土는 사계의 끝을 가서 만물의 수기(秀氣)를 머금은 것이니 즉 눌리고 굽었다가 일어나는 것이다.

庚신은 위치가 金으로서 가을을 나타내고 숙살지기(肅殺之氣)의 상이다. 庚은 바꾼다는 경(更)의 뜻이 있고, 辛은 새롭다는 신(新)의 뜻이 있다. 즉 양이 아래에 있고, 음이 위에 있어 양간으로 경(庚)에 양을 극(極)을 하여 바뀌는 까닭이며, 庚辛이 다 금(金)이며 금의 맛이 쓴 것은 성물(成物)된 후에는 쓴맛이 나는 것이고, 또 만물이 숙살(肅殺)된 뒤에 다시 열매를 뽑아 새것으로 된다는 뜻이다.

壬癸는 그 자리가 수행(水行)으로서 동절(冬節)의 영(令)을 받고 있다. 壬은 임(妊)의 뜻이 있다. 壬은 즉 양생(陽生) 자리로 壬이며 만물을 잉태(孕胎)하여 품어 가지고 있음을 나타낸다. 즉 壬과 자(子)가 같은 뜻이다. 癸는 규(揆)이니 천령(天令)이 이에 이르러 만물을 닫고 감추어 그 밑에 잉태해 헤아려서 싹을 틔우게 하는 것인즉, 천의 길이니 자연도 같다고 할 것이다. 경에 이르기를 천에 십월(十月)이 있고, 일(日)이 육(六)을 지나 甲으로 돌아간다는 말이 이것이다.[34] 이같이 십간이 처음 제정된 것과 원리는 만물의 생태(生態)변화를 표현하고 그 뜻을 설명하고 있다.

나. 한서

『한서(漢書』「식화지(食貨志)」를 참조하면 안사고(顏師古)[35] 주에서는 '간(干)은 개(個)와 같다.'[36]라는 말이 있다. 즉 십간은 10개의 숫자라는 뜻

---

34) 『三命通會』, p46~47쪽.

35) 중국 당나라 초기의 학자로 오경정의(五經正義) 편찬에 참여하고, 한서에 주를 달았다.

36) "干, 유개야(猶個也)"

이다. 즉 날짜의 순서를 기록하였기 때문에 십천간(十天干)이라고 불렀다
는 것이다. 고인들은 1일 2일 3일 숫자의 변화와 같이 날짜순서의 변화를
자연 물상의 변화에서 그 답을 얻고 있다는 것이다.

『한서(漢書)』「율력지(律曆志)」에는 다음과 같은 기록이 있다. '甲이란
만물이 껍질을 쪼개고 나오는 것을 말한다. (剖符於甲). 乙이란 어린싹이
생기발랄한 것을 말한다. (奮軋於乙). 丙이란 양기가 충만 되어 두드러지
게 자라는 것이고. (陽道明炳). 丁이란 만물이 성장해서 자라는 것을 말한
다. (丁壯大盛). 戊는 더욱 무성한 것이고, (豊楙於戊). 己는 성숙함이 극
에 달하는 것이고, (理紀於己). 庚이란 음기가 만물을 개변(改變)시키는
것을 말한다. (斂更於庚). 辛이란 만물의 새로운 탄생을 말한다. (悉新於
辛). 壬이란 배태하다는 뜻이며 양기가 땅속에서 만물을 배태하는 것을
말한다. (懷妊於壬). 癸란 헤아린다는 뜻이며 만물을 헤아릴 수 있다는 것
을 말하는데 그래서 癸라 한다.' (陣揆於癸).

이는 고인들의 자연을 관찰함에서 얻어진 경험에서 나온 것이며 이후
음양오행설이 끊임없이 발전함에 따라서 십간의 분석에는 음과 양이라는
두 가지 성질을 갖추게 되었을 뿐 아니라, 동시에 이를 각기 오방(五方),
오행, 오계(五季), 오장(五臟)의 차원으로 올려놓았다.

다. 기타

『이아(爾雅)』「석천(釋天)」편을 보면 "甲부터 癸까지가 10일이 되는데
일(日)은 양이다."[37]라는 설명이 있다. 이는 십간(十干)으로 날짜를 기록

---

37) "甲至癸爲十日"

하는 의미를 말한 것으로 태양의 변천(變遷)하는 순서를 계산한 것이다. 또 어째서 십간이라고 하는가를 이해하여야 한다. 오행의 개념을 오행의 속성 속에 통일시키는 것을 원물차류(援物此類)의 논리 방법이라고 일컫는다. 예를 들면 오행(五行)의 甲과 乙은 木이고, 오계(五季)에서의 춘(春)도 목이고, 오방(五方)에서의 동(東)도 목이고, 오장(五臟)에서의 간(肝)도 목이라는 논리다.

또, 甲·丙·戊·庚·壬의 오간(五干)은 어째서 양(陽)에 속하고, 乙·丁·己·辛·癸의 오간은 어째서 음(陰)에 속하는가? 이에 대해『상한직격(傷寒直格)』에서는 '대체로 먼저 말한 것은 강(剛)이고 양(陽)이 되며, 나중에 말한 것은 유(柔)이고 음(陰)이 된다.'[38]라고 설명하고 있다.

또, 순서로 볼 때 양음(陽陰)인데, 어째서 음양(陰陽)이라 하는가? 이것은 사실 홀수와 짝수의 순서이다. 십간의 순서대로 甲·丙·戊·庚·壬은 1 3 5 7 9로 홀수이고, 乙·丁·己·辛·癸는 2 4 6 8 10인 짝수이다. 홀수가 양이 되고 짝수가 음이 되는 것은, 고의(古義)를 찾아보아도 매우 명백하여 의문의 여지가 없다. 그러므로 음양이라 한다.

② 십이지론

은대(殷代) 사람들의 역법(曆法)은 태음(太陰) - 달을 태양에 상대하여 일컫는 말 - 을 표준으로 삼았기 때문에 달을 기록하는 방법은 달이 한 차례 차고 이지러지는 것을 표준으로 삼았다.

『이아(爾雅)』「석천(釋天)」편 학의행(郝懿行)의 소(疏)에 인지축위십이

---

38) "凡先言者爲剛爲陽, 後言者爲柔爲陰也"

진(寅至丑爲十二辰, 辰爲陰)이라 하였다. 여기서 辰은 음(陰)이다는 말은 바로 월건(月建) - 달의 간지 - 을 가리킨다. 辰은 시(時)로 해석되고, 사시(四時)는 춘하추동이 되며, 1시는 3개월(孟·仲·冬)이 되고, 십이지를 12개월로 나누어 월건으로 삼았으며, 십이지로써 월(月) 시(時) 세(歲)를 기록하였는데 1년 사계절이 모두 12辰으로 총괄된다고 생각하였다.

12진이란 두강(斗綱 - 북두칠성의 1·5·7째 별)이 가리키는 땅이요 절기가 소재한 곳을 말한다. 즉 정월은 寅을 가리키고 이월은 卯 삼월은 辰……丑은 12월을 나타낸다. 십이지(十二支)는 또한 삼재의 지(地)에 관한 것으로 사방(四方)과 사계(四季)를 표현한 것이다.『유경도익(類經圖翼) 기수통론(氣數統論)』에는 '陽이 비록 子에서 시작하지만, 봄은 반드시 寅에서 비롯하는 것이다. 이런 연유로 寅卯辰은 봄, 巳午未는 여름, 申酉戌은 가을, 亥子丑은 겨울이 되며 각기 孟, 仲, 季로 나누어지는 것이다.'[39]

또 십이지의 순서를 설명하는데 子를 처음으로 삼은 것은 양기의 처음을 상징하는 것이다. 월건에서 寅을 처음으로 삼은 것은 양기가 갖추어졌음을 상징하는 것이다.

『한서(漢書)·율력지(律曆志)』에서는 십간과 동일한 의미로 사물의 발전이 미약한 것에서 왕성해지고 쇠퇴하는 행위에 대해 반복적으로 변화하고 변천하는 과정을 설명하고 있다.

子 - 자맹어자(孳萌於子)

丑 - 유아어축(紐牙於丑)

---

39) 故陽雖始於子, 而春必起於寅, 是以寅卯辰爲春, 巳午未爲夏, 申酉戌爲秋, 亥子丑爲冬, 而各分其孟仲季焉.

寅 - 인달어인(引達於寅)

卯 - 모묘어묘(冒茆於卯)

辰 - 진미어진(振美於辰)

巳 - 이성어사(已盛於巳)

午 - 악포어오(咢布於午)

未 - 매애어미(昧薆於未)

申 - 신견어신(申堅於申)

酉 - 유집어유(留執於酉)

戌 - 필입어술(畢入於戌)

亥 - 해애어해(該閡於亥)

子는 북방의 지극히 음한(陰寒)한 수(水)의 자리로 일양(一洋)이 처음 생기는 고로 음이 극하면 양이 되니 壬이 생기고 壬의 자의(字意)는 잉태(孕胎)하는 원리로서 子로 하였으니 이는 십일월(十一月)의 진(辰)이다. 일명 자는 자자(孶字)에 근거한다는 설(說)도 있다.

丑은 음이 아직 연약하므로 붙들고 있어야 하고, 얽어매어 형상을 유지해야 한다는 뜻에서 얽어맬 유(紐) 字의 뜻으로서 丑이다. 축은 음에서 돕는다는 뜻도 있다. 십이월의 시종(始終)함이 노끈으로 얽는 결축(結紐)을 뜻한 이름이라 하겠다.

寅은 정월의 진(辰)이 양은 이미 위로 오르고, 음은 이미 아래로 내려감을 사람이 비로소 볼 수 있는 때이므로 율관(律官)에서 비회(飛灰) 하는 절후(節侯)로 가히 미사(迷事)의 비롯되는 시간이다. 또 寅은 연(演)이며 나루(津)이므로 물건의 진도(津塗)라고도 한다.

卯는 일출(日出)이다. 또 卯는 무성(茂盛)한 것이니 이월(二月)에 양기가 성하고 부지런을 뜨는 시기라 하여 자무(孶茂) 라고도 한다. 辰은 양이 이미 반(半)을 지나 삼월의 시기로 물진(物盡)이 진(震)을 다하여 자라는 것이며 또 진(盡)을 진(震)이라고도 말한다.

巳는 巳月 정양(正陽)으로서 음이 없는 것이다. 子로부터 巳에 이르기까지 양의 자리로 양이 다하여 巳가 일어난(起) 것이다. 만물은 다한 뒤에는 일어나는 것이다. 午는 양이 아직 있어 음이 처음 나온 것에 굽히지 않고 있으며 또 午는 긴 것이며 큰 것이다. 만물이 오월에 이르러 다 풍만(豊滿)하여 장대(長大)한 것이다. 午는 시자(矢字)에서 나왔다고 한다.

未는 六月 목(木)이니 이미 종자(種子)를 이루었고 또한 未는 미자(味字)에서 나왔으니 만물이 이루어진 뒤에 맛이 있는 것처럼 辛과 같은 것이다.

申은 칠월의 辰으로 양을 펼침으로 음이 申에 이르면 상하가 통하여 사람이 비로소 백로(白露)시절 낙엽(葉落)의 기(氣)를 볼 것이니 가히 음사(陰事)를 펴서 이루는 것이며 또 申은 신(身)이라 만물이 체(體)를 모두 갖춘 것으로 말한다. 또 일설은 구자(臼字) 신자(伸字)에서 나왔다고 한다.

酉는 해가 질 때이니 양이 바로 가운데 있는 팔월이다. 또 酉는 수이니 만물이 움츠리고 접어들기 시작한다.

戌은 구월이니 술양(戌陽)이 아직 지나지 않았으므로 일이 戌에 잠겨 있을 수 없어 이에 건(乾) 자리는 戌로 천문방(天門方)으로 하는 까닭이며 만물이 다 쇠멸(衰滅)하는 것이라 하였다.

亥는 순음(純陰)이며 또 亥는 파묻는 것으로서 음기가 만물을 해살하는 것이니 이는 지(地)의 도(道)이다. 그래서 이것으로 매월(每月)을 따라 이름 지은 것이다.

즉 "청양(淸陽)을 천(天)으로 하여 오행을 나타내어 십간으로 하고, 탁음(濁陰)을 지(地)로 하여 팔방을 정하여 십이지로 나누어서 운(運)이 옮겨지고 기(氣)도 옮기니 해마다 영(盈)하고 허(虛)함이 주기(周紀)를 따라 위로 올라가고, 아래로 내려와 물물(物物)의 변화를 이룩할 수 있어서 지간(支干)을 배합하여 다 같이 묘용을 다하도록 한 것이다. 곧 곤돈(困敦), 적분(赤奮), 약섭(若攝) 제격(提格), 단알(單閼), 대황(大荒), 낙돈(落敦), 집협(羿協), 흡훈(洽涒), 탄작(灘作), 악압(愕閼) 이라 하였으며 그 가지는 십이지(十二支)이니 지금의 子·丑·寅·卯·辰·巳·午·未·申·酉·戌·亥이다. 십(十)을 십이(十二)로 배당하여 육십(六十)을 형성하면 육육(六六)은 삼십육(三十六)하여 한해를 이루는 것으로 '경에 이르기를 육육의 절이 일세를 이룬다' 하는 것이 결국 이것을 두고 한 말이다."[40]

3) 육십갑자

고대 대요(大撓)씨가 집정하실 때 후인은 근심하시기를 '한탄스럽도다! 황제씨는 성인(聖人)이신데 오히려 악살을 간단히 치화(治化)하실 수 없었거니 후세에 재난을 당하고 고액(苦厄)을 받을 때는 어떤 방법으로 해구(解救)할 수 있겠느냐?' 하시고 드디어 십간과 십이지를 분배하시어 육십갑자(六十甲子) 등을 작성하시었다.[41] 이는 간지를 이용하여 육십갑자

---

40) 『三命通會』p48~51쪽 참조.
41) 『연해자평(淵海子平)』참조.

가 탄생한 배경이다.

곧 육십갑자[42]는 고대인들이 간지를 이용하여 시간의 발견을 창생(創生) 시킨 원동력의 구실을 하고 있다. 이는 음양오행학의 근본이며 동방문화(東方文化)는 이를 근거로 하여 발전하였다. 고 설명을 하고 있다.

이것은 고대 철학적 의미와 역법적 논리가 서로 연관성을 가진 것으로 볼 때, 일원(一元)의 60적년(積年)[43]은 60甲子를 제원갑자(濟元甲子)로 하여 간지 기년의 기초를 세우는 데 초석이 되었으며, 이는 60갑자로 우주의 원리를 설명하고 사계(四季)의 순환원리로 시간의 변화를 읽으려 하였고 물상의 변화를 나타내고자 하였음을 알 수 있다.

(1) 갑자의 구성

갑자의 구성을 살펴볼 때 60갑자의 배합에 관해서는『오행대의(五行大義)』[44]에서 다음과 같이 상세히 설명하고 있다. 첫째, 배합의 원리는 우선 甲子를 첫 간지(干支)로 삼는다. 甲은 천간(天干)의 첫머리가 되고, 子는 지지(地支)의 첫 번째로 서로 배합이 된다.

둘째는 10간과 12지지를 차례로 배합하여 60갑자를 만든다. 10일을 일순으로 하고 천간이 고정되어 있고 12지지가 차례로 배치되면 2개가 모자란다. 모자라는 것은 고허(空亡)로 설명하고 있다.

---

42) 본 내용은 필자의 '干支曆과 命運論'에 게재 된 것을 각색한 것임.

43) 60 積年은 오성연주설(五星連珠說)에서 말하는 일월(日月) 오성(五星)의 칠정 주기가 동시에 발생하는 시점, 60년을 기준으로 상원 - 중원 - 하원)= 180년으로 누적된 연수

44) 『오행대의(五行大義)』, 隋代 蕭吉 著, 오행에 관한 전적을 총망라하여 모든 사물과 현상들을 오행으로 설명한 책.

셋째 해와 달의 주천(周天) 도수(度數)를 설명하고 있다. 즉 한 간지(干支)가 하루(日)를 나타내고, 3순(旬)이 1개월이며, 12달이 한 해가 된다. 한 해는 육갑(六甲)의 수(數) 360일이며 육갑은 60일이니 두 달이다.

넷째는 연월일시(年月日時)는 甲子로부터 일으킨다. 다섯째는 간지를 사람 몸에 배속하였다. 이같이 천간(天干)과 지지(地支)가 배합(配合)을 해서 세·월·일·시에 정해서 사용하게 된 것이다.

60갑자에서 천간(天干)은 갑(甲)이 수(首)며 지지(地支)는 인(寅)이 수(首)인데 갑인(甲寅)이 수(首)가 아니고 갑자(甲子)가 수(首)가 되었는가? 고서에 이르길 '이것은 천지(天地)가 개벽할 때 자(子)에서 천개(天開)하고, 축(丑)에서 지벽(地闢)하고, 인(寅)에서 인생(人生)하였으니 갑자(甲子)가 수(首)가 되었다.'라고 설명하고 있다.

(2) 육십갑자 배합의 논리

60갑자 배합(配合)의 논리를 부언해서 보면 甲子는 천으로 표시하는 십간(十干)과 땅으로 표현하는 십이지(十二支)가 있다. 십간은 양(陽)이 되어 하늘을 주관하고 십이지는 음(陰)이 되어 땅을 주관한다. 십천간(十天干)이 6차례 왕복하고 지지가 5번 갖추어진다. 이것을 오육상합(五六相合)이라 하고, 간지가 60갑자를 구성하는 기본이 되는 요지이다.

天干	甲	乙	丙	丁	戊	己	庚	辛	壬	癸
地支	子	丑	寅	卯	辰	巳	午	未	申	酉
	戌	亥	子	丑	寅	卯	辰	巳	午	未
	申	酉	戌	亥	子	丑	寅	卯	辰	巳
	午	未	申	酉	戌	亥	子	丑	寅	卯
	辰	巳	午	未	申	酉	戌	亥	子	丑
	寅	卯	辰	巳	午	未	申	酉	戌	亥

(3) 육십갑자의 형성

고대에 십간은 십일(十日) 또는 십모(十母), 세간(歲干)이라 칭하였으며 십이지는 십이진(十二辰) 또는 십이자(十二子), 세지(歲支)라 불렀다. 십간과 십이지는 상하에 천지(天地)와도 같이 되었으니 간지라고 한다.

십간은 지하의 오방(五方)이며, 십이지(十二支)는 천상(天上)의 십이진(星)이라는 것은 하도(河圖)에 나타나 있는 바와 같다. 甲乙은 동방목(東方木)이요, 丙丁은 남방화(南方火)요, 庚辛) 서방금(西方金)이요, 임壬癸는 북방수(北方水)며, 戊己는 중앙토(中央土)에 있으니 오방(五方)이기에 오행(五行)이라고 한다. 戊己의 중앙토가 중앙 위에서 춘목(春木), 하화(夏火), 추금(秋金), 동수(冬水)를 통솔하고 있는 격이 되었는데 비토(非土)이면 불생(不生) 하는 고로 戊己를 음양(陰陽)의 모(母)라고 한다.

십이지(十二支)는 낙서(洛書)에 있는 바와 같이 천상(天上) 십이진(十二辰)의 방위와 같이 되어 팔방(八方)과 동일(同一)하다. 매진십이지(每辰 十二支)가 대체로 삼십도(三十度)씩이며 일년(一年)은 360도(三百六十度)며, 월(月)은 30일(三十日)이니, 십이지(十二支)는 천상(天上)의 십이전사(十二纏舍)와 같은 것이다.

천간지지(天干地支) 배열도(配列圖)와 같이 천간(天干) 10개와 지지(地支) 12개를 배합하여 甲子부터 癸亥까지 최소공배수 120개를 이루고 있으나 甲子·甲寅·甲辰·甲午·甲申·甲戌 등 양간·양지(陽干·陽支)와 乙丑·乙卯·乙巳·乙未·乙酉·乙亥 등 음간·음지(陰干·陰支)로 60간지를 추려 내어 이를 다시 甲子 순(順)부터 배합하여 甲子, 乙丑, 丙寅, 丁卯, 戊辰, 己巳, 庚午, 辛未, 壬申, 癸酉로 차례를 이루게 된다. 이를 통칭 60갑자라 부른다.

이런 원리(原理)는 우주(宇宙) 사이에 가득한 음양오행의 기운은 자연지기(自然之氣)로 순환을 하면서 계절을 바꾸고 물상(物象)을 바꾼다. 60갑자 간지는 이러한 순환을 표상하는 것이다.

즉 육십갑자 간지는 끝없이 연월일시가 유기적인 구조를 가지고 순환하는 체계를 근간으로 하고 있으며 최초의 역원이 된 시점 이래로 현재까지 멈춤 없이 순환하는 역법 체계이다.

(4) 甲子와 상수(象數)

갑자와 상수에서 육십갑자(六十甲子)가 나타내고 있는 뜻은 간지라는 부호에 담겨 있는 수를 통하여 자연의 변화를 음양의 소장(消長)과 오행으로 설명하고 있는 것이다.

이런 이치의 발현은 처음에는 어떤 실체적 문제를 해결하려는 욕구나 어떤 관측적 현상들을 특정 지어 보려는 시도(試圖)에서 발달하였다고 볼 수 있을 것이다.[45] 수의 표상은 동서양의 구별 없이 자연수 1부터 시작하여 10까지 단락을 마친다. 서양에서의 수는 많고 적음을 나타내는 단다론(單多論)과 높고 낮음을 말하는 고저론(高低論) 등으로 응용하고 활용되고 있는 반면에 동양에서의 수의 의미는 여기에다 하나의 철학이 가미되어 있다. 즉 수 1로 예를 들면 1은 처음의 태극이며 도는 1에 근거하여 천지로 나누고 만물을 만들어 낸다. 또 수 1은 하나이며 하늘로 표현하기도 하고 음양의 양으로 표기하는 등 천지 만물의 생장화수장(生長化收藏)의 시작의 이치가 들어 있다.

음양 두 글자 그 기원은 매우 이른 시기에 형성되었고 1과 6은 음양의 두 글자에서 변화된 것이다.

1은 수의 시작이요 10은 수의 끝이다. 1은 양수의 시작이요, 6은 음수의 시작이다. 수의 차례는 진리이고 수의 변화가 일어나는 과정은 곧 물상의 변화를 의미한다.

천문역법을 연구하는 자는 반드시 삼(三)과 오(五)의 숫자에 통달해야 하며 옛날과 오늘을 꿰뚫고 시세의 변화를 깊이 관찰하며 그것의 정수와 껍데기를 잘 관찰해 보아야만 천관에 관한 견해를 갖추었다고 할 수 있을 것이다.

여기서 삼(三)은 천일(天一) 지이(地二) 인삼(人三)으로 천지인(天地人)을 나타내고, 오(五)는 오행이니 水火木金土로서 천지인과 오행은 연관성을 가지고 만물변화의 상을 말하고 있으며 여기서 나타내는 3과 5의 음양

---

45) 數理와 集合 참조, 계명대출판부.

수(陰陽數)의 합은 6과 10이 된다. [46]

가. 6순(旬)의 의미와 상(象)

육순의 의미를 상은 많은 의미를 담고 있으나 이해가 쉬운 것으로 몇 가지 선택한다. 첫째『도덕경(道德經)』에 이르기를 도(道)에서 일(一)이 생(生)하고, 일(一)에서 이(二)가 생(生)하고, 이(二)에서 삼(三)이 생하고, 삼(三)에서 만물이 생한다. 만물은 양기를 포함하고 음기를 지녀서 혼연히 하나로 풀려 화합한다고 하여 천지 만물 생장의 원리를 수(數)로서 설명하고 있다.

이는 일(一)은 수의 하나로서 만물의 시작이고 본체이며 양(陽)이고 이(二)는 일(一)의 다음 수로서 음(陰)이며 삼(三)은 일(一)과 이(二)를 합한 세 개로서 음양이 포함되어 하나가 탄생한다. 곧 3은 만물을 등에 지고 가슴에 안고 있으니 1과 2를 포함한 수다. 그러므로 1·2·3을 합한 수가 6이 된다. 또 만물의 탄생수(誕生數) 3의 음양 합한 수는 6이란 수가 탄생하고 있다.

둘째는 만물이 존재하기 위한 기본조건으로 시간과 공간이 필요하다. 우주(宇宙)는 천지사방(天地四方)에서 상하(上下)를 우(宇)라 하고 지나간 날과 오는 지금을 주(宙)라 한다. 한 물건도 우보다 큰 것이 없고 사방으로 가도 끝이 없고 상하로 가도 끝이 없으니 이 얼마나 큰 것인가 또 한 물건도 주처럼 장구한 것이 없다. 옛날도 뻗어가고 지금도 뻗어가 왕래함이 끝이 없다. (語類) 여기에서 말하는 사방(四方)은 동서남북(東西南北)

---

46) 宇宙 變化의 原理참조.

을 나타내고, 상하(上下)는 위와 아래이니 이것을 합한 수는 6이다. 곧 우주를 인식하고 이를 표현하면서 6이라는 수가 자연스레 포함되고 상(象)으로 설명하고 있다.

셋째는 천부경(天符經)에서 대삼(大三) 합육(合六)으로 보는 경우와 주역(周易)에서 여섯은 삼재(三才)의 도(道)라든가 여섯 효(爻)의 움직임은 삼극(三極)의 도로 표현으로 설명을 하고 있다.

나. 간지의 상과 배상(配像)

역경(易經) 계사전(繫辭傳)에 '하늘의 수가 다섯이고 땅의 수가 다섯이다.'라고 했으니 하늘과 땅의 수가 10을 넘지 않는다. 동중서(董仲舒)는 삼재(三才·天地人)와 음양과 오행을 합하여 10이 되니 천간(天干)의 수 십단(十段)을 인간과 천(天)의 관계로 연결하고 있다. 십이진은 월건이니 십이지지(十二地支)로 1년의 세수를 관장한다. 천간의 상(像)과 배상(配像)에 관련된 학설은『조화원약(造化元鑰)』[47]에 설명이 잘되어 있으니 참조토록 하고, 여기선 지면 관계상 甲子의 한 예로 생략한다.

◇ **甲木의 상(象)**

질(質)은 굳세고 성(性)은 곧고 색(色)은 청색이고, 맛은 시고, 소리는 탁하고, 체(體)는 모나고 길고, 용(用)은 싹이 터 움직이는 것이다. 때를 얻으면 동량(棟梁)이 되나, 때를 잃으면 무용지물이 된다. 극(剋)이 지나치면 썩어 쓰임새가 없고, 생왕(生旺)이 지나치면 물에 떠서 흘러가니 의

---

47) 『조화원약(造化元鑰)평주』徐樂吾 저, 鄭志昊 편역, 삼한, 2003.

                                                     잡론요결

지할 곳이 없고, 성(性)이 지나치면 스스로 짐을 지게 되므로 분주하다.

◇ 甲木의 배상(配像)

갑목은 양에 속한다. 사시를 주재하며 만물을 생육한다. 하늘에서는 우레이며 용이고, 땅에서는 동량(棟樑)이니 양목으로 강한 나무다. 사주(死水)에 묻히면 천년(千年)동안 썩지 않고, 생수가 되어 나와 우로(雨露)를 만나면 빛난다. 도끼를 만나면 기물을 이루고, 불을 얻으면 문명을 이룬다. 그러나 金이 많으면 썩고, 火를 많이 만나면 재로 변한다. 춘목(春木)은 왕한 기후로 우레가 처음으로 소리를 내고, 추월(秋月)은 木의 기(氣)가 시들어 우레도 소리를 거둔다. 하월(夏月)의 木은 바람을 일으켜 시원하게 하니 영화롭고, 동월(冬月)의 木은 비록 메마르나 태양 빛이 없으면 흉하다.

◇ 子水의 상(象)

물, 강, 연못, 우물, 개천, 부인, 도둑, 쥐, 제비, 달팽이, 등에 해당하다. 길신(吉神)에 해당하면 총명하나, 흉신(凶神)이면 음탕하다.

◇ 子水의 배상(配像)

子는 감(坎)이며 水이고, 방위는 정북(正北)이다. 월건(月建)은 子월로 반드시 대설(大雪) 후에는 왕(旺)하고, 申辰과 회합하면 강해(江海)를 이루어 파도를 발생시킨다. 한밤중에 있으면 전반(前半)은 음(陰)이고, 후반은 양(陽)이니 음양이 교차하는 중심이 된다. 水는 밤이니 흑색이며 묵지(墨池)의 상(象)을 나타낸다.

4) 절기론

　고대 중국인들은 일찍이 농경 생활을 영위하면서 경작의 필요 때문에 절기(節氣)와 월령(月令)에 관해 많은 연구가 있었다. 이런 인식은 원시적 시대부터 자연적으로 발생하여 왔겠지만 고증할 수 있는 사료를 검토하여 볼 때 한 대(漢代)부터 관찰하여 보는 것이 적합하다.

(1) 24절기의 시원

　『산당고색(山堂考索)』에는 '역수(曆數)가 생긴 지는 아주 오래가 되었을 것이다. 복희(伏義)는 팔괘를 그려서 이십사기(二十四氣)를 나타내고, 염제는 팔절(八節)[48]을 나누어서 농공을 시작하였다.'[49]라고 하여 24절기와 팔절이 아주 오래전인 복희씨와 염제(炎帝) 시대부터 시작되었다고 하고 있다. 또『상서(尙書)』「요전(堯典)」에는 여러 설명을 하고 있으나 절기의 구체적인 구분과 관련하여 전하는 바에 따르면 춘추시대 제(齋)나라의 유명한 승상인 관중(管仲)이 지은 『관자(管子)』「유관(幼官)」편에서 최초로 나타난다.

　여기에는 1년 30절기의 구분이 있다. 즉 '봄과 가을 두 계절은 각각 여덟 절기로 나누어지고 여름과 겨울 두 계절은 각각 일곱 절기로 나눠진다. 이러한 구분은 비교적 오래된 것으로서 대개 제(濟)나라 설(薛) 나라 등에서 통행되었고 기타 지역에서는 유행되지 않았다. 제나라는 서주 시대의

---

48)　八節은 四立 四正인 입춘·입하·입추·입동과 춘분·추분·동지·하지의 여덟 절후를 말한다.

49)　『山堂考索』, "曆數之起尙矣 伏義畫八卦以象二十四氣 炎帝分八節以起農功."

초기에 태공망·여상의 봉국(奉國)으로서 유관 편에 기술된 것은 아마 서주 시대 초년에 있던 태공의 역법과 연관이 있을 것이다. 경중(輕重) 편에는 유관과는 다른 체계를 기재하였다. 그것이 채용한 것은 한 절기를 15일로 하는 방식이다. 이는 24절기의 초기형태하고 할 수 있다.[50]

전국시대 진(秦)나라의 승상인 여불위(呂不韋)가 지은『여씨춘추(呂氏春秋)』「십이기(12紀)」에는 사립(四立)과 이분(二分)·이지(二至)의 일부가 나타나고 있다.

여기에는 구체적으로 24절기를 표시하고 있지는 않지만 "이달에 입춘(立春)이 들어왔다."[51]라고 하는 날의 표시와 "입하(立夏)가 들어왔다."[52]라고 하는 날의 표시가 기록되어 있고 더불어 "이달에는 밤과 낮의 길이가 같다."[53] 하는 이분 중 추분(秋分)을 나타내고 또 "이달에는 동지(冬至)가 들어있어 낮이 가장 짧고 陰과 陽이 다투며 겨울잠을 자는 모든 생물이 동요한다."[54]라고 하여, 이지 중 동지(冬至)를 음양이기의 이치와 같이 설명하고 있음을 볼 때 24절기가 그 사회에서 어느 정도 보편적으로 통용되고 있었다고 볼 수가 있다.

그러나 보다 확실하게 체계가 잡혀서 생활에 적용되었다고 보는 것은 한(漢)대 초부터 아닌가 한다. 그것은『회남자(淮南子)』에서 잘 나타나고 있다. 더욱이 한 대의 역법과 접목되어 밀접한 관계가 유지되어 천도와

---

50) 『中國命理學史』, 124쪽, 참조.

51) 『淮南子』, "是月也 以立春".

52) 『淮南子』, "是月也 以立夏".

53) 『淮南子』, "是月也 日夜分."

54) 『淮南子』, "始月也 日短至 陰陽爭 諸生 蕩."

자연에 따르는 인간의 행동에도 직접적으로 활용되었다고 보는 것이다.

『회남자(淮南子)』「천문훈(天文訓)」에 천도인 역법(曆法)과 24절기에 대해 다음과 같이 상세히 설명하고 있다. '양유 사이는 91도 16분지 5이다. 두표가 하루에 1도씩 돌아 15일 만에 1절이 되며 24절기의 변화를 가져온다. 두표가 子 방을 가리킬 때는 동지(冬至)이다. 음(音)은 12율의 황종(黃鐘)에 해당한다. 15일을 지나 癸를 가리킬 때는 소한(小寒)이다. 음은 응종에 해당한다. 15일을 지나 丑을 가리킬 때는 대한이다. 음은 무역에 해당한다.' (이하생략)

이런 설명을 분석해 보면 한 절기를 15일씩 나누고 있다. 또 석 달을 묶어 한 계절로 나타내고 있는데 이것은 『회남자(淮南子)』에 이르기를 '수(數)가 하나에서 시작되나 하나로는 생(生) 하지 못하기 때문에 음양으로 나뉘고 음양은 만물을 낳게 하므로 '하나가 둘을 낳고 둘이 셋을 낳으며 셋이 만물을 낳는다'라고 한 것이다. 그러므로 석 달(한계절)이 한때가 된다.'[55]라고 설명하고 있다.

절기의 시작은 동지인 11월(子월)부터 시작하고 있다. 특히 절기에다 율려(律呂)를 나타내고 있는데 율려는 황제의 명을 받는 영윤이 '대하의 서쪽에 있는 곤륜산(崑崙山)의 해곡이라는 곳에서 대나무로 황종의 관을 만들어 봉황새의 울음을 흉내 내니 암수 6마리가 나타나므로 율(律)과 여(呂)로 정하여 별의 자리를 분류했다.'라는 내용으로 전하고 있는 설화이다.

여기에서 눈여겨보는 것은 율려의 시작은 황종(黃鍾)부터이고, 황종의 기운은 子에 있어서 11월에 선다 하여 절기의 시작이 11월부터 시작함을

---

55) 蕭吉 저(김수길 윤상철 공역), 『五行大義』, 하권, 대유학당, 442쪽,

　　　잡론요결

나타내고 있다.

특히 절기의 내용을 담고 있는『춘추감정부(春秋感精符)』에 이르기를 "11월인 子月은 하늘이 베풂을 시작하는 단서이니 천통(天統)이라고 한 다."[56] 하여 여기에서도 11월 동지부터 24절기를 셈하여 나가는 것으로 설명을 하고 있다. 또『한서(漢書)』「율력지(律曆誌)」에 이르기를 "삼원(三元)은 하늘에서 베풀고 땅의 조화로움과 사람이 하는 일에 관련한 법이다. 11월은 건의 초구로 양기가 땅속에 엎드렸다가 처음 나타나서 하나가 된다."[57]라고 하여 주(周)나라는 이를 본받아 삼정(三正)의 하나인 子月로서 천정을 삼았다.

한 대에 들어와서도 이를 본받아 역법을 내세움에서 子월을 근원으로 삼았고 절기의 시작도 子月부터 자연스레 이어져 왔다.

이런 여러 정황을 볼 때 24절기의 시작은 춘추전국시대를 거쳐 한 대에 와서 수치화하고 계량화하여 동지(冬至)인 子월 (11월)부터 시작으로 각 15일씩 차례대로 자리매김하여 1년 사시의 변화를 나타내어 전하여 오고 있다.

(2) 24절기와 음양오행

고대 중국인들은 하늘에서 주천(周天)하는 일월(日月) 오성(五星)의 변화를 읽고 역법을 만들었으며 이를 생활에 활용하고자 하였다. 그러나 당시의 역법은 정확하지도 않을뿐더러 위정자의 전유물로서 정치적으로 활

---

56) 『春秋感精符』, "十一月建子 天始施之端 謂之天統."

57) 『漢書』「律曆誌」, "三元者 天施地化人事之紀也 十一月乾之初九 陽氣伏於地下始著 爲一."

용되고 있었기 때문에 일반 백성들은 사용하기가 불편하였어도 개력(改曆) 등은 감히 엄두를 내기가 어려운 형편이었다.

당시엔 주업이 농업이다 보니 농사철에 씨 뿌리고 김매는 때를 아는 것이 무엇보다 절실하였다. 그러므로 태양이 뜨고 지고 춥고 더운 시기와 비가 오고 구름이 끼는 날씨의 변화 등 절기상의 변화를 정확히 알고자 하였다. 그래서 역수에 정확한 때를 맞추어 놓고자 한 것이 절기력이다. 이는 일종의 민간력(民間曆)으로서 활용되고 발전되었다.

이같이 농사철의 때를 알고자 한 절기력(節氣曆)은 그 근원을 어디에다 두었을까? 당시에 유행하고 있던 음양오행의 원리에서 발현되었다고 본다. 왜냐하면 『회남자(淮南子)』에서 나타난 한 예로 '태양이 午를 가리킬 때는 양기가 극에 이른다'라고 하여 절기의 근원이 간지로서 표시하고 있고 자연의 변화를 음양오행의 생·화·극·제의 원리로서 설명하고 있기 때문이다.

음양의 근원은 은주(殷周)시대의 『시경(詩經)』에서 찾는 것이 보편적이다. 여기에서 나타나는 음양의 개념은 구름이 태양을 가리거나 밝고 어둠을 나타내는 정도의 천기와 관련된 상태를 나타내는 자연적인 기후를 응용한 정도이고, 춘추시대(春秋時代)에 들어와서 『춘추좌씨전(春秋左氏傳)』「희공(僖公)」16년에 여섯 마리의 익조(鷁鳥)가 거꾸로 날아서 송나라의 서울을 지나간 이상 현상에 대해 주나라의 대사인 숙흥이 '음양의 일입니다.'라고 해석한 내용과 『국어(國語)』에 '陽이 극에 이르면 陰으로 음이 극에 이르면 양으로 바뀐다.'[58]라는 음양 교대 관념이 제시되고 있다.

---

58) 『國語』, "陽至而陰 陰至而陽".

  잡론요결

관중은 음양의 개념을 예로 들어『관자(管子)』에서 춘추시대에 이미 원시적인 절기가 나타나고 있다고 설명하고 있다.

시송령은『음양오행학설사(陰陽五行學說史)』에서『국어(國語)』나『춘추좌씨전(春秋左氏傳)』에 나타나고 있는 음양 관념이 원시적 형태로서 춘추시대(春秋時代)의 사상을 말해주는 증거로 수용할 수 없다고 한다.

그 이유로 '고대의 유가 경전과 제자백가의 전적들은 진한(秦漢)시대에 두 차례에 걸쳐 분서(焚書)의 대 수난을 당하였다. 그 첫째가 BC213년 민간의 서적을 불사른 진시황의 분서갱유와 둘째인 BC206년 박사들의 서적을 불사른 항우(項羽)의 일이 그것이다.'[59]라고 하여 진위를 구별하기가 어렵고 심지어는 위작(僞作)이라고 증명된 고대 문헌의 일부분을 가지고 입론의 근거로 삼아서는 안 될 것이라고 말하고 있다.

이같이 학자마다 음양오행에 대한 관념의 견해가 다르고 각 논문이나 서책에서도 각양각색의 논리를 전개하고 있다. 그러다 보니 동양학의 본류라 하는 음양오행과 절기(節氣)의 근원과 탄생배경과 원리를 알아보고자 하는데도 어려움이 있는 것이다. 다만 그 시대상과 철학을 간단하게라도 알아봄으로 절기력(節氣曆)의 생의 근원과 사유가 일목요연하게 알 수가 있다는 것이다.

춘추전국시대에는 술수(術數)를 기초로 발전되어 온 일종의 철학 유파가 있었다. 한 대 사람들은 그것을 음양오행가 혹은 오행가 혹은 음양가라고 하였다. 사마담은 이 학파에 대하여 '음양술(陰陽術)을 보건대 길흉의 징조를 중시하지만, 기휘(忌諱) 하는 것이 많아서 사람들로 하여금 구

---

59) 양계초, 풍우란 외(김홍경 역),『음양오행설의 연구』, 신지서원, 1993, 466쪽 참조.

애되어 두려워하는 바가 많게 한다. 그렇지만 사시의 큰 순서를 정리한 것은 버릴 수 없다.'라고 음양오행가들에 대한 평가(評價)를 내렸다.

유향과 유흠의『칠략(七略)』「술수략(術數略)」에는 술수(術數)를 천문·역보·오행·시구·잡점(雜占)·형법(刑法) 등 여섯 가지로 분류하고 있다. 이들 중에는 완전히 무술(巫術)인 것도 있고 과학과 무술이 혼합된 것도 있다.

예를 들어 술수(術數) 중에 첫 번째인 천문에 대해서는 "천문(天文)이라는 것은 이십팔수를 정리하고 오성과 일월을 연구하여 길흉의 상을 기록하는 것이니 성왕들의 정치에 참고가 되는 것이다"라는 정의가 있다.

"이십팔수를 정리하고 오성과 일월을 연구하는 것"은 천문학이고 "길흉의 상을 기록하는 것"은 점성술이다. 두 번째인 역보(曆普)는 역법(曆法)과 역사연대학 그리고 산학을 포함한다. 그것은 과학이다. 그러나 그 가운데에는 '흉액(凶厄)의 환란이나 길융(吉隆)의 기쁨'에 관한 적지 않은 논설들이 있다. 그것은 무술이다. 이러한 평가들은 음양오행가(陰陽五行家)가 과학 특히 천문학적 지식을 가지고 있었음을 보여 준다. 오행가(五行家)의 사상에는 많은 종교와 무술 그리고 미신(迷信)이 포함되었다. 이것이 고대 술수의 특징이다.

①『홍범(洪範)』의 자연관

근대 학자들의 고증에 의하면『홍범(洪範)』은 전국시대 음양오행가의 저작이라고 한다. 그중에 오행과 관련이 있는 사상은 은주(殷周) 교체기에 이미 존재하였을 수도 있다. 그러나 그것이 오행을 기초로 하여 자연과 사회를 포괄하는 하나의 체계로 발전된 것은 전국시대이다.

『홍범(洪範)』의 첫머리에는 우왕의 치수(治水)가 성공하여 상제(上帝)로부터 대법(大法)을 얻었고 대법에는 아홉 개의 조목이 있다. 그래서 구주(九疇)라고 한다.

후대인들은 상제가 낙수(洛水)와 황하에서 큰 거북을 불러냈는데 그 등 위에 글이 쓰여 있었다는 말을 하기도 하였다. 거북등에 글이 쓰여 있다고 하는 것은 진서에서 나온 것인지는 불명확하다. 거북 등 위에 새겨진 것이 대법이었고 그것을 낙서(洛書)라고 하게 되었다는 것이다.

『홍범(洪範)』에서는 먼저 '구주(九疇)'의 이름들을 나열하고 있다. 전설에 따르면 그것이 낙서(洛書)의 원문이라고 한다. 그 뒤에는 구주(九疇)에 대한 해석이 기록되어 있는데 후대에서는 그것을 홍범전(洪範傳)이라고 하였다.

『홍범(洪範)』에서는 먼저 그 대법이 상제로부터 하사된 것임을 긍정하고 복서(卜筮)의 기능을 긍정한다. 또 자연계에 水·火·木·金·土 등 인간의 생활에 필수불가결한 다섯 가지 물질이 있을 뿐만 아니라 여타의 자연현상이나 사회현상도 크게 보아 다섯 가지 범주로 분류될 수 있으며 심지어는 그것들이 오행의 성질을 가지고 있다고 인식하였다. 천시(天時)의 측면에서 볼 때 이른바 오기(五紀)가 있다고 인식한다. 그 첫 번째는 세(歲)이고 두 번째는 月이고 세 번째는 日이고 네 번째는 성진(星辰)이고 다섯 번째는 역수(曆數)이다. 또 인간의 사회현상이나 정신적 현상에 관해서 오사(五事)와 오복(五福)이라는 것을 제시한다. 특히 사회계급과 계층이 자연계의 사물들과 조응한다고 파악하고 사회현상과 자연현상이 서로 영향을 준다고 생각한다.

이같이 음양오행가들이 오행을 통해서 자연현상(自然現象)과 사회현상

(社會現象)을 연관시키려고 하였고 더욱 세계가 질서를 가지고 있는 하나의 통일적 전체임을 설명하려고 하였다는 것을 간취(看取)해 낼 수 있다.

『홍범(洪範)』은 후대 봉건시대 철학에 대단한 영향을 미쳤다. 유물론자와 관념론자들은 모두 상이(相異)한 입장과 각도에서 이 저작으로부터 자기의 입장에 부합하는 사상적 자료들을 흡수하였다. 홍범전(洪範傳)과 『역전(易傳)』은 두 가지 우주론적 도식을 제공하였다. 후대 봉건시대의 철학사상은 이 두 가지 도식을 근거로 서로 다른 철학의 체계를 형성함으로써 발전하였다.

②『월령(月令)』의 세계관

춘추전국시대(春秋戰國時代) 음양오행가의 주요한 저작 중의 하나는 『월령(月令)』이다.

『여씨춘추(呂氏春秋)』에는 십이기(十二氣)가 있는데 각 기의 제1편에서는 한 달의 천문과 기후 그리고 여타의 상황만을 서술하고 있다. 이러한 상황에 농업생산 방면에서 마땅히 해야 할 일들과 통치자가 종교적 방면에서 실천해야 할 활동들이 결정된다. 모두 십이기(12紀)이므로 이러한 것들은 당연히 12편이 있으며 그것을 종합하면 일 년 열두 달의 월력(月曆)이 된다. 한 대 사람들은 이 열두 달의 월력을『예기(禮記)』에 편입시켜 『월령(月令)』이라고 하였다.

『월령(月令)』은 자연계와 사회 속의 많은 문제점을 취급하고 있다. 이러한 문제를 처리하는 방식의 한 부분은 과학이고 일부분은 무술과 종교이다. 여기에서 나타나고 있는『관자(管子)』「유관(幼官)」편은 이러한 하나의 월력과 더불어 종교적·무술적인 특성을 가진 월력(月曆)이다.

『월령(月令)』은 이런 종교적·무술적 월력을 흡수하였는데『대대례기(大戴禮記)』「하소정(夏小正)」은 하나의 과학적 월력이다. 거기에 기재된 것은 각 달의 천문·기상의 변화 그리고 농업생산 방면에서 실천해야 할 일 등이다. 이 월력은 반드시 하나라 때의 작품이라고 할 수는 없지만, 상당히 오래된 문건임은 분명하다.

이러한 측면에서 춘추전국시대(春秋戰國時代) 이래 축적된 계절의 변화와 농업생산의 관계에 관한 경험을 비교적 체계적으로 총결하고 있으며 또 중국 고대 천문학과 농업생산에 관한 지식의 수준을 반영하고 있다. 그러므로 중국 과학사에서 중요한 지위를 차지한다.

③ 음양오행 사상이 중국발전에 미친 영향

음양오행(陰陽五行) 사상이 중국의 철학과 과학발전에 미친 영향을 검토하여 보면 음양오행 사상은 과학과 무술이 혼합된 체계이다. 전국시대 음양오행가의 사상체계에서는 이른바 음양오행은 원래의 의미를 보존하고 있었다. 곧 그들이 말하는 음양오행의 개념(槪念)은 기본적으로 물질적인 것을 가리키는 것이었다.

추연(鄒衍)은 오행을 오덕(五德), 곧 다섯 가지 성질이라고 하였다. 이른바 오덕(五德)의 내용은 무엇인가. 추연은 이에 관해서 설명하지 않았다.『관자(管子)』「사시(四時)」에 따르면 동쪽은 봄과 木에 속하고 '그 덕은 생장을 기뻐하는 것' 등을 말하고 있는데 이는 도덕적 성질을 말하고 있다. 곧 오덕이 다섯 가지 도덕적 성질이라면 그것은 물질적(物質的)인 것일 수 없다.

이 점에는 분명한 모순이 있다. 도덕적 의미를 표현한 형용사를 통해서 물질적인 것을 형용하는 일은 고대에서 항상 볼 수 있기 때문이다. 음양 오행 사상은 고대 천문학과 의학 그리고 화학의 발전에 일정한 영향을 미쳤다.

고대 과학자들은 음양과 오행을 서로 다른 성질을 가진 물질적 원소로 파악하여 물질의 구성을 설명하기도 하였고, 혹은 음양오행의 상호작용을 통해서 물질현상의 상호연관을 설명하기도 하였다.

2. 명리학의 탄생

전술한 바와 같이 음양오행 사상은 중국의 철학과 과학의 발전에 지대한
영향을 끼쳤다고 볼 수가 있겠다. 그러나 그 사상은 어느 한두 분야에 국한
된 것이 아니고 전 분야에 파급되었지만, 특히 역학에 깊숙이 전이되고 융
합되어 술학(術學) 발전에 모태가 되었다고 보는 것이 타당할 것이다.

1) 천원지방설

천원지방설(天圓地方說)은 고대 중국인들이 우주를 바라본 사상으로
하늘은 둥글고 땅은 네모졌다고 설명을 하고 있다. 그러나 지방(地方)의
의미는 사방(四方)의 방위를 나타낸다고 보아야 한다. 다만 이런 논리가
어떻게 설명되든 명리학의 논리는 천원지방설에 근원을 두고 그와 맥을
같이 한다고 볼 수가 있겠다.

예를 들어 삼원설(三元說)은 하늘과 땅, 인간으로 삼위일체 사상을 말
하고 있다. 하늘의 둥근 속에는 이들의 상생 상극설과 육신설 등을 땅의
사방은 4계절과 24절기 등 제 학설이 형성되고 활용됨으로써 인간의 운명
은 천지창조와 연관성을 짓게 된다.

0. 천지창조	=	陰陽	+	五行	
0. 人間	=	天元	+	地(四方)	

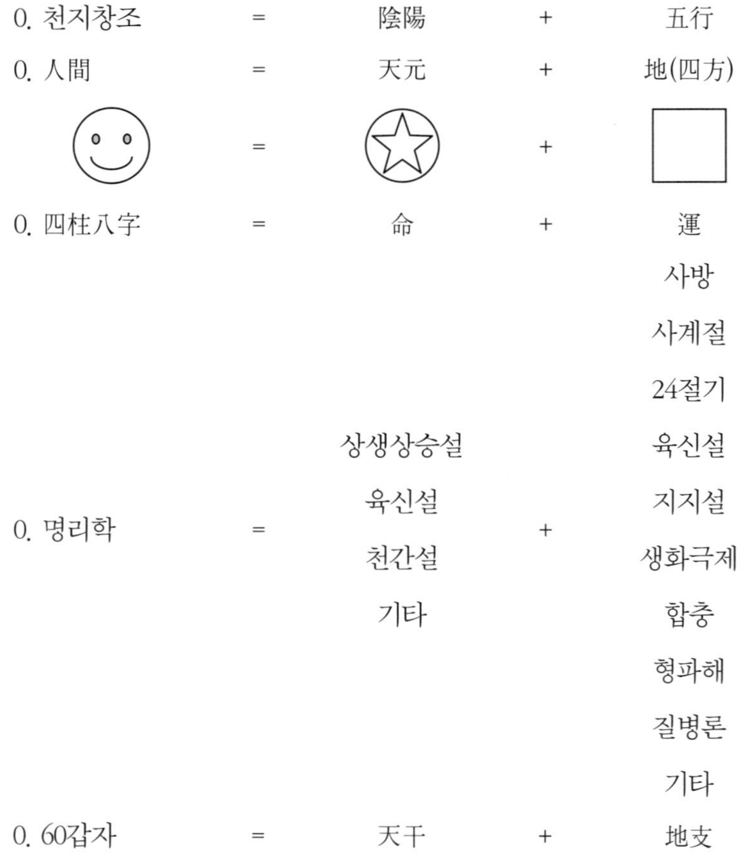

0. 四柱八字	=	命	+	運	
				사방	
				사계절	
				24절기	
		상생상승설		육신설	
0. 명리학	=	육신설	+	지지설	
		천간설		생화극제	
		기타		합충	
				형파해	
				질병론	
				기타	
0. 60갑자	=	天干	+	地支	

 재론하면 일월(日月) 오성(五星)의 운기가 60甲子 간지로서 표현되고 그 간지의 참여와 변화로서 인간의 생로병사(生老病死)를 관장하고 있다고 보는 것이다. 명리학은 이런 논리와 경험과 통계(統計)로서 접목하여 연월일시 사주로서 그 운을 판단하고 있는 것이다.

2) 중화

자평(子平) 명리학은 그 어원과 같이 중화(中和)를 간명의 근원으로 삼
고 있다면 그 연유와 적용과 영향에 관하여 살펴보고자 한다.『춘추좌씨
전(春秋左氏傳)』에서 이르길 '백성은 천지의 중(中)을 받아서 태어났으니
이른바 명이다.'라고 하여 사람의 운명은 곧 중개념을 말하고 있다. 이와
관련하여 중화에 관한『중용(中庸)』의 논리를 간단히 짚어 보도록 한다.

(1) 중화 논리

중국인들의 사고(思考)에는 중(中)을 찬양하는 사상이 전통적 관념으
로 발양(發揚)되어 왔다.『일주서(逸周書)』「무순(武順)」에서 이르길 '하늘
의 도(道)는 좌측(左側)을 숭상하고 해와 달은 서쪽으로 이동한다. 땅의
도는 우측(右側)을 숭상하고 물의 도는 동쪽으로 흐른다. 사람의 도는 중
(中)을 숭상하고 귀와 눈은 마음을 부린다.'고 한다. 또『중용(中庸)』에서
는 '중(中)은 천하의 근원(大本)이고 화(和)는 천하의 도(道)를 이룬다. 중
화(中和)하면 천지가 바로 서고 만물이 자란다.' 고 하였다. 즉 중화(中和)
는 천지가 운행하는 근본 법칙이며 인생의 최고 경지로 여긴 것이다.

명학서인『적천수(滴天髓)』에서는 중화에 관해 설명하기를 '자평지요
법야(子平之要法也)'라 하여 '중과 화는 자평의 중요한 법칙이다.'라고 하
고 있다.『적천수천미(滴天髓闡微)』에서도 중화에 대해 말하기를 '중화는
명리 중의 정리(正理)인 것이다. 이미 중화의 정기를 득하였다면 어찌 명
리가 따르지 않는다고 근심을 하겠는가?' 논리의 적용에 관해서도 말하고
있다. '대저 한세상을 넉넉하고 편안하게 잘 살면서 억울한 일 한번 당하

지 않고 하는 일마다 마음먹은 대로 되는 사람과, 험난한 일과 막히는 일이 조금은 있었지만, 운이 길하게 열려 편안히 사는 사람과 사람됨이 효우(孝友)하면서도 교만하지 않고 아첨함이 없는 사람과 평소의 거동과 마음이 덕이 많아 어려움을 만나도 구차하지 아니한 사람 등은 모두 중화의 정기를 받은 사람이다.

만약 신약(身弱)한 자가 왕지(旺支)를 만나 부귀를 취하고 신왕한 자가 약지에서 부귀를 취하는 것 등은 반드시 사주에 결함이 있는 사람이다. 첫째 재는 경한데 겁재가 중첩하면 처복이 없고, 둘째 일주는 강하고 관살(官殺)이 약하면 자식 복이 적고, 셋째 관성은 쇠약한데 상관이 왕성하면 명예를 얻기 어렵다. 넷째 관살은 강한데 일주가 약하면 소인배가 되는 경우 등을 말한다.'

다만 이런 논리도 가진 뜻은 높으나 현실이 따르지 아니하고, 비록 아첨할 줄 몰라 가난하게 살지만, 차후에 명주를 돕는 세운(歲運)이 들어와서 그 부족한 부분을 보완하거나 그 유여한 것을 제거하였을 때는 중화의 이치를 득하게 되므로 당연히 발복을 하게 된다.

또 부귀를 얻는 것에도 차등이 있으니 공을 이룬 후에 아첨하는 마음이 생기고 빈궁한 사람을 만나면 교만해지는 것은 반드시 사주가 편고하기 때문이고, 심사가 간사하고 탐욕으로 부귀를 얻는 경우는 일시 요행이 있었기 때문이지만 이것은 모두 오행의 정리를 얻지 못한 것이다.

만약 병도 있고 약도 있으면 길·흉간에 효험이 쉽게 나타나고, 병도 없고 약도 없으면 화복(禍福)을 추정하기 어려운 것이 사실이나 이것도 논리가 부족한 일방적 얘기다. 병중이 있는 자는 병이 나타났을 때 쉽게 취할 수 있으나 병이 없는 자는 숨어 있으므로 헤아리기가 어렵다. 이런 일들은 중화(中和)를 위주로 하는 것이다.

 일례로 사람이 병이 없으면 건강하고 왕성하며 경영하는 일이 조화롭고 행동이 자유로우며 모든 것이 편안하나, 병이 있으면 근심은 많고 즐거움은 적으며 거동이 힘들고 어려울 것이다. 가령 좋은 약을 만났을 때는 치료가 가능하여야 하는데 만약 좋은 약으로 치료할 수 없다면 어찌 몸과 마음의 근심이라고 아니할 수 있겠는가?' 곧 명리학은 중화(中和)의 원리가 그 근본임을 말하고 있다.

 ① 유교(儒敎)적 영향

 전래되는 기존 종교마다 경전(經典)이 존재한다. 유교(儒敎) 또한 종교라면 당연히 경전이 있을 것이고 교리(敎理)도 정립이 세워져 인용되고 있을 것이다.

　시대　춘추시대
　시조　공자
　경전　사서오경
　교리　수기치인(修己治人)
　변천　춘추시대 - 구류십가
　　　　한대 - 훈고학
　　　　당대 - 경학
　　　　송대 - 성리학
　　　　명대 - 양명학
　　　　청대 - 고증학 등으로 시대와 같이 역설적으로 변천(變遷)되어 왔다.

가. 성리학

송대(宋代)의 성리학(性理學)에 대한 많은 학설이 존재하고 있다. 다만 본문에서는 간략히 서술토록 한다. 고대 북송의 정호(程顥)는 천리(天理)를 논하였고, 정이(程頤)는 성즉리(性卽理)의 학설을 폈으며, 주돈이(周敦頤)의 태극도설과 장재(張載) 등이 여러 학설을 편 것을 남송(南宋)의 주희(朱子)가 집대성(集大成)하고 정리하여 경전(經典)으로서의 체계를 세운 것이 성리학으로 일컫는데 일명 주자학(朱子學)이라고 한다.

당시 유학에 있어서 성명(性命)과 이기(理氣)에 대한 학문이 그 주를 이루고 있었다. 성명론은 인간 존재의 본질구조와 존재 근거에 대한 물음에 답하고자 하는 이론체계이며 이기론은 이(理)와 기(氣)로서 우주 자연과 인간 만물의 생성변화를 설명한 이론을 말한다.

나. 종교적 위상 정립

당(唐)대 말 불교는 폐해가 극심하여 사회로부터 지탄받고 불신을 당하고 있어도 해탈(解脫)이라는 교리로 인해 대중들에 어필되고 있었고 도교(道敎)[60]는 형이상학이라는 사상이 신념으로 존재하고 있었지만, 유교는 종교적 교리가 정립되지 않은 상태였다. 그러던 중에 맹자의 성선설과 정이(程頤) 이기론(理氣論)을 주창하여 유교의 종교적 경전으로 삼아 위상을 내세우고자 하였다. 이것을 주자(朱子)가 계승하여 완성하였다.

---

60)　老子를 敎祖로 하는 중국의 다신적 宗敎, 自然과 神聖사상, 陰陽五行說 등이 중심이 됨.

　　　　　　　　　　　　　　　　　　　　　　잡론요결

다. 사서오경(四書五經)

유교 교육의 가장 핵심적인 책으로 수천 년 동안 중국 전통문화의 주류를 이끌어온 유교의 대표적 저서들이다.

0. 四書 - 논어(論語)

　　　　　맹자(孟子)

　　　　　대학(大學)

　　　　　중용(中庸)

0. 五經 - 시경(詩經)

　　　　　서경(書經)

　　　　　역경(易經)

　　　　　춘추경(春秋)

　　　　　예경(禮記)

성리학에서는 이전의 오경보다 공자의 언행록인 '논어'와 제자백가중 한사람인 맹자의 '맹자'를 더 중요시하여 중용, 대학과 함께 사서에 포함시키고 학문을 처음 시작하는 사람들에게 가르쳤다.[61] 그러나 참고할 것은 중용에 관한 것이다. 즉 중용(中庸)[62]은 도덕에 관한 이야기로 학자에 따라선 '적당히 좋은 상태'를 말한다고 하기도 하지만 사서오경(四書五經)에서 관심을 가지고 검토할 것은 중용이다. 왜냐면 명리학 간명(看命)의

---

61) 위키백과사전 참조.

62) 한쪽으로 치우침이 없이 올바르게 변함이 없는 狀態나 정도를 의미한다.

관점은 곧 중화(中和)를 중시하게 다루고 있기 때문이다.

라. 중용(中庸)

공자의 손자인 자사(子思)가 지었다고 전해진다. 중용의 중(中)은 지나치거나 모자라지 않고 한쪽으로 치우치지 아니한 상태를 말하고 용(庸)은 평상적이고 불변적인 것을 의미하고 있다. 즉 중용의 덕과 인간의 본성인 성(性)에 대하여 설명하고 있다. 원래『예기(禮記)』에 있었으나 송(宋)대 대응이 빼내어 별책으로 삼았고 정자(程子)가 사서에 편입하였으며 주자(朱子)가 장구(章句)를 만들어 성행하게 되었다.

중용(中庸)의 참된 뜻과 그 실현은 중과 용 즉 알맞음과 꾸준함이 서로 떨어지지 않는 관계를 유지하면서 치우치거나 모자라지도 않으며 기대어 있지도 않고 지나치거나 모자람도 없는 중덕(中德)뿐만 아니라 꾸준한 용덕(庸德)을 겸비하여야만 비로소 이루어질 수 있다고 하겠다.

다시 말하면 중(中)은 진리(眞理)가 있는 곳이고 용(用)은 진리가 쓰이는 곳이라면 중은 중용의 인식(認識)이고 이는 중용의 실행이라고 할 수 있으며, 따라서 인의(仁義)는 중용(中庸)의 이상이고, 예악(禮樂)은 중용의 현실이라 할 수 있다. 한마디로 중용을 얻게 되면 모든 일이 순조롭게 이루어질 수 있다는 논리로 중용은 곧 중화(中和)임을 말하고자 한 것이다.

② 본성

가. 성선설

맹자의 성선설(性善說)은 인간의 본성은 원래부터 선(善)한 것이라고 보는 관점이다. 즉 인간이 살아가면서 지켜야 할 인생의 지침서로서 도리와 본성을 말하고 있다.

이(理) - 4단 - 측은지심(惻隱之心)
　　　　　　 사양지심(辭讓之心)
　　　　　　 수오지심(羞惡之心)
　　　　　　 시비지심(是非之心)
기(氣) - 7정 - 희노애구애오욕(喜怒哀懼愛惡欲)

예를 들어 오행별 속성을 비고(備考)로 어떻게 표현되고 있는지를 설명한 것이다. 즉 木 오행은 인(仁)으로 측은지심의 마음을 가지고 있다. 이는 불쌍한 사람을 보면 동정을 베풀고 싶은 마음이 자연스레 나타난다는 것이며, 火 오행은 예(禮)로서 사양지심을 가지고 있다. 이 또한 겸손하며 타인을 존중하는 마음이 많다는 것이며, 金 오행의 일간은 의(義)로서 수오지심으로 자신의 옳지 못한 행동을 부끄러워하고 다른 사람의 잘못된 행동에도 분노하거나 미워하는 마음이 생겨 질책하게 된다는 것이며, 水 오행의 일간은 지(智)로서 시비지심의 본성을 주로 가지고 있다는 것으로 모든 사람이 옳고 그름에 관한 정확한 판단을 할 수 있다는 것 등을 구체적으로 설명하고 있다.

나. 이기론

주희(朱熹)[63]에 의해 확립된 이기론(理氣論)은 성리학의 토대가 되는

---

63) 朱子(1130~1200), 송대의 유학자. 理氣論과 心性論, 居敬窮理論, 經世論, 이기이원론과 태극도설 등, 性理學을 창시하고 완성시켰다

존재론이다. 이와 기는 본래 짝을 이루는 개념이 아니었으나 중국 송대에 신유학 체계가 성립되면서 세계를 구성하는 두 범주로 이해되기 시작했다.[64] 이기론(理氣論)[65]은 우주에 존재하는 모든 현상은 이(理)와 기(氣)로써 구성되었으며 이기에 의해 생성 변화된다고 말한다. 즉 유형적 존재는 모두 무형의 원리 또는 원인에 의해 생성, 변화된다고 규정하고 있다. 이와 기에 의한 존재론적 규정과 생성론적(生成論的) 설명은 두 가지 원칙 위에서 관계를 맺고 있다. 첫째 이와 기는 서로 떠날 수 없는 관계 위에 있고 둘째 동시에 서로 섞일 수 없는 관계에 있다는 원칙이다.

이러한 관점에서 이기론은 적어도 이(理) 없는 기(氣)나 기가 없는 이(理)만을 전제할 수 없으면서도 이는 이고 기는 어디까지나 기라고 규정한다. 주희는 이기이원론의 체용 논리에서 이를 체(體), 기를 용(用)이라 하고, 심성 논리에서는 성(性)을 체로서의 이, 정(情)을 용으로서의 기를 봄으로써 이와 기는 성과 정에 해당하고 인의예지(仁義禮智)는 성이요, 측은(惻隱), 수오(羞惡), 사양(辭讓), 시비(是非)지심은 정이다. 하였다.

　*이기일원론 - 조선 시대 율곡 이이(李珥)가 주창한 학설로 만물의 존재 및 생성과 변화를 이루는 이와 기가 분리되지 않고 하나로 연결되었음을 주장하는 성리학의 이론 즉 이를 기속에 존재하는 원리나 법칙으로 파악하고 있다.

　*이기이원론 - 조선(朝鮮) 시대 퇴계 이황(李滉)이 주창한 학설로 이

---

64)　네이버 지식백과 참조.

65)　理와 氣로써 우주와 인간을 설명한 性理學의 형이상학적 이론. 심성론과 함께 성리학의 근간을 이루는 이론이다. 네이버 지식백과 참조.

(理)는 본성(本性)이요 기(氣)는 현상(現象)으로 이와 기의 차별성을 강조하고 이를 기보다 본질적인 것으로 본 것이다.[66] 다소 머리가 아프겠지만 아래 고려 분야를 심층 연구한다면 다른 지식을 얻을 수도 있을 것이다.

◇ 연구 분야
- 성리학과 명리학의 보편적 사고
- 이기의 개념과 음양과의 관련성
- 이기의 전개와 음양오행과의 연관성 등

성선설(性善說)과 이기론에 대해 간단히 짚어 본 것은 명리학에서 일간의 본성과 성품을 논하면서 이런 이론들과 관련성을 갖고 설명하고 있기 때문이다.

3) 명학 개념

명리를 말하면서 학설의 진위와 정통성을 두고 설왕설래하고 있는데 이런 문제는 조금만 관심을 가지고 고심해보면 간단히 해결될 문제인데도 근간에 발간되고 있는 서책과 일부 학인들은 자평 명리의 고전 논리 자체를 비판적으로 이야기하고 극히 일부이지만 사이비(似而非) 논리를 주장하는 경우가 발생하고 있어 학계를 혼란스럽게 하고 있다.

---

66)   이하 내용은 韓國民族文化大白科事典 등을 참조할 것.

(1) 명운

원래 포괄적으로 운명학을 말하다 보면 여러 논리로 설명할 수가 있는데 이를 논파라고 가중한다면 명학(命學)과 점학 등으로 구분을 할 수가 있겠다.

현존하고 있는 운명학마다 그 나름대로 의미가 존재할 것이지만, 그러나 자평(子平) 명리학이 천문과 인문, 지리 등 학문적 이론을 토대로 탄생하고 있어 단연코 권위를 차지하고 있다고 볼 수가 있다. 그러다 보니 다른 분야에서 명학을 연구하는 많은 사람이 이를 모방하고 있다. 예를 들어 근대 들어와서는 일부이지만 자평학을 일종의 맹파(盲跛)를 이용한 맹파(盲派) 명리란 학파를 이루고 또 기문둔갑(奇門遁甲)은 본래 지리(地理)를 연구하는 학문이나 일부에서는 기문 명리학으로 변질시켜 운명학의 범주에서 설명하고들 있다.

자평명리학(子平命理學)의 자평(子平)은 중화(中和)를 그 근본으로 한다. 중화의 학설은 억부(抑扶)의 논리가 정통성을 가지고 있다. 다만 그 논리가 완벽하게 통변(通辯)으로서 충족을 시키지 못하다 보니 온갖 학설이 생겨나고 기생(寄生)하면서 학계를 혼탁하게 하고 있다. 예를 들어 간명의 논리를 말하면서 억부가 모든 것을 알 수가 없다. 그러므로 신살(神殺) 논리, 12운성 논리, 물상(物象) 논리, 간지(干支) 논리 등을 하여야 한다고 말하고 있다. 그러나 그 어떤 논법도 중화에 기착될 수밖에 없다. 중화를 벗어나는 것은 자평 명리학이 아니기 때문이다.

속담에 '사공이 많으면 배가 산으로 간다'라는 말이 있다. 논리와 논법이 맞으면 어떤 학설이라도 개의치 할 필요가 없을 수도 있다. 다만 자평

　　　　　　　　　　　　　　　　　　　　　　　　잡론요결

학설의 논법에 문제가 있다면 그 점을 개선해 나가야 학문의 발전이 있는 것이지 비판만 하고 괴이한 학설을 만들어 사계를 불신케 하여서는 곤란한 것이다.

다시 말하면 논지는 자평(子平) 학설에 근거하여 통변을 말하면서 12운성론이 정설인 것같이 한다든지, 신살(神殺)을 적용하면서 오행의 생화극제가 맞지 않는다든지, 용신(用神) 논리를 설명하면서 용신과 합하는 오행이 용신이 된다는 등 이해하기 곤란한 경우가 많이 있다.

재론하면 자평 논리는 간명 방법에 있어 정법(正法)이다. 근간 온갖 학설이 대두되고 있어 연구할 필요도 있겠지만, 무분별한 논리는 불신을 조장하는 계기가 되고 학인들도 혼란에 빠지는 경우가 있다. 자숙할 일이다.

(2) 육신

명리학의 논리는 곧 육신(六神)의 동정을 읽고 그 변화를 간명하는 것이다. 간법은 수학의 공식과 같이 일정한 규율로 정해져 있고 때론 규율에서 벗어나는 경우도 발생하는 일이 있을 수 있으나 극히 드문 일일 것이다.

육신은 통변의 꽃이다. 육친용어로 의인화(擬人化)시킨 것이 육신이다. 예를 들어 일간을 위주로 해서 분별(分別)한다면 정인(正印)은 친모이고 편인(偏印)은 계모, 서모 등의 편모이며, 편재(偏財)는 편처(偏妻)이며, 정재(正財)는 정처(正妻)가 되는 원리이다. 상세한 내용은 【연해자평(淵海子平)】육친론(생극의 動態)을 참조하면 된다. 육신의 상호작용에 대해 필

히 알아두어야 한다. 깊은 내용은 팔자역해[67]를 참고하면 많은 도움이 될
것이다.

비견 - 편재를 100%로 극한다. 이하 동.

겁재 - 정재

식신 - 편관

상관 - 정관

정재 - 정인

편재 - 편인

정관 - 비견

편관 - 겁재

정인 - 식신

편인 - 상관

비견 - 정재를 50%로 극한다. 이하 동

겁재 - 편재

식신 - 정관

상관 - 편관

정재 - 편인

편재 - 정인

정관 - 식신

---

67) 팔자역해 270쪽 참조.

편관 - 상관

정인 - 식신

편인 - 상관

(3) 간명

인간 일생의 생사(生死)와 길흉화복(吉凶禍福)과 부귀빈천(富貴貧賤)을 알고자 할 때 명식(命式)을 보고 분석하는 행위를 간명(看命)이라 하고, 방법론에서는 일정한 공식(規定)과 통계와 경험을 바탕으로 하여 체계적이고 과학적으로 분석하여 통변을 하는데 이를 간명법(看命法)이라 한다. 다만 그 응용에 있어서 세월과 더불어 검증되지 않은 다수의 학설이 점증(漸增)되고 사장되면서 역학계가 다소 혼탁해지고 혼란스럽다.

아래 내용은 간명 논법에서 중화와 관련되어 중요하게 통용되고 있는 격국용신론(格局用神論)의 한 방법론을 예를 들어 기록한 것이다.

① 용신

격국과 용신 - 가. 방조설상(幇助洩傷)

　　　　　　　 나. 왕쇠태극(旺衰太極)

　　　　　　　 다. 감리상지(坎離相持)·오리법(五里法)

　　　　　　　 라. 기타

팔자 간명에는 여러 방법을 선택하여 취용(取用)하고 있으나 용신(用神) - 용신은 사주팔자 가운데서 소용되는 신(神) - 논리가 주류로 운용되고 있다. 다만 활용 방법에서는 역학자 개인의 취향에 따라 각기 묘용(妙

用)을 부리며 유효적절하게 선택적으로 인용하고들 있다.

참고로 용신 논리는 자평학(子平學)의 중화의 학문적 논리를 중요하게 인식하고 이를 인용하고 있다. 다만 중용(中庸)에서 취합한 것인지 그전에 명리학에서 먼저 취한 것인지는 확실하게 단정 지을 수가 없다.

용신을 지정하기 전단계(前段階)로서 5단계로 구분하여 취용(取用)하고 있으나 그 중 일간의 강약으로 판정하는 부억(扶抑) 논리와 절기의 한난(寒暖) 등으로 판단하는 조후(調候) 방법과 억부(抑扶)로 또 상호 대치하고 있는 것을 중간에 들어 소통시키는 통관 방법 등에서 선택하여 이용하게 된다. 그러나 용신의 선택도 중요하지만 지정한 용신의 등급과 역할을 아는 것이 필요하다.

가. 용신의 역할과 등급

첫째 - 최상급 팔자는 억부, 조후, 통관, 병약, 전왕의 5가지 중에서 억부
　　　 + 조후 + 통관 용신 3가지를 가지고 있는 것.

둘째 - 중상 정도의 팔자는 억부(抑扶) + 조후(調候) 용신 혹은 억부 +
　　　 통관(通關) 용신을 가진 사주.

셋째 - 중급(中級) 팔자는 억부 용신이 있으면서 용신 역할을 충실히 하
　　　 는 사주.

넷째 - 하급(下級) 팔자는 억부 용신이 나타나 있지 않거나 암장(暗葬)
　　　 되어 투출(投出)되지 않은 사주.

다섯째 - 흉(凶)한 팔자는 용신 자체가 없는 팔자와 용신이 희미하게 있
　　　　지만 파극되어 용신 역할을 하지 못하는 사주.

나. 인수(印綬) 용재격의 용신 채택(예)

인수 용재격(用財格)은 일주가 강하고 인수(印綬)가 많으면 재성으로 용신을 삼는다. 재성은 일간의 힘을 빼면서 강한 인성을 극하기 때문이다. 용신의 중요성을 감안(勘案)하여 예문을 들었다.

乾命　甲癸辛戊　　　大運　　己戊丁丙乙甲癸壬
　　　寅○酉申　　　　　　　巳辰卯寅丑子亥戌

0. 일간 - 자의(字意) - 규도(揆度)

　　　물상(物象) - 天 - 우로(雨露)

　　　　　　　　　地 - 유수(流水), 생수(生手), 활수

　　　성품 - 지(智). 시비지심(是非之心) 등

　　　일주의 개념

0. 총론

　　　- 용신과 격국

　　　편인용재격

　　　희신 - 木

　　　용신 - ○

　　　기신 - ○

　　　구신 - 金

　　　한신 - 土

0. 각론

      대운과 세운

      원원유장(遠源流長) - 생생불이(生生不已) 직장인

      사업인

      金 - 인성(印星)과다의해(害) - 순수와 청렴

      戊土의 상태 - 자식의 역할

      용신 巳 - 인(人) - 처(妻)의 역할

            사(事) - 입장과 역할

            물(物) - 재화, 물질의 역할

      寅巳申 - 무은지형(無恩之形)

      일간의 현주소 癸巳 · 戊

            庚 - 母

            丙 - 父

      시주(時柱) - 甲寅의 역할

      申酉합의 역할

      寅申충의 효험과 충의 불충

      천간과 지지의 상호 역할 등.

다. 용신과 대운

대운(大運)의 희기는 자기 인생의 전반적 운을 위시해서 일반적으로 사회적 운과 사업상의 운기(運氣)를 보는 것이다. 대운과 세운 등이 용신을 돕는 운이면 발복을 받게 되는 것이고 대운이 용신을 충(衝)을 하거나 극(剋)하게 되면 흉화(凶禍)가 도래하는 것은 당연한 것이 된다. 단, 당년의 세운도 참고하여야 한다.

乾命　辛乙丁甲　　　　大運　　甲癸壬辛庚己戊
　　　巳酉丑戌　　　　　　　　申未午巳辰卯寅

일간 乙木이 대한절(大寒節)인 丑월에 태어나고 설기가 심하다. 특히
巳酉丑 금국을 이루게 되어 관다신약(官多身弱)의 형태를 취하고 있다.
이런 사주가 가끔 나타나서 통변을 어렵게 하고 있다. 예를 들어 관다신
약이니 관인상생(官印相生)이니 하여 인수가 용신이 된다 할 수도 있고,
또 관을 통제하는 식·상관을 용신으로 취하기도 한다. 그러다 보니 혼란
이 되는 것이다.

　본 사주는 丑월 생으로 대한절(大寒節)에 태어났으니 조후가 시급하다.
조후는 곧 火이니 火는 곧 식·상관성이다. 또 丑중 辛金이 시간에 투출하
고 금국(金局)을 이루고 있어 관살(官殺)이 태왕하다. 그러므로 이를 통제
하는 火가 필요하다. 그리고 보니 월간 丁火가 식·상관성으로 용신으로
보면 억부와 조후로서 용신 역할을 하고 있음을 알 수가 있다. 그러나 용신
丁火가 金을 통제하기에는 힘이 부친다. 다행히 운로의 木火 운에 약한 용
신 丁火가 보강되어 국무총리가 된 이한동 전 국무총리의 명조이다.

② 방조설상(幇助洩傷)
방조설상(幇助洩傷)[68]이란 사주에 설(洩)하고 상(傷)하고 방(幇)하고

---

68)　李錫暎저,『사주첩경(四柱捷徑)』官認 韓國易學敎育學院, 2008. 이하 참조.

조(助)한다는 뜻으로 중화(中和)의 도를 정하는 사주 용신(用神) 정법의
근본정신인 것이다.

```
                    ┌ 幫 - 비견·겁재
              弱 ─┤
              │    └ 助 - 인성
  0. 일간 ─┤
              │    ┌ 洩 - 식상관
              强 ─┤
                    └ 傷 - 관성
```

0. 예문

壬丙癸壬　　　　　　**庚己戊丁丙乙甲**
辰午丑子　　　　　　**申未午巳辰卯寅**

이 사주는 丙일 생인이 壬癸가 투간하고 지지에 子丑·子辰의 수살(水殺)
의 근이 되어 분명 형결(形缺)이 되는 것이다. 이같이 만국이 관살로서 일주
가 매우 허약하다. 丑辰 상관으로 水를 제지할 듯하나 빙토(氷土)요, 장수지
토(藏水之土)들이 되어 불능지수(不能止水)하게 되므로 식신 제살이 안된
다. 甲寅·乙卯 운에 사주 수살(水殺)이 그 木運에 화살(化殺)하여 생신(生
身) 하니 크게 재업(財業)이 여유롭다가 丙辰운하면서 丙火가 방신(幫身)
하려다가 도리어 그 왕한 살(殺)에 반극(反剋) 되어 형처극자(刑妻剋子)하
고 가업을 탕진하였으며, 申년에 申子辰으로 살국(殺局)을 조성하여 죽고
말았다. 그러므로 이 격은 인수(印綬)를 희(喜) 하고, 비견·겁은 水火상극으
로 전투를 유발하는 상이 되어 즉 돕는 것이 길이요 방조하는 것은 오히려
해로운 조지즉(助之則) 길이요, 방지반해(幫之反害)가 되는 사주이다.

③ 왕쇠태극(旺衰太極)론

왕쇠태극이란 태왕(太旺)·극왕·태쇠·극쇠(極衰)를 말하는 것이다.

```
                    ┌ 太旺 - 희설(喜洩) - 식상관
             ┌ 왕 ┤
             │      └ 極旺 - 조(助) - 인성
*일간 ┤
             │      ┌ 太衰 - 의상(宜傷) - 관성
             └ 쇠 ┤
                    └ 極衰 - 극설(極洩) - 식상관
```

왕쇠태극론(旺衰太極論)에는 "태왕에는 희설(喜泄) 극왕조(極旺助)하고, 태쇠에는 의상(宜傷) 쇠극설(衰極泄)이라"고 했다. 즉 태왕한 명조에는 설기 시킴이 기쁘고 극왕(極旺) 한 명조에는 생(生) 함이 좋으며, 태쇠한 명조에는 극(剋) 함이 마땅하고, 쇠극(衰極)한 명조에는 설세(洩泄) 시킴이 마땅하다.

또 태쇠라 하면 보통 쇠(衰) 이상으로 너무 지나치게 쇠하다는 뜻이요, 또 쇠극이라 하면 태쇠보다도 더욱 쇠하여 그 쇠가 극에 이르러 이 이상 쇠하려야 쇠할 수 없는 정도의 쇠를 말하는 것이다. 태왕(太旺)이라 하는 것은 왕에 있어서 보통이상 너무 지나치게 왕하다는 뜻이요, 또 왕극이라 하면 태왕보다도 더욱 왕하여 그 왕이 극에 이르러 이 이상 왕성(旺盛)하고자 하나 왕(旺)할 수 없는 정도의 왕을 말하는 것이다.

보통 원칙적으로 강자는 설손(洩損)하고 약자는 방조(幫助)하는 것으로 되어있지만, 이 태쇠 태극과 태왕 왕극자는 그와 같은 방법으로 해서는 안되는 것이고 그와는 달리해야 한다.

이외 용법은 태왕자(太旺者)는 극하는 것보다 설기 시켜야 하고 왕극자

는 설기 시키는 것보다 차라리 도와주어 종강(從强)시켜야 하며, 태쇠자
(太衰者)는 보(補)하는 것보다 차라리 더 극하여 종살(從殺) 시켜야 하고
쇠극자(衰極者)는 극하여 힘을 빼는 것보다 설기 시켜 기력을 빼야 한다
는 뜻이다.

예시 1. 일간이 태왕(太旺) 하면 설(洩)한다.

乾命　戊甲丁甲　　　　大運　　乙甲癸壬辛庚己戊

　　　辰子卯辰　　　　　　　　亥戌酉申未午巳辰

卯월의 甲木 일주다. 지지가 목국(木局)을 이루고 있는데다 년간 또한
甲木이다. 이같이 木 태왕에는 희설(喜洩)이라 하였는바 丁火가 위용(爲
用)이다. 巳운에 丁火 용신이 근왕(根旺)하여 일찍이 궁전에 올랐고, 庚金
운에는 대환(大患)이 의당 있을 것이나 丁火用에 지지 午火로써 재산의
손실은 있었으나 대환(大患)은 없었고, 未 운에는 기신(忌神) 子水를 극거
하여 돈을 크게 모았으며, 壬申 운에는 형처극자에 파란이 많다가 癸 운
에 들어 丁火를 충거하여 죽고 말았다.

예시 2. 일간이 극왕(旺極) 하면 조(助) 한다.

乾命　乙甲乙癸　　　　大運　　戊己庚辛壬癸甲

　　　亥寅卯卯　　　　　　　　申酉戌亥子丑寅

묘월 甲木 일주이다. 지지에 목국(木局)을 이루고 있다. 일간이 강하다
하여 설기 시키는 火를 용신으로 할 것 같지만 그렇지가 않다. 왕극자(旺

極者)는 희조(喜助)라 하였는바 癸水로 용신(用神)을 삼는다. 癸水 용신 운에 들어 조업이 풍부하였고, 丑 운에는 형상이 많았으며 壬子·辛亥 20년간 사업으로 수십억을 모았으나 庚戌운이 들어오면서 土金이 병왕하여 패재신망(敗財身亡)하게 되었다. 그 辛亥의 辛金운에 나쁘지 않았던 것은 지지 水에 설(泄)하여 金이 무근(無根)하였기 때문이다.

예시 3. 일간이 태쇠(太衰)하면 상(傷)으로 처리한다.

乾命　辛甲甲乙　　　　大運　　戊己庚辛壬癸
　　　未申申丑　　　　　　　　寅卯辰巳午未

이 사주는 지지 土金에 木 무근이요, 金 원신(元神)이 辛金으로 수기(秀氣)되어 木이 너무나 쇠하였다. 水로 보함이 가할 듯하나 차라리 극함이 좋다 하여 태쇠의상(太衰宜傷)이라 하였으니 甲木을 극상하는 者 金이 되므로 金이 용신이 된다. 초행 癸未·壬午운은 생목(生木) 제금(制金)하여 형상이 많았고, 다음 辛巳·庚辰에 土金之地에 자수성가하여 많은 재물을 모았다가 己卯운에 己土는 무근하고 卯木은 甲木에 근이 되어 재물이 다 실패하고 고생하다가 寅운에 이르러 왕신금(旺神金)을 충하고 금절어인(金絶於寅)하여 죽고 말았다.

예시 4. 일간이 (衰極) 하여도 설(洩)로 처리한다.

乾命　丙乙己己　　　　大運　　癸甲乙丙丁戊
　　　戌酉巳巳　　　　　　　　亥子丑寅卯辰

쇠극자(衰極者) 의설(宜洩) 이라 하였는바 火土를 용신으로 삼게 된다.
일찍 戊辰·丁운에 조상의 음덕으로 매우 좋았다. 卯운에는 부모가 구몰
(俱沒) 하였고, 丙運에 다시 사업으로 수억금(數億金)을 잡았다가, 寅運에
는 극처파재(極妻破材) 하였고, 乙丑運에는 지지 금국(金局)하여 火土가
그 금국에 설설(洩泄) 되어 가업을 탕진하다가 북방 水運에 죽고 말았다.
물론 癸亥運에서 巳亥 충하고 癸水가 용신을 극병(極丙)하여 끝난 것이
사실이다. 물론 쇠자 왕충발로도 설명이 될 수 있다.

◇ 참고

0. 극왕격은 순전히 인수와 비견·겁으로써 이루어져 있고 또 쇠왕격은
순전히 인수나 비견·겁이 하나도 없이 재관살이나 식상관으로써 이루어
져 있음인데 혹 인수나 비견·겁이 어쩌다 한자 있어도 그자가 자신 지지
에 설하거나 자좌(自坐) 살지에 처하여 격이 이뤄져 있는 것이다.

0. 태왕은 인수 비겁 외에 타성이 많이 혼합되어 있으면서도 인수 비
겁이 우세하여 격이 이루어진 예이고, 태쇠는 인수나 비겁이 있으면서도
재·살이·식상의 세가 강하게 이루어 진격을 말하는 것이다.

0. 극왕은 타성이 없이 비겁·인수만으로 이루어져 있어서 더욱 인수를
희하여 종강시키는 것이고, 극쇠는 순 종살(從殺), 순 종재(從財), 순 종아
(從我)를 제외하고는 만약 살과 식상으로 극쇠 된 경우는 상관으로 제살
(制殺)하고 또 재와 식상이 혼합되어 극약 되었을 경우도 상관으로써 재
를 보하여 더욱 희(喜) 하게 되는 것이며 또 재살·관식·상의 삼자로 혼합
되었을 경우 재관이 왕성해도 상관으로써 살을 제함이 더욱 좋은 것이다.

0. 태왕은 주로 비견·겁이 왕성하여 설기 시켜 생 재·관하여 좋게 만드

는 것이고, 또 태쇠에는 종살시키는 것이 당연하다. 가령 상·식재·관으로 쇠한 경우나 또 재·살만으로써 쇠한 경우, 또는 비견·겁·인이 있으면서도 태쇠(太衰)한 경우에 모두 종살시키는 것이다.

이상과 같으므로 왕지극자(旺之極者)는 불가손(不可損)하고 쇠지극자(衰之極者)는 불가익(不可益)이라고 한『적천수(滴天髓)』의 글 구(句)를 잊지 말고 반드시 기억해 두어야 한다.

위의 논리는『자평진전(子平眞詮)』의 억부 논리와『사주첩경(四柱捷徑)』의 명조 일부를 예시한 것이다. 주지하는 바와 같이 명조 간명법은 여러 가지가 있다. 그러므로 각기 취향에 따라 통변을 할 수 있을 것이다. 다만 고전 논리에서 취하는 간명법은 부억(扶抑) 논리임을 명심(銘心)할 필요가 있다. 그냥 논한 것이 아닐 것이기 때문이다.

(4) 학습

명리를 처음 접하는 이들은 많은 서적과 논리의 다변화로 인해 오랜 세월 동안 무주공산(無主空山)에서 헤매는 경우가 생길 수 있다. 연구 차원에서 학습(學習)할 내용을 기술한다. 어떤 경우에도 기초학습을 소홀히 해서는 곤란하다.

① 학문적 이해
　시대상
　사상과 철학

② 학술적 활용

기초단계

심화단계

응용단계

연구단계

가. 기초단계

음양오행 논리

명조 작성법

행운법

생·극·합·충·형·파·해

12운성

신살론

공망

기타

나. 심화 단계

0. 간명법

중화론

용신 및 격국

물상론

간지론

12운성론

기타

0. 통변론

순역

기타

나. 주관적 판단

하지장 등.

3. 명리와 운기론

명리학의 탄생 유래와 간명 요건 등을 앞서 간략히 설명하였지만 일목 요연(一目瞭然)하게 이것이다. 하고 결론짓기가 무척 조심스럽다. 그 이유는 하루아침에 학설이 세워진 것도 아니고 진서(珍書)와 위서(僞書)가 섞여 온갖 논리와 논법이 접목되다 보니 혼란스럽기까지 한 것이다.

운기론 또한 그중에 하나로 볼 수도 있겠다. 왜냐하면 『자평진전평주(子平眞詮平註)』에서의 '천간(天干) 합은 하도(河圖)·낙서(洛書)와 같은 감여학(堪輿學)에서 유래(由來)된 것이 아니고 명리학의 십간(十干) 합(合)은 『황제내경(黃帝內經)』을 따랐다.'라고 하고 있다. 이런 논리는 대단히 중요한데, 운기학설(運氣學說)이 운명학의 주 논리로 확증이 된다면, 주객(主客)이 전도될 수도 있기 때문이다.

다만 『황제내경(黃帝內經)』의 운기학설(運氣學說)은 '기후변화와 질병의 관계라는 중요한 문제를 연구하는 것[69]'이라 하고 있다는 점을 유념하여 볼 필요가 있다.

즉 본문을 연구함에서는 오운육기설(五運六氣說)과 명리학과의 연관성과 일반 논리와의 관계도 관찰을 하고 명리학에서 중요하게 잘 다루지 않는 질병 분야가 설명되고 있으니 참고하고 연구할 일이다.

---

[69] 任應秋著, 李宰碩譯, 『運氣學說』, 東文選, 1992. 174쪽.

1) 운기학설

운기(運氣) 학설이란 오운육기(五運六氣) 학설을 말한다. 즉 "음양오행 학설을 기초로 하고 오장육부 사이의 동적 균형 및 그 정체 관계를 토론하며 또한 음양오행학설을 운용하여 이를 밝히는 것이다."[70] 특히 고대 중의학에서 기상(氣象)의 변화와 질병과의 문제를 연구 검토한 학문 분야로 질병에 관련된 학설을 중점적으로 설명하고 있다. 이런 논리의 뒷받침하는 운기(運氣) 학설 중의 십천간(十天干)과 십이지지(十二地支)는 여러 각도에서 기상과 기후의 순환 운동을 설명한 것이기 때문에 모두 음양(陰陽)의 구분이 있고 오행의 상생(相生)과 상승(相勝) 관계를 한다.

(1) 운기 학설의 기초

고대(3천년전)에 사용된 은허(殷墟)의 수많은 복사(卜辭)들은 역법, 천문, 기후, 물후(物候) 등을 참조하여 춥고, 덥고, 흐리고 맑은 날씨의 변화 규율을 알고자 했다.

이런 기상학(氣象學)은 인류의 생산 투쟁 가운데 가장 절박하고 가장 중요하며 가장 기본적인 지식이 필요하였기 때문이다. 그로 인해 24절기, 음양력조정과 천문기기의 발명과 중요천체현상 등 이런 많은 경험이 축적되어 주대(周代)를 거쳐 춘추 전국 시기에 이르러서는 아래 내용 위주의 천문학과 기상학 지식은 대대적으로 향상되었다.

---

70) 위 책 184쪽. 『장기법시(臟氣法時)』

(2) 5운 6기

5운(運) 6기(氣)의 학설은 이미 은(殷) 시대 사람들이 오방(五方)의 관념을 갖추었기 때문에 자연스레 활용되었다.

① 5운

5운은 지기(地氣)로서 갑기합화(甲氣合化) 土운(運), 을경합화(乙庚合化) 金운(運), 병신합화(丙辛合化) 水운(運), 정임합화(丁壬合化) 木운(運), 무계합화(戊癸合化) 火운(運)으로, 5기(氣)가 합화(合化)하여 5운으로 변화한다.

이들 십간화운(十干化運)은 다섯 방위의 기상(氣象)의 변화를 예측한다. 예를 들어 5개의 계절 변화의 규율을 탐측해 내는 것이다. 즉 "동방(東邦)은 봄에 풍(風)을 낳고, 풍은 木을 낳고, 木은 신맛을 낳는다. 하늘에서는 풍이 되고, 땅에서는 木이 된다. 그 성질은 온난하고, 그 소득은 평화로움이고, 그 효용은 움직임이고, 그 색은 청색이고, 그 생장 변화는 번영하고, 그 동물은 모충(毛蟲, 털 있는 동물)이고, 그 정치는 높이 올라 흩어지고, 그 명령은 선포하는 것이 여유 있고, 그 변동은 꺾어 파괴하는 것이고, 그 재난은 고공에서 떨어지는 것이다."[71]

이는 木火土金水의 오행으로 1년 다섯 계절의 기본 성질을 설명한 것으로 바로 오운(五運)이라고 명명한 기본적인 의미가 있다. 즉 1년의 기상을 다섯 계절(季節)로 나누고 각각을 오행 성질에 따라 규칙적으로 운행하는 것을 말한다.

---

71) 東邦生風, 風生木, 木生酸, 在天爲風, 在地爲木, 其性爲暄, 其德爲和, 其用爲動, 其色爲蒼, 其化爲榮, 其蟲毛, 其政爲散, 其令宣發, 其變摧拉, 其害爲隕.

② 6기

육기(六氣)는 천기(天氣)로 중국의 기후구획과 기후특징으로부터 기선(氣旋) 활동의 규율 문제를 연구하는 것이다. 풍(風)·열(熱)·습(濕)·화(火)·조(燥)·한(寒)으로 구분하고, 초기 궐음풍목(厥陰風木), 2기 소음군화(少陰君火), 3기 소양상화(少陽相火), 4기 태음습토(太陰濕土), 5기 양명조금(陽明燥金), 종기 태양한수(太陽寒水)로 이들 육기의 변화는 삼음(三陰)·삼양(三陽)으로 정기와 사기로 식별하여 이용한다.

(3) 운기의 동화(同化)

앞의 5운의 주운(主運)과 객운(客運), 6기에서 주기(主氣)와 객기(客氣)는 60년의 변화 중에서 서로 생극(生剋)하고 서로 소장(消長)하는 것 이외에도 20여 년의 동화 관계를 발생시킨다.

즉 동화(同化)는 어떠한 것인가? "풍기(風氣)와 온기의 기화가 동일(同一)하고, 열기·황혼·화기와 여름철의 기화가 동일하고, 승기(勝氣)와 복기(復氣)의 동화도 같은 것이며, 조기·맑음·연기·이슬과 가을철의 기화가 동일(同一)하고, 구름·비·황혼·먼지와 장하(長夏)의 기화가 동일하고, 한기·서리·눈·얼음과 겨울철의 기화가 동일한데, 이것이 바로 천지간 오운육기의 변화이며, 운기가 서로 성쇠(盛衰) 하는 일반 정황이다."[72]

즉 운(運) 혹은 기(氣)를 막론하고, 그것들이 동일한 성질의 변화를 만나기만 하면 필연적으로 동일한 기상의 반영이 있게 된다. 이것을 동화

---

[72] 顧聞同化何如?, 曰:風溫春化同, 熱暄昏火化同, 勝與復同, 燥淸煙露秋化同, 雲雨昏暝埃長夏化同, 寒氣霜雪冰冬化同, 此天地五運六氣之化, 更用盛衰之常也.

잡론요결

(同化)라고 한다. 예를 들어 木은 風과 동화하고, 火는 서열(暑熱)과 土는 습(濕)과 金은 조(燥)와 水는 한(寒)과 동화하는 것 등이다.

가. 천부(天符)와 세회

1년을 통틀어 주관하는 중운(中運·속칭 大運)의 기는 사천의 기와 서로 부합하여 동화한다. 이것을 천부라고 한다. 또 1년을 통틀어 주관하는 중운의 기는 세지의 기와 같은데, 이것을 세회(歲會)라고 한다. 『소문·육미지대론(素問·六微旨大論)』에는 "木 운은 卯의 해를 만나고, 火 운은 午의 해를 만나고, 土 운은 辰·戌·丑·未의 해를 만나고, 金 운은 酉의 해를 만나고, 水 운은 子의 해를 만난다. 이른바 세회는 운기가 화평한 해이다."[73]

나. 동천부(同天符)

양(陽 - 甲丙戊庚壬)의 해를 만나면 태과(太過)와 중운의 기는 재천의 기와 서로 합해지는데 이것을 동천부라고 한다. 즉 "세운이 태과이면서 사천의 기와 동화되는 것에는 3개가 있다. 甲辰과 甲戌년의 중운 태궁은 토운 태과로서 아래로 태음 습토 재천에 더한다. 壬寅과 壬申년이 중운 태각은 木운 태과로서 아래로 궐음풍목 재천에 더한다. 庚子와 庚午년의 중운 태상은 金운 태과로서 아래로 양명조금 재천에 더한다."[74] 이와 같은 정황이 셋이 있다.

---

73) 木運臨卯, 火運臨午, 土運臨四季, 金運臨酉, 水運臨子, 所謂世會, 氣之平也.

74) 소문·육원정기대론.

(4) 동세회(同歲會)와 태을천부

음(陰 - 乙丁己辛癸)의 해를 만나면 불급의 중운의 기와 재천의 기가 서로 합해지는데 이것을 '동세회'라고 한다. 본래 중운과 세지의 기가 서로 같아야 세회라고 일컫는다. 그러나 사천과 재천의 기는 세지에서 결정되는데, 지금 중운의 기와 재천의 기가 합해지는 것은 결코 세지에 의해 완전히 결정되는 것이 아니라 세지가 소관하는 재천의 기를 찾는 것이다. 이것이 세회와 유사하면서 실제로는 다른 점이므로 '동세회'라고 일컫는다.

천부이면서 세회인 것을 '태을천부'라고 한다. 「소문·육미지대론」에는 "천부이면서 세회인 것은 어떠한가? 기백이 답하기를 '이것을 태을천부'라고 합니다."[75]

(5) 질병

특히 운기 학설에서 논하고 있는 질병 관련 학설은 기후변화와의 관계라는 중요한 문제를 연구하는 것이다. 명리학에서 말하고 있는 질병론(疾病論)은 『황제내경(黃帝內經)』 「소문(素問)·장기법시론(臟氣法時論)」을 인용한 운기학설에 의해 인용되고 있다고 볼 수 있다.

---

75)　天符歲會何如? 曰∷太乙天符之會也.

　　　　　　　잡론요결

2) 해역

(1) 학설의 진의

앞서 설명된 운기학설은 "의학기상학(醫學氣象學)이라고 생각한다."[76] 고 하였다. 이는 다른 말로 요약하면 '인간의 질병은 곧 기상상태에 영향을 받는다는 것'을 알 수가 있다.

왕성지(汪省之)와 장개빈(張介賓) 두 사람은 오운육기(五運六氣) 학설에 대해 다음과 같은 결론을 내리고 있다.[77] 첫째 운기학설(運氣學說)에서 10의 8.9는 효험이 있는 것이라서 완전히 부정할 수 없다고 하였다.

둘째 천도에 이 이치가 있다는 것을 알아야 하지만 이치는 반드시 이와 같다고 말해서는 안 되는데, 그러므로 구법에 얽매여서는 안 된다고 하였다.

셋째 운기학설을 대하는 데는 마땅히 시기에 따라 변화에 통달하고, 때에 따라 마땅한 것을 판별해야 하며, 천도에 순응하여 오운을 관찰하고 변화에 따라 육기를 탐구해야 하는데, 즉 융통성 있게 이를 장악하고 응용해야 한다고 하였다.

넷째 운기학설에 대해 잘 알지도 못하면서 되는 대로 이는 존재하지 않는 것이며 믿을 수 없다고 말하는데, 이러한 태도는 그가 우둔하며 무지하다는 것을 설명할 뿐이라고 하였다.

다섯째 유한한 시간을 가지고 무궁한 천도를 개괄하려고 한다. 즉 지나

---

76) 위 책, 37쪽.
77) 위 책, 213쪽.

치게 운기학설의 역할을 과장하는 것도 과학적이지 못하다고 하였다.

여섯째 운기학설이 비록 일정한 효험을 가지고 있기는 하지만, 역시 반드시 인체 자체의 강약을 결합하여 조짐에 따라 분별해야 하며 일률적으로 처리할 수 없는 것이라고 하였다.

(2) 결론

이를 참조하여 볼 때 그 진의(眞意)를 결정짓는 것은 다소 성급한 결론일 수가 있겠지만, 오랫동안 역학계(易學系)에서 논쟁이 되는 오운 육기와 명리학과의 상관관계에 관해 관념적 혹은 학술적 결론을 지을 필요가 있다. 그 이유는 앞서 설명한 바와 같이 '오운육기는 의학기상학이요, 중국의 기후구획·기후특징으로부터 기선(氣旋) 활동의 규율 문제를 연구하는 것'[78]이라고 한다. 이는 곧 질병에 관한 의학(醫學) 분야를 말하고 있다. 재론하면 '오운(五運) 육기(六氣) 학설'은 명리학의 '운명론'과는 아무 관련이 없다는 것을 알 수가 있다.

다만 명리학의 질병론과 연계를 지어 설명한다면 그것은 학자들의 자유의사에 맡길 뿐이다. 왜냐면 인간의 질병과 기후와의 관계를 관찰하고 영향의 심도를 측정하는 것으로 설명이 되고 있음을 볼 때, 만약 지역이 다르고 기후가 다르다면 병력(病歷)의 차이가 발생할 수밖에 없다는 결론에 도달한다. 과연 한국지역에 맞을 수 있을까 하는 의구심과 또 한국 역학계에서 이렇게까지 전문분야에 들어가 연구를 할 수 있을까 하는 다소 우매한 생각이 들 수밖에 없기 때문이다. 그러므로 신봉하지 말고 연구대

---

78) 위 책. 육기론 117쪽.

상으로 삼으면 좋을 것으로 사료된다.

단, 역학 분야에서 회자(膾炙)되고 있는 속설로 '아는 만큼 보인다.' 는 말들을 많이 하고 있는데 다소 무책임한 말이지만 적용하는 활용 방법에 따라 어떤 성과가 있을 수도 있어 이런 결론을 지을 수밖에 없겠다.

4. 명리학적 위상(位相)

명리학의 학문적 근원과 학설의 진의(眞意)를 두고 논란이 많이 대두되고 있으나 위서(僞書)로 추정되는 서책들만 많을 뿐 어느 하나 진서로 확실히 판명되고 증빙되는 것이 거의 없는 실정이다.

본서에서도 앞서 제기한 천원지방설(天圓地方說)에서 근원을 찾으려고 시도를 했으나 한마디로 딱 잘라서 결론을 내려 말하기는 대단히 어려웠다. 명리학을 배우는 후인들은 그 근거가 궁금하고 또 어떻게 전개되고 있으며 어떤 대접을 받았으며 받고 있는지 정도는 알아야 할 필요가 있다. 왜냐면 역사적으로 어떤 근거에 의해 명리학이 창출되었으며, 어떤 연유로 미신(迷信)이라는 오명을 쓰고 있으면서도 현존하고 있는지도 알아야 배움의 의미가 분명할 것이기 때문이다.

아래 내용은 한 단면이라도 증빙하여 명리학의 위상 정립에 일조할 수 있다면 다행이다.

1) 역사적 관점

고대로부터 동양철학(東洋哲學)은 음양오행론과 삼재론(三才論)을 근원에 두고 발전되었다. 명리학 또한 음양오행론과 삼원(三元) 논리를 그 바탕에 두고 있다. 음양오행론을 이야기하게 되면 빼놓을 수 없는 인물이 있으니 전국시대의 추연(鄒衍)[79]과 동한(東漢) 시대의 동중서(董仲舒)[80] 를 먼저 들 수 있다. 그것은 정치(政治)에 깊숙이 관여하여 국가의 통치뿐 아니라 사상적으로 역사에 많은 영향을 끼쳤기 때문이다.

(1) 한 무제와 동중서(董仲舒)의 사상적 이론

진나라에 이어 중국의 사실상 통일과업은 한나라 무제(武帝, 기원전 156년) 때에 의해 완성되었다. 이때 본격적인 통일제국시대를 뒷받침할 사상적 작업을 이룩한 핵심인물은 『춘추공양전(春秋公羊傳)』을 저술한 동중서(董仲舒)를 들 수 있다. 그는 역사적 대통일의 면밀한 취지를 지원 하고 백 가지 학파들을 축출하고 음양론을 유가(儒家) 사상과 결합하여 새로운 유학(儒學)을 탄생시키고 유교의 국교화(國敎化)에 기여(寄與)하 였다.

한 무제는 이런 동중서의 사상적 이론을 받아들여 통일제국의 이념적 기반으로 삼아 통치를 하였는데 이때부터 관학화(官學化)된 유학은 중국 의 봉건사회(封建社會)의 의식형태에서 정통적 지위에 오르게 되었다. 이 때의 유학을 신유학(新儒學)이라 하였고, 청나라가 망한 1912년까지 중국 인들의 사고에는 이런 사조(思潮)가 깊게 뿌리내리고 있었다.

---

79) 전국시대(기원전 305~240) 제나라 사람이며 제자백가 중 음양가, 오행 사상과 음양 이원론을 결합하여 음양오행설을 구축하였다. 주요 철학 사상은 오덕종시설(五德終 始說)과 적현신주설(赤縣神州說)이다.

80) 동중서(董仲舒 기원전 176년~104년) 전한 중기의 유학자, 신육학을 표방하며 그의 사상은 중국 문명의 핵심으로 발전되었다. 사상적 특징은 재이설(災異說), 춘추번로 (春秋繁露), 춘추공양전(春秋公羊傳) 등에 잘 나타나 있다.

① 천인감응론(天人感應論)

『춘추번로(春秋繁露)』에서 유가 사상의 사상적 체계를 건립했는데 그 핵심이 천인감응론(天人感應論)이다. 동중서는 현실정치에 대해 선진시대의 공맹학(孔孟學)의 노선 - 인의(仁義)의 실천적 노선 - 을 왕권은 천(天)으로부터 직접 부여받는다는 군주론(君主論)으로 대체해 놓았다.

즉 '천자(天子·君主)는 천(天)으로부터 명을 받고 천하(天下)는 천자로부터 명을 받으며 춘추(春秋)의 법은 사람이 군주를 따르고 군주가 천(天)을 따른다.'라는 논리로 하늘을 자연과 인간의 일에 대해 감응하는 능력과 의지를 갖춘 인격신(人格神)으로 설정했다. 따라서 자연과 사회의 모든 변화나 국가의 흥망성쇠와 인간의 재앙(災殃)과 복(福)은 결국 하늘에 의해 결정된다고 하는 천인감응론(天人感應論)을 주장하였다.

② 재이론

여기에서 감응의 방식은 천(天)이 자연계의 영험한 재이(災異) 현상과 상서로운 현상을 통해 만물은 기(氣) - 元氣→음양→四時→만물을 생성한다고 하고 군주(君主)가 정치를 잘하면 상서로운 징조가 있고, 잘못하였는데도 후회하고 고칠 것을 생각하지 않으면 천(天)은 그에 부합하는 대가를 요구하여 망하게 할 수 있다는 재이론(災異論)으로 군주를 견제하고자 했다.

③ 삼강오륜의 신격화

삼강(三剛)〔군의신강(君爲臣綱), 부의자강(父爲子綱). 부위부강(夫爲婦綱)〕을 도덕적 규범으로 제시하고 이를 절대적 통치와 복종의 관계로 삼았으며, 오륜(五倫)인 인의예지신(仁義禮智信)의 오상(五常)을 이러한 관계를 조정(調整)하는 기본적 원칙으로 삼았다. 또 서로의 관계를 올바르게 유지할 수 있다고 강조했다.

④ 인부천수설(人副天數說)

이런 점들을 강조하기 위해 인부천수설을 제시했는데 그는 '사람에게는 오장(五臟)이 있는 반면에 하늘에는 오행(五行)이 있으며, 사람에게 사지(四肢)가 있는 반면에 하늘에는 사계절(四季節)이 있으며, 인체에는 12개월과 부합하는 열두 개의 대골절(大骨節)이 있고, 또 1년의 천수(天數) 360일과 부합하는 360개의 소골절(小骨節)도 있다'는 등의 현상들을 열거하여 천(天)과 인(人)이 동일한 부류임을 증명하고자 했다. 이는 선진시대에 사상의 대가들이 전통적 신학(神學)에서 벗어나 발전시켰던 철학이 동중서에 의해서 신학의 굴레로 되돌려 놓는 결과를 가져온 면도 있다.

(2) 왕충(王充)의 자연정명론(自然定命論)

동중서(董仲舒)의 천인감응론은 참위(讖緯)의 신학(新學)과 결합하여 동한 시대 전체에 만연되었다. 그러나 이러한 천인감응론과 신학 목적론은 유물주의적(唯物主義的) 사상가인 왕충[81]의 매서운 비판에 직면하였다.

왕충은 30년의 정열을 기울여 『논형(論衡)』을 지었는데 요지는 '질허망(疾虛妄)'이라 적고 있다. 한마디로 허망한 것을 싫어한다는 것으로 한 대의 동중서의 천인감응론(天人感應論)은 허망한 말인 것으로 배척하였다.

---

81) 왕충(王充)은 자(字)가 중인(仲仁)이고 동한 시대 광무제 건무(建武) 3년(27년)에 태어나 화제(和帝) 영원 9년(97년)에 사망했다.

즉 당대에 유행한 '하늘에는 합목적 의지 활동의 능력이 있고 이것이 사람의 일에 영향을 끼친다.'라는 천인감응론이나 미신적 예언설인 참위설을 비판하고 부정하였으며 자연으로서의 천(天)과 제 현상은 기(氣)의 작용으로 필연적으로 일어난다고 하는 유물론(唯物論)을 주장하였다.

① 왕충(王充)의 사상

왕충이 논형에서 주장한 '질허망(疾虛妄)'은 두 가지 함축된 의미가 있다. 그 하나는 사실의 판단에서 '틀림(妄)'을 가리킨다. 왕충이 보건대 천(天)과 인(人)은 모두 순수한 물질적 존재의 속성에 불과하다. 그는 자연으로서의 천이 의지가 없는 것이므로 당연히 인간이 그것으로부터 감응을 받을 수 없다고 생각했다. 만약 자연계의 특이한 현상이 공교롭게도 인간 사회의 특정한 사태와 마주친다면 그것은 단지 일종의 우연한 일치에 불과한 것이다. 개괄적으로 말하면 천도(天道)는 자연적이고 길흉은 우연히 모인다.'라는 것이다.

왕충은 천의 자연적 성질을 논하는데, 선진(先秦)시대 이래로 '기(氣)와 관련한 사상을 창조적으로 발전시켰다. 우주론(宇宙論)의 분야에서 왕충은 분명 '도(道)는 자연을 본받는다.'라는 노자(老子)의 말과' 기(氣)의 운행에 관한『역전(易傳)』의 사상에서 영향을 받은 것이다.

② 원기(元氣)론

왕충이 주장하는 기(氣)의 성질은 천지 만물을 구성하는 통일된 상태의 일종의 물질적(物質的) 원소(元素)이다. 기(氣)의 성질을 나누면 음기(陰氣)와 양기(陽氣)가 있고, 그 존재 방식에서 말하면 유형(有形)적인 것과

                                                              잠론요결

무형(無形)적인 것으로 나뉜다. 인간과 물질의 생성은 모두 원기가 응결된 것이고 이들이 죽어 없어지면 원기로 되돌아간다. 이는 자연계의 발생 과정이다.

기(氣)가 응결하여 이루어진 사람 혹은 사물은 생겨나면 반드시 죽게 마련이다. 반면에 물질적 원소의 기는 시작도 없고, 끝도 없으며, 시초도 없고, 말단도 없으며, 삶도 없고, 죽음도 없으므로 영원히 존재한다. 왕충은 이러한 원기의 자연 발생론으로써 세계의 물질적 통일성을 설명했다.

또 왕충은 동중서가 주장한 재이론(災異論)에서 '천(天)이 선악(善惡)에 보답한다.'라는 논리 즉 '선(善)에는 선한 보답이 있고 악(惡)에는 악한 보답이 있다는 선유선보·악유악보(善有善報·惡有惡報)'의 '천보선악론(天報善惡論)'을 부정하였는데, 이는 인생 경험을 반성하기 시작하면서 차츰 인간은 본성(本性)과 명(命)은 갈 길이 다르다는 관점을 형성하게 되었다는 것이다.

즉 '품행(品行)에 선과 악이 있는 것이 본성(本性)이고 화복(禍福)과 길흉(吉凶)이라는 것은 명(命)이다.' 이런 본성과 명은 인간이 태어난 초기에 지닌 부여받은 품기(稟氣)에 의해 결정되는 것이다. 즉 인간은 명을 받는데 '부모가 기를 줄 때 이미 길흉을 얻는다.'[82]라는 입태론(入胎論)을 주장하고 있다. 또 모두가 '원기(元氣)를 부여받지만 독특하게 사람이 되기도 하고 금수(禽獸)가 되기도 한다.

아울러 사람이 되어도 귀(貴)하기도 하고 천(賤)하기도 하며 빈곤하기도 하고 부유하기도 한다. 부유(富裕)하므로 금전을 쌓기도 하고 빈곤하

---

82) 『논형(論衡)』, 初稟, '人生性命當富貴者 初稟自然之氣'

므로 음식을 구걸하기도 한다. 귀하므로 봉건 제후가 되기도 하고 천하므로 노비가 되기도 한다. 이런 기(氣)의 두터움과 얇음을 부여받는 것은 순전히 정해진 수(數)로부터 나온다.

명은 길흉의 주(主)이며 자연의 도(道)이며 우연에 맞는 수(數)인 것이지 별다른 기(氣)가 있거나 곁에 물(物)이 있어 그렇게 누르고 감응시켜 움직이게 하는 것이 아니다. 이는 절대적인 자연현상이자 자연법칙에서 나온 것이다.[83]라는 설명으로 기의 중요성을 강조하고 있다.

③ 삼명설

더 나아가 오직 인간만이 귀천(貴賤)과 화복(禍福)의 명(命)을 갖는 것이 아니라 국가도 흥망(興亡), 성쇠(盛衰) 및 다스림과 어지러움의 명을 지닌다고 생각했다. 그가 구분했던 명의 순서는 '국가의 명이 개인의 명을 이기고, 수명(壽命)이 녹명(祿命)을 이긴다.'라는 것이다. 또 삼명설(三命說)에 논하기도 했는데, 먼저 정명(正命)은 본래 부여받아 스스로 결함을 얻는 것을 말한다. 이하 삼명(三命)에 설명은『논형(論衡)』「명의(命義)」편을 참조하기 바란다.

2) 인식적 오류

왕충(王充)은 한 대에 국교와 국학으로 정하여진 동중서(董仲舒)의 음양론과 신유학을 강하게 비판하였는데 그로 인해 통치자와 신유학자(新

---

83) 위 책, 偶會

        잡론요결

儒學者)들로부터 이단자(異端者)로 매도당하게 되고, 그의 학설도 외설(猥褻)로 취급되어 배척당하는 불운을 겪게 되었다. 이런 일들은 청나라가 망한 1912년까지 근 2000여 년 동안 동중서(董仲舒)의 신유학(新儒學)은 양지(陽地)에서 국가적 옹호와 사대부(士大夫)들의 교육적 일한으로 삼아 빛을 발하며 발전되었으나 왕충(王充)의 학설은 온갖 박해와 조소를 당한 것으로 역사는 말하고 있다.

왕충의 학설을 많이 인용하고 있는 명리학도 음지에서 방기(放棄)의 취급을 당하고 온갖 조소(嘲笑)를 당하면서도 끈질기게 생명이 이어져 오게 된 것이다. 불의한 것은 이런 왕충의 이론들을 인용하여 직업적으로 이용한 일부 논자들의 일탈이 술사(術士)행위로 변질되어 온갖 미신을 자초(自招)하게 되고 그로 인해 대중들로부터 배척된 것은 간과할 수 없는 사실이다.

그러나 일반적 사회에서 전해져 온 학술적(學術的) 행위는 온갖 수모와 고초를 겪으면서도 끈질긴 생명으로 존재한 것이다. 이것은 명(命)을 알고자 하는 행위는 어떻게 보면 인생을 살아가는 데 나약한 인간 심성을 위로하고 미지의 불안과 공포로부터 위안을 받고자 하는 순수한 마음의 발로로 필요불가결(必要不可缺)한 일로서 명맥을 이어 나왔다고 볼 수가 있을 것이다.

결론적으로 명리학은 통치자의 이기적 통치행위와 학자들의 이념적 이전투구와 일부 논자들의 이기적 상술 행위로 학문적으로 바른 대접을 받지 못하고 음지에서 명맥을 이어나가는 희생자였음을 짐작해 볼 수가 있을 것이다.

3) 학술적 오류

명리학은 음지에서 근근이 명맥을 이어 오다 보니 많은 시행착오를 겪을 수밖에 없었다. 예를 들어 일반적으로 증빙되고 공개된 학술이라면 논리의 정당성이 가미 되었을 것이고, 부당한 논리는 실증(實證)과 증빙을 위해 고군분투하면서도 고쳐 나가는 일이 있었겠지만, 명리학은 이와 반대로 음지에서 기생하다 보니 일부 명학자로 자칭(自稱)하는 이들은 명확한 학술적 근거도 제시하지 않은 채 허황한 이론과 논리를 만들어 시행하고 유포하곤 했다. 후인들은 사실의 진의를 알지도 못하고 이를 습득하고 인용하고 있다. 그러다 보니 불신이 팽배해지고 미신(迷信)의 오명을 얻게 되는 것이다.

재론하면 학문적으로나 학술적으로 일률적이지 못하고 부분적 또는 전체적으로 오류가 발생하고 있고 특히 똑같은 내용을 두고 학설이 서로 다르게 나타나고 있는 일이 비일비재하다는 것이다. 이러한 사실들은 수정이나 교정을 하지도 않은 채 인용되고 있는 것이 현실이며 또한 어떤 논리가 정당성이 있는지도 모를 일이다. 그나마 일부분에서는 약간의 변형을 거치면서 고쳐지고 있어 다행스럽다. 한 예를 들어 보면 다음과 같다.

(1) 오행 대의
① 천간의 신체배속

오행대의(五行大義)[84]엔 간지를 사람 몸에 배속하여 '甲乙은 머리, 丙丁

---

84) 蕭吉著, 『오행대의(五行大義)』, 대유학술총서, 2006, 上 191쪽.

은 가슴과 갈빗대, 戊己는 심장과 배, 庚辛은 허벅다리, 壬癸는 손과 발이 된다.'라고 아래와 같이 설명을 하고 있다.

천간	甲乙	丙丁	戊己	庚辛	壬癸
신체	머리	가슴, 갈빗대	심장과 배	허벅다리	손발

② 지지의 신체배속

또 12지지와 신체의 배속을 지정하면서 '子는 머리가 되고, 丑亥는 가슴과 어깨, 寅戌은 손, 卯酉는 허리와 갈빗대, 辰申은 엉덩이와 팔뚝, 巳未는 정강이, 午는 발이 되니 이것은 모두 처음(12지지의 子)을 머리로 하고, 끝을 발로 삼은 것이다.'라는 설명을 하고 있다.

지지	子	丑亥	寅戌	卯酉	戊申	巳未	午
신체	머리	가슴, 어깨	손	허리, 갈빗대	엉덩이, 팔뚝	정강이	발

(2) 사주와 질병의학

『오행대의(五行大義)』와 달리『사주(四柱)와 질병의학(疾病醫學)』[85]에서는 '천간(天干)은 흔히 10 천간이라고 설명하는데 여기의 10개의 천간을 모두 인체의 각각 부분을 배속시켜보면, 甲木은 담에 乙木은 간에 丙火는 소장, 丁火는 심장, 戊土는 위장, 己土는 비장, 庚金은 대장, 辛金은 폐, 壬水는 방광과 三焦, 癸水는 신장과 포락 이렇게 배속시킬 수 있다.'라고 설명한다. 역대 명학가(命學家)나 일부 명서(命書)에서는 간지와 인체

---

85) 정수호·김종섭,『四柱와 疾病醫學』, 예듀컨텐즈, 2008, P129.

와의 배속이 약간씩 틀리는 경향이 있으나 앞의 논리는 달리 설명되고 있다는 것을 알 수 있다.

질병의학(疾病醫學)을 명리학 범주에 넣기에는 곤란하다는 일부 명학가들의 논리도 이와 같은 오류(誤謬)에 관해 지적하고 있다.

① 천간의 신체배속

천간	장부	부위
甲	담(쓸개)	머리, 수염, 머리숱
乙	간장	목, 눈썹, 열손가락
丙	소장	어깨
丁	심장	가슴
戊	위장	옆구리
己	비장	배
庚	대장	배꼽부위
辛	폐	다리(대퇴부)
壬	방광, 삼초	정강이(소퇴부)
癸	신장, 심포	발, 발바닥

장부와 부위를 묶어 배속하여도 그 차이는 크게 달리 설명이 되고 있다.

② 지지의 신체배속

다음으로 지지를 보면 지지는 모두 몇 개로 구성된 것일까? 말 그대로 십이지이므로 모두 12개로 구성되어 있다. 그러나 지지는 천간보다 조금

　　　　　잡론요결

더 복잡한 인체의 배속을 하고 있다.

지지	신체기관 및 부위
子	방광, 요도, 귀, 생식기
丑	비장, 자궁, 복부, 왼쪽 다리, 입술
寅	모발, 쓸개, 손, 왼쪽 넓적다리
卯	왼쪽 옆구리, 손가락, 간
辰	피부, 가슴, 왼쪽 팔뚝
巳	얼굴, 인후, 치아, 항문, 왼쪽 어깨
午	정신, 머리, 눈
未	위, 위속, 횡격막, 척추, 삼초
申	오른쪽 팔뚝, 대장, 폐, 경락
酉	정혈, 소장, 오른쪽 옆구리, 코
戌	명문, 오른쪽 넓적다리, 발목
亥	머리, 음낭, 오른쪽 다리, 신장

위의 예와 같이 다른 설명을 하는 사례가 일부분으로 나타난다면 오류(誤謬)로 치부할 수도 있겠지만 안타까운 것은 일부이지만 명리학 전반에 걸쳐 이런 현상들이 나타나고 있다는 것이다. 그러다 보니 학술적으로 받아들이기에는 부담이 너무 크고 혼란이 되고 있다.

4) 논리적 오류

삼형(三刑)은 지지가 3개로 형(刑)을 이룬다는 술어인데 내용이 일목요연하지 않고 서책마다 학설이 달리 설명이 되고 있어 간명에 혼란을 가져오고 있다. 예를 들어 어떤 점이 문제가 있는지 검토하여 보면 다음과 같다.

(1) 연해자평정해

『연해자평정해(淵海子平精解)』에서는 삼형(三刑)[86]에 대해 설명하고 있다.

즉 '寅巳申, 丑戌未를 삼형이라 하고, 子卯를 도화지형(桃花之刑)이라 하며 辰午酉亥를 상형(相刑)으로 설명하고 있다. 약설하여 인사신(寅巳申)은 무은지형(無恩之刑)이라 한다. 이형이 있으면 살아가는데 크고 작은 일을 많이 겪게 된다. 관인(官人)은 하는 일이 이롭지 못하고 상인(常人)의 가정에서는 화액(禍厄)이 따르는데 구설에 시달리거나 병고를 겪기도 하고 심하면 흉사를 당하기도 한다. 특히 부인은 잉태의 아픔을 겪기도 하며 스님은 환속한다.

丑戌未는 시세지형(恃勢之刑)이라 한다. 이 형이 있으면 살아가는데 크고 작은 일을 겪게 된다. 관인은 동료와 불화하고 상인은 쟁투하고 시비를 잘 걸고 부인은 구설에 시달리며 스님은 평상인(平常人)의 삶을 산다.' 라고 한다.

子卯는 무례지형(無禮之刑)[87]이라 한다. 살면서 대소사를 보게 되는데

---

86) 三刑 - 寅刑巳上巳刑申 丑戌相刑未丑眞 子刑卯上卯刑子 辰午酉亥相刑 寅刑巳巳刑申 刑寅爲無恩之刑 大小運見者 官人不利擧業 家下陰人死亡 常人口舌戕害 六親少義 婦人損孕 僧道還俗 未刑丑丑刑戌 戌刑未爲恃勢之刑 大小運見者 官人同僚不和 常人爭鬪 是非紛紜 婦人口舌 僧道平常.

87) 子刑卯卯刑子 爲無禮之刑大小運見者 官人則民興訟 上官揭害 屬官相怪 不上見面 常人上下不睦 破財小財 婦孕有損 僧道平平 辰刑辰 午刑午 酉刑酉 亥刑亥 爲子刑之刑

관인(官人)은 송사가 많고 상하에 해로운 일들과 괴이한 일을 겪을 것이며 상인은 상하에 불목하고 재물 손해를 입는 일이 많고 부인은 잉태의 아픔을 겪을 것이며 스님은 평상인(平常人)의 삶과 같다.

또 辰辰, 午午, 酉酉, 亥亥를 자형(子刑)이라 한다. 대소(大小) 간에 오형과 질병 등 불안한 일들이 일어나고 이런 일들로 동요하여 마음이 편치 않아 주거를 이동하는 하는 일들이 많다.

(2) 사주정설

근대까지도 사주 간명 방법으로 당(唐) 사주를 채택하고 있었다. 그러던 것이『사주정설(四柱精說)』이란 책이 발간되어 일간(日) 위주의 자평(子平) 간명 방법을 제시하였는데 그 정확성이 높아 현재는 일반화되어 통상적으로 활용되고 있다. 이 서적은 1983년 초판 1쇄를 시작으로 2007년도까지 112쇄 발행한 그야말로 명리학 서적의 독보적인 서책이다. 그러다 보니 많은 사람이 이 책으로 공부하였다는 것을 쉽게 알 수가 있다.

그 서책에서는 형을 다음과 같은 네 가지가 있다고 설명을 하고 있다.

◇ 三刑

① 지세지형(持勢之刑) : 寅 - 巳, 巳 - 申, 申 - 寅.

② 무은지형(無恩之刑) : 丑 - 戌, 戌 - 未, 未 - 丑.

③ 무예지형(無禮之刑) : 子 - 卯, 卯 - 子.

④ 자형(子刑) : 辰辰, 午午, 酉酉, 亥亥.

大小運見者 徒刑疾病不安之事 動搖猶豫 門庭遷移不筍

이와 같은 형이 사주 속에 있으면 - 예컨대 생일의 지지가 寅이고 생월의 지지가 巳이면 일지가 월지(月支)를 형(刑) 하는 것이 되고, 생일의 지지가 丑이고 생년의 지지가 未이면 년지가 일지를 형(刑) 하는 것이 된다. 어떤 운명이 작용하는가는 다음과 같다.

① 寅巳申

지세지형(持勢之刑) 형인 寅巳申이 있는 자는 자기의 세력을 믿고 저돌(猪突)하여 일을 좌절시키며, 장생(長生), 건록(建祿), 제왕(帝旺) 등 왕성한 십이운성이 사주 중에 같이 있으면 정신이 강용(剛勇)하고, 안색도 또한 윤기 있어 좋다. 그러나 사(死)나 절(絶)과 같은 약한 십이운성이 있으면 교활 비굴한 자가 많으며 재앙(災殃)을 만나기 쉽다. 특히 여자는 이 형이 있으면 고독하다.

② 丑戌未

무은지형(無恩之刑) 형인 丑戌未가 있으면 성질이 냉혹하고 따라서 친구 및 은인(恩人)을 해치고 적에 내통을 잘 한다. 특히 십이운성(十二運星)의 사(死)나 절(絶)이 있으면 은혜를 원수로 갚고 불의비도(不義非道)를 예사로 한다. 여자는 이 형이 있으면 임신 중 곤란 받는 일이 적지 않다.

③ 子卯

무예지형(無禮之刑) 형인 子卯가 사주에 있으면 성질이 난폭하고 화기애애한 기분은 조금도 없으며 예의를 무시하고 타인에게 불쾌감을 준다.

이 형과 더불어 십이운성의 사나 절이 있으면 마음이 혹독하여 육친을 해하는 흉조가 있으며 특히 여자는 남편으로부터 형을 받으며 모자간도 화목하지 못하다.

④ 辰辰, 午午, 酉酉, 亥亥

辰辰, 午午, 酉酉, 亥亥를 자형이라 한다. 사주에 이 자형을 둔 자는 대개 자주독립의 정신이 박약하고 무슨 일에 대하여서나 열성을 가지지 못하고 시종일관하지 못하다. 십이운성의 사나 절이 있으면 생각이 천박하고 심하면 불구가 된다. 또 사주의 생시에 자형이 있으면 그 자식이 병약하고 생일에 있으면 처에게 질병이 있다.

단 '이상 설명한 것이 사주 속에 있을 경우의 운명판단 방법이나 이것은 어디까지나 형 하나만의 운명에 적용하는 영향력을 판단한 것이므로 형 외에 다른 길신(吉神)이 있으면 형으로 인한 흉조(凶兆)는 약해지거나 모두 길조로 변할 수 있다. 그러므로 여러 살이 운명판단의 독립된 기준이 아니라 소박한 소재에 지나지 않는다는 것을 인식하고 간명에 참조하여야 한다.' 붙여 설명하고 있다.

(3) 해역

위의 서책들에서 논하고 있는 바를 비교하여 보면 무은지형(無恩之刑)과 지세지형(持勢之刑)을 아래와 같이 완전히 바꾸어 설명하고 있는 것을 발견할 수 있을 것이다.

① 구의(句意)

형(刑)	연해자평	사주정설
寅巳申	무은지형(無恩之刑)	지세지형(持勢之刑)
丑戌未	시세지형(恃勢之刑)	무은지형(無恩之刑)

② 자의(字意)

『연해자평(淵海子平)』: 시세지형(恃勢之刑)

『사주정설(四柱精說)』: 지세지형(持勢之刑)

   물론 전반적인 내용을 살펴볼 때 해당 명조를 가지는 경우도 많잖고, 또 별 차이가 없다고 해서 여사로 생각하고 넘어갈 수도 있을 것이나 해당 육신을 가지고 있는 사람의 입장은 여간 곤욕스러운 것이 아닐 것이다.

   예를 들어 삼형이 호운(好運)으로 작용을 한다면 일간의 성품은 정관격과 같이 인품이 수려하고 장상을 존경하며 인의 도덕을 가지고 있는 군자의 상이고 관운이 있어 벼슬을 할 팔자로 간명을 하게 되면 당사자는 자신감도 가지고 은근히 희망 섞인 꿈을 가지기도 할 것이다.

   반대로 흉운(凶運)으로 작용을 한다고 생각하면 불안하고 초조할 것이며 항상 뇌리에서 사라지지 않을 고민을 안고 살아가는 형편이 될 것이요, 더욱이 무슨 일이라도 생기기라도 하면 팔자타령을 할 것이기 때문이다. 물론 대범하게 넘어갈 수도 있겠지만, 어찌 세상사 그렇게 잘 되던가, 이런 일들이 사소한 것 같아도 삼형(三刑)을 가지고 있는 형편에서는 굉장한 스트레스가 될 수 있다. 그러므로 이런 문제를 분명히 짚고 넘어가야 한다. 그럼 어떻게 수정할 것인가 하고 고민을 하게 되는데 하나하나 검토를 하여 보도록 한다.

먼저 지세지형(持勢之刑)과 관련된 어원(語源)은 강한 세력을 믿고 과한 행위로 일어나는 결과물들로서 寅巳申을 검토하여 보면 첫째 寅巳申은 전부 양간(陽干)이며, 둘째 절기의 시작점으로 절기의 초창기의 속성을 가지고 있다. 셋째 申중의 壬水가 寅巳의 丙火를 극하고 있으니 아우가 형을 극하는 하극상으로 볼 수도 있지만, 형의 느긋한 면이 있고, 넷째 12지의 생초(生肖)로서의 운기를 맞이할 수도 있다. 다만 이런 점은 절기의 시작점으로 운세가 강할 수 있으나 일간과 절기에 따라 왕상휴수사(旺相休囚死)로서의 변화가 적용되기도 할 것이므로 여타 내용을 참작하면 형의 뜻을 망각하는 무은지형(無恩之刑)으로 하는 것이 타당하다 할 것이다.

다음으로 丑戌未는 어떤가, 오행 중 삼행이 전부 土이고, 세(여름·가을·겨울) 절기의 운세와 천지인(天地人)의 지기(地氣)가 내포하고 있는 운기(運氣)를 참작하는 등, 이 하나만 봐도 지세지형은 丑戌未가 타당하다고 볼 수가 있다.

결론은 각자의 견해도 존재하겠으나 연해자평정해(淵海子平精解)의 논리를 채택하는 것이 타당하다고 사료된다.

乾命	乙壬乙庚	大運	壬辛庚己戊丁丙
	巳寅酉子		辰卯寅丑子亥戌

일간 壬水가 酉월의 巳시에 태어났다. 수기 태왕하고 제재하는 토기가 난잡하지 않으니 유정하고 가을의 맑고 깨끗한 물이다. 성품이 어질고 착하며 매사에 바르게 행동을 한다. 일시가 寅巳형을 하고 있어 관록을 가

질 명이다. 고시에 합격하여 장래가 유망한 법관으로 근무를 하고 있다.

坤命　丁乙戊辛　　　大運　　甲癸壬辛庚己

　　　丑丑戌未　　　　　　　辰卯寅丑子亥

乙木 일간은 戌월 丑시에 태어났다. 시지가 온통 토기 일원에다 월간도 戊土요 시간이 丁火로 土를 생하고 있으니 종재격(從財格)으로 결정이 되지 않으면 토다목절(土多木絶)의 명을 가지고 간명을 하게 된다. 기(忌)하는 것은 지지가 丑戌未 삼형으로 살성이 강하게 작용함을 알 수가 있다.

亥子 운에는 일간을 돕는 운이라 그럭저럭 지냈으나 辛丑 대운에 들어 탕화살(湯火殺)이 겹쳐 일어나니 자궁적출 수술을 받았다.

5) 계몽적 입지(立旨)

선인들은 명학의 발전과 중요성에 관해 많은 설명이 있었다. 그중 열자(列子)[88]의 사주팔자결(四柱八字訣)을 참조해 보자. 즉 '사람이 출생할 때 사주는 정해지는데 아래와 같은 영향을 받아서 태어난다는 것이다. 그러나 마음먹기에 따라 인생도 변할 수 있다.' 이런 설명은 곧 명리학이 인간 삶에 많은 영향을 끼치고 있음을 알리고 또 사실적으로 존재하며 그 정당

---

88)　열자(列子) - 중국 춘추전국시대의 사상가. 전설적 인물이라고도 함. 이름은 어구(禦寇), BC 400년경 정(鄭) 나라에 거주. 장자(莊子) 소요유편(逍遙遊篇)에 '열자는 바람을 타고 하늘을 날았다'고 한 것으로 미루어 장자가 허구로 가정한 인물로 추정을 하고 있다. (두산백과)

성을 주장하여 일반인들이 믿게 되는 계기를 만들어 주고 있다.

이것도 곧 명리학의 위상을 높이는 일 중의 하나로 위인들이나 선인들은 명리학을 인간사와 연결하고 있다. 그 근원에는 천지인 삼재(三才)의 원리를 접목하고 있으며 인간이 지켜야 할 윤리와 인간성이 피폐해짐에 따른 길흉 등을 부각하여 계몽적 효과도 얻고자 했다. 학문적으로도 인정하고 있음을 알 수가 있다.

◇ 사주팔자결(四柱八字訣)

年月日時該載定　　生死苦樂不均也

出身家門陰德兮　　生業治德要關鍵

風水地靈分眞假　　眞興假衰不問知

乾父坤母稟精靈　　善惡配定現淸濁

人間出生雖貴賤　　心生致功心滅敗

연월일시해재정　　생사고락불균야

출신가문음덕혜　　생업치덕요관건

풍수지령분진가　　진흥가쇠불문지

건부곤모품정령　　선악배정현청탁

인간출생수귀천　　심생치공심멸패

사람이 태어날 때의 연월일시는 정해져 있고 생사와 길흉화복은 똑같지 않다. 그 이유는 출신 가문의 음덕과 생시에 공덕이 관건이 된다. 또 풍수 지령의 좋고 나쁨에 따라 흥망성쇠가 정해지는 것은 물을 필요도 없다. 하물며 부모님의 품행과 선악에 따라 사주팔자의 청탁이 정해지고 귀천이 정해져 출생케 된다는 것이다. 그러나 마음을 어떻게 먹고 어떻게 행동하느냐에 따라 삶의 성패가 달려 있다고 하고 있다.

5. 명리학적 생사여탈 논리

명을 추산하는 데 가장 어렵고 금기(禁忌)시하는 사실 중 하나가 인간의 생사여탈(生死與奪)에 관한 사항일 것이다. 만일에 오판으로 야기될 수 있는 여러 문제를 감안(勘案)한다면 문답지에 쉽게 담을 수가 없는 일이다.

다만 부득이 알아야 할 경우도 있을 것이고 간명의 목적이 인적 사유(事由)를 필요로 하므로 긴밀한 내용은 실제는 알아야 한다. 그러나 관련 내용이 너무 조심스럽고 정확성을 기하므로 명학적 판단의 요점만 간략히 설명한다.

1) 오행 생사

문헌으로 나타나고 있는 오행(五行)의 생사여탈에 관련된 변천사를 참고하여 볼 필요가 있다. 오행의 상생상극(相生相克) 논리로 설명되고 있는 관련 내용을 참조하여 본다면, 오행의 생사(生死)의 초창기 학설은 한(漢)나라 때의 『회남자(淮南子)』에서 기록된 것으로 확인되고 있는데 오행의 생사왕쇠(生死旺衰) 즉 삶과 죽음 그리고 왕성함과 쇠퇴함의 과정을 설명하고 있는 것을 참고하여 볼 수가 있다.

즉 '木은 亥에서 생(生) 하며, 卯에서 장성이며 未에서 죽어 묘에 들어간다는 논리로 이는 삼합(三合) 논리로 설명되고 인식되고 있다. 다만 여기서 중요한 것은 土의 생왕사절(生旺死絶)의 논리다. 즉 土는 午에서 생겨 戌에서 장성이며 寅에서 죽는데 이들 세 가지의 신(神)에 모두 들어있는 것은 土이다.'란 내용으로 최초의 생사 논리이다.

서한(西漢)의 경방(京方)[89]은 오행의 형세를 『주역(周易)』의 괘(卦)에 도입할 때 말한 바를 참조하여 볼 필요가 있을 것이다. 즉 '寅에서 火를 생함이 있고 亥에서 木을 생(生) 함이 있으며 巳에서 金을 생함이 있고, 申에서 水를 생(生) 함이 있다. 丑에서 金을 죽임(死)이 있고, 戌에서 火를 죽임이 있으며, 未에서 木을 죽임이 있고, 辰에서 水를 죽임이 있으며, 土는 중앙에서 겸한다.'라고 하였다.

그 이후에 서앙(徐昻)은 경방의 주장에 해석을 달았는데 '火는 寅에서 장생하여 酉에서 죽고 무덤(墓)은 戌에 있다. 木은 亥에서 장생하여 午에서 죽고 무덤은 未에 있다. 金은 巳에서 장생하여 子에서 죽고 무덤은 丑에 있다. 水는 申에서 장생하여 卯에서 죽고 무덤은 辰에 있다. 그리고 土는 중앙에 위치하여 두루 사계절(四季節)에 통하여 그 삶과 죽음은 水와 동일한 위치에 있다.'라고 주석을 달았다.

이런 점을 참고해 볼 때 경방(京方) 이후로 『주역(周易)』의 괘는 '水와 土가 동일한 행(行)이다.'라고 하여 水土 동행(水土同行)이라는 방식을 채택하였다는 것을 알 수 있다. 이후 수대(隋代)에 들어 소길(蕭吉)은 『오행대의(五行大義)』를 편찬하면서 '火와 土가 동일한 행이다.'라는 화토동행(火土同行)이라는 방식을 기본적으로 취했다.

이런 논리를 계기로 하여 바로 오행은 십이궁(十二宮)에 의탁하여 생겨난다는 오행기생십이궁(五行寄生十二宮)의 학설이 생겨나고 이를 기초로 한 다음에 나타나는 십천간(十天干)이 십이지지(十二支地)에서 두루

---

89) 서한 시대의 역학자로 육효점의 창시자, 납음오행(주역의 이론과 60간지의 결합).

행하는 삶과 죽음, 그리고 왕성함과 쇠퇴하는 생사왕쇠(生死旺衰)의 과정이 나타났다.

이같이 시절의 변화에 따라 논리도 조금 달리 설명이 되고 있다. 근간에는 수토동행(水土同行)은 풍수학에서 일부 논자가 인용하고 있고, 화토동행(火土同行)은 명리학에서 12운성론이란 술어로 자리를 잡아 생사의 논리로 인용하고 있다. 다만 이런 논리를 어떻게 받아들이고 활용하느냐에 따라 각기 통변의 묘를 살릴 수가 있을 것이다.

2) 격국 생사

고서에서는 격국(格局)으로 생사를 논하기도 한다. 첫째 인수(印綬) 격이 재를 보고 재운으로 입행하고 겸하여 일주의 사절지가 되면 황천객이 된다. 다만 비견(比肩)이 와서 구조해 주면 무방하다는 논리를 펴고 있다. 둘째 정관격이 칠살(七殺)을 보고 또 편관이 형충파해(刑冲破害) 되며 세운(歲運)이 그렇게 되면 반드시 사망한다.

셋째 사주에 정재(正財)와 편재(偏財)가 있는데 비견(比肩)이 분탈(分奪)하고, 겁재(劫財) 양인(羊刃)이 있는데 세운(世運)이 충합(冲合) 하면 필사(必死)한다.

넷째 상관격에 재왕(財旺)하고 신약하며 관살을 거듭 만나면 관살 혼잡이 되는데 다시 세운(歲運)이 충인(冲刃) 하는 때에 사망한다. 만일 살아난다 해도 잔상이 있을 것이다.

다섯째 공록공귀격(拱祿拱貴格)이 진실 되고 다시 공망(空亡) 충인(冲刃) 되며 세운에 다시 차등을 거듭 만나도 사망한다.

여섯 번째 일록귀시격(日祿歸時格)이 형충파해 되며 칠살과 관성을 만나고 공망이고 형충 되면 사망하며, 관살이 흉하고 꺼리니 세운에 다 있어도 역시 사망한다.

일곱 번째 여타 다른 격도 관살이 있고 진실(塡實)되며 세운에도 차등이 병림(倂臨) 하면 사망하는데 제 흉신악살(凶神惡殺)이 모여 있거나 구교(句絞) 공망조객(空亡弔客) 묘병사(墓病死) 등이 모여도 십사구생(十死九生) 한다. 관성의 태세에 재가 많고 신약 하며 원명에 칠살이 있으면 구신(救神)이 있으니 길하고 구함이 없으면 흉하다.

여덟 번째 대저는 金이 많아도 요절(夭折)하고, 水가 많으면 표류(飄流)하며, 木이 왕성하여도 요사(夭死)하며, 土가 많으면 완우(頑愚)하고, 태과하거나 불급하여도 다 같은 것이니 동일한 이치로 그 생사를 추단하라.

아홉 번째 구교살(句絞殺)은 년지와 일지를 기준 한다. 子에 卯寅, 丑에 辰戌, 寅에 巳亥, 卯에 子午, 辰에 丑未, 巳에 寅申, 午에 酉卯, 未에 申寅, 申에 亥巳, 酉에 子午, 戌에 丑未申 亥에 申寅으로 흉살(凶殺)이다.

3) 재액 생사

『사주(四柱)와 질병의학(疾病醫學)』에서는 재액(災厄) 판단의 현기(玄機)[90]를 구체적으로 나타내고 있는데 여기서 나타내는 재액 생사(生死)는 명조의 오행 생사와 질병 간법(看法)과 연관성을 지어 판단하여야 하는 논리로서 간명에 필수불가결한 사항들이다. 그러므로 관련 내용을 확실

---

90) 정수호·김종섭 共著. 위 책 인용.

히 알고 신중히 대처하여야 한다.

① 세운병림(歲運幷臨)

이것은 사주 간명에서 자주 접할 수 있는 흉함의 표지 중 하나이다. 세운병림의 뜻은 유년 간지와 대운 간지가 같은 것을 의미한다. 예를 들어 대운 간지가 甲子일 때 유년·간지도 甲子가 되는 경우를 말한다. 이런 경우 길함보다 흉함이 많다. 임상에서 사망과 상신(傷身) 등의 일을 많이 겪어 보는 흉함의 표지이다.

坤命　丙甲辛庚　　　大運　　癸甲乙丙丁戊己庚

　　　寅戌巳申　　　　　　　酉戌亥子丑寅卯辰

본명은 93년 음력 酉월에 사망을 예측해 볼 수가 있다. 실제로 93년(癸酉) 양력 8월 15일에 사망한 명이다. 사망원인은 93년 음력 7월 26일은 癸酉 대운이 바로 세운병림을 구성하고 주중 관살이 왕성한데 세운에서 다시 관살 왕지가 되고, 93년 酉월은 바로 辛酉월로 태왕해진 관살이 일간을 충극하여 사망을 의심하지 않을 수가 없다.

② 삼형봉충(三刑逢沖)

삼형은 본래 흉한 표지 중의 하나인데 만일 다시 충을 당한다면 당연히 흉한데 흉함이 겹쳐 오는 격이니 더욱 흉하다고 봐야 한다. 예를 들어 대운 유년과 명국이 양조삼형 하거나 순환삼형(循環三刑)이 본한(本限)에 들어올 때 구함이 없으면 흉함이 크다. 한이라는 것은 운한(運限)을 의미한다.

③ 양조삼형(兩組三刑)

대운 명국 유년에 어떤 양조 삼형이 오게 되면 즉 寅형 巳, 巳형 申, 申형 寅과 丑형 戌, 戌형 未, 未형 丑 혹은 子형 卯, 卯형 子 이외에 지지가 寅巳申, 丑戌未, 혹 子卯가 있는 것을 말한다. 명국의 정인을 형입(刑入) 한다면 상모의 재난이 있고 형입 편재 자는 부친의 재난이 있고 형입 정재 자는 상처의 슬픔이 있고, 형입 식상 자는 자식의 상함의 애통함이 있으니 이는 모두 그 해당 육신의 재앙이나 화를 당한다고 추론하면 된다.

乾命　癸壬壬壬　　　　大運　　丙

**　　　卯子子辰　　　　　　　　辰**

일간 壬水가 子월 卯시에 세상과 인연을 맺었다. 수기가 태왕하여 卯가 용신이 될 것이다만, 본명은 39세에 사망하였는데 대운이 丙辰으로 壬水의 묘지가 되고 유년이 庚午로서 태세 午火가 주중의 2개의 子水에 子午 상충 당하고 있는 것이 사망의 원인이고 원국과 세운에서 辰형 辰, 午형 午의 2종의 상형이 출현하니 그 흉함이 더욱 크다고 할 수가 있다.

④ 양국상극(兩局相剋)

명국 대운 유년의 6개 지지 중에 양조의 방국(方局)이나 삼합국이 성립되고 다시 이 국들이 서로 상극이나 상충하는 것을 말하는 것이다.

⑤ 이일제삼(以一制三)

대운 명국 유년 소운 중에 지지 하나가 다른 세 지지를 충 하거나, 일간이 다른 세 천간을 극 하거나, 지지 하나가 다른 세 지지를 형 하거나, 세 지지가 지지 하나를 형할 경우, 모두 의외의 재난과 생명의 위험신호이며, 명리상 이일제삼은 충·극·형·해를 물론 하고 모두 흉한 것으로 파악하며 때론 그 흉함이 크게 작용하는 경우가 많다.

乾命　乙乙庚辛　　　　大運　　丁

**　　　酉酉子丑　　　　　　　　酉**

본명은 87년 丁卯년에 사망하였는데 그 사망원인은 대운이 丁酉이고, 사주 원국의 2개의 酉金이 있으니 모두 3개의 酉金이 세운 卯木을 충극하니 바로 卯酉 상충으로 사망을 의심할 수 있다.

⑥ 양인회취(羊刃會聚)

양인은 본래 하나의 흉한 별인데 만일 명국중 일주가 왕한데 원국에 양인이 있고 다시 대운에 양인이 오거나 소운 혹 유년운에 다시 양인운이 올 때 양인회취라 하며, 크게 흉하다고 보며, 만일 이러한 유년이니 유월을 만나면 이유를 불문하고 모든 일에 근신하고 조심하여야 한다.

⑦ 양인도벌(羊刃倒伐)

명중의 양인이 충을 만났을 때 다른 지지에서 합이 오지 않아 구함이 없는 경우를 양인도벌이라 한다. 양인은 충함을 제일 꺼리는데 특히 태세에서 오는 것을 제일 꺼린다.

⑧ 칠살봉충(七殺逢沖)

칠살봉충이라 편관이 제재됨이 없게 되면 이를 칠살이라 한다. 이 칠살 역시 생명과 유관한 흉성인데 명중에 칠살이 기신에 해당하고 다시 봉충 (逢沖)을 당하는 경우 다른 지지에서 합이 와 구함이 없거나 혹은 길성(吉 星)의 보호가 없다면, 이 역시 하나의 위험한 표지로서 명주의 성질이 악 랄하여지고 대개 흉사를 많이 당한다.

乾命　庚甲乙癸　　　　大運　　戊己庚辛壬癸甲

　　　午子卯未　　　　　　　　申酉戌亥子丑寅

39세에 사망한 중국 송(宋) 시대의 민족 영웅 악비 장군인데 대운이 辛 亥운이고 유년이 辛酉년이다. 사망원인은 일간이 원국중 관살과 세운 관 살에 의하여 크게 당함이 태과하고 유년 辛酉가 명국의 양인을 세군이 충 거하여 사망하였다.

⑨ 육친입묘(六親入墓)

일간이 왕할 때를 고(庫)라 하며 일간이 약할 때를 묘(墓)라 한다. 유년 에서 관성이 입묘(入墓)가 되면 남자는 자식을 극하고, 여자는 남편을 극 하니 그 남편에게 재화가 있다. 유년에서 정재 입묘가 되면 남자는 극처(克 妻) 하니, 처에게 흉함이 있고, 편재가 입묘 되면 부친을 극하니, 부친에게 흉함이 있고, 정인이 입묘 되면 모친을 극하니 모친에게 흉액이 있다. 식신이 입묘하게 되면 자식에게 흉함이 있으니 주의와 방비가 필요하다.

예를 들어 어떤 사람이 세운병림에 처성 酉금이 丁丑년에 입묘하게 되면 그 처에게 반드시 흉한 재난이 있다고 추론하고, 일간이 입묘하게 되면 당연히 명주 본인에게 재액이 있다고 간명을 하게 된다.

⑩ 효인도식(梟印盜食)

명국 중에 편인이 있고 다시 편재가 있는 것을 진정한 편인이라 하고, 명국 중에 편인이 있고 편재가 없는 것을 효인(梟印)이라 한다. 효인이 편재가 없고 식신을 만나는 것을 효인도식이라 하며 효인도식 하면 부친이 먼저 사망한다고 본다. 효인도식 명이 대운이나 세운에서 다시 효인도식을 만나면 신체가 허약하며 질병이 많고 흉함이 크다. 그러한 해나 시기는 반드시 주의하여야 한다.

⑪ 천극지충(天剋地沖)

천극지충은 바로 유년 태세와 명국 연주의 천극지충을 말하는데 이는 충 태세라고 부른다. 예를 들어 甲午년이 명국의 년주가 戊子나 庚子일 경우 천간은 서로 상극하고, 지지는 상충하는 경우를 말하는 것이며, 유년 연지와 명국 연지가 동일한 것을 "범태세" 혹은 "년상복음"이라고 칭하며, 일주 간지와 유년 간지의 천극지충, 대운 간지와 유년 간지의 천극지충하는 것을 정태세(征太歲) 혹은 세운(世運) 교전이라고 하며, 일반적 정태세의 흉함은 아주 크다. 일반적으로 천극지충이 되는 해는 부모에게 불리하다.

乾命　己甲丁戊　　　　大運　　庚　　　유년　　癸
　　　巳寅巳戌　　　　　　　　　申　　　　　　　亥

　사망이 庚申 대운이고 癸亥 유년에 그 사망원인은 태세가 충을 당하고 유년 癸亥가 시주와 제강을 천극지충(天剋地沖) 하는 것을 분별하여야 하며, 또 대운 庚申과 일주가 천극지충 하는 것을 주의 깊게 분별하여야 한다.

　위 명은 90년 겨울에 논명시 91년 가을에 생명에 관한 일들이 발생할 수 있다 하였는데 그 결과 91년 가을 병원에 입원하여 두 눈이 실명한 것에 비관하여 자살하고 만 흉한 명이다. 일반적으로 원국(元局)과 세운(歲運) 간의 천극지충으로 발생되는 것을 많이 보아 왔다.

　⑫ 상관(傷官)·양인(羊刃)·공망중첩(空亡重疊)

　상관, 양인, 공망(空亡)의 중첩(重疊)이란 상관 또는 양인과 공망이 함께 만나는 것을 말하는 것이다. 상관은 대다수 전개되는 상황에서 대개 불길한 것으로 보며, 일주가 신약한 상황에서 상관을 보면 더욱 불리하다.

　공망은 오기(五行)의 균형을 무너뜨리고 붕괴시키는 의미가 있고 공망이 만일 순화한다면 물이나 불에 의한 재화, 이별, 사별하는 흉이 있다고 한다. 그러므로 상관이 다시 공망이 중첩됨을 보면 흉사가 바로 발생하는 것을 의미하며, 친인(親姻)들의 생리사별의 액운을 나타내주는 표지이다. 양인은 흉성(凶星)으로 공망하고 합하거나 공망의 중첩됨을 본다면 위험이 아주 크다 할 수 있는데 종종 사망이나 횡액의 경우가 많다.

　　　　　　　　　　　　　　　　　　　　　　잡론요결

⑬ 용신수제(用神受制)

⑭ 인효복회(刃梟複會)

⑮ 신약살왕(身弱殺旺)

⑯ 범왕봉충(犯旺逢沖)

⑰ 식상사절(食傷死絶)

⑱ 명궁외충(命宮外沖)

⑲ 양인충세(羊刃沖歲)·효인도식(梟印盜食)

위 외에도 몇 가지 더 있으나 생략한다. 관심이 있으면 관련 서책을 참조하면 많은 도움이 될 것이다. 이같이 여러 가지 방법으로 질병 진단을 하고 있다. 이를 숙지하여 간명을 하게 된다면, 보다 정확도를 높일 수 있을 것이다.

다만 고려해야 할 것은 위와 같이 상세히 진단하는 것은 좋으나 범위를 너무 넓게 잡다 보면 전문 명(命) 의학가(醫學家)가 될 수는 있을지 몰라도 실제 이런 내용을 전부 채택하여 간명(看命)을 한다는 것은 사실상 불가능하고 명학의 본질에 혼란만 가중될 수 있다. 그러므로 원론적이긴 하지만 위와 같은 질병 진단 방법을 참작하여 조금씩 발전된 방법으로 진전시켜 나가는 것이 중요하다.

이외에도 고서(古書)에서 설명하고 있는 잡론구결(雜論口訣)이나 흥망론(興亡論), 군흥론(群興論) 등 고차원(高次元)적인 많은 하지장(何知章)이 존재하고 있다.

다만 이런 논리는 시간을 가지고 점진적으로 익혀 나가면 되겠지만 명리학을 공부하는 학도들은 결단코 조심할 일은 남의 인생사를 논하면서

졸(卒)이니 불록지객(不祿之客)이니 하면서 말과 행위를 경망스럽게 하
여서는 곤란하다.

잡론요결

6. 일주론의 개념

사주는 인간이 태어날 때 타고나는 운명적 숙명(宿命)으로 받아들이고 음양오행 논리를 접목하여 개괄적으로 설명을 하고 있지만, 특히 일주의 실상은 60갑자에 포함된 의미는 인간과 자연을 아우르는 포괄적 관계성이 존재하기 때문에 그 뜻이 오묘하고 범위가 광대하다 할 것이다.

1) 일주의 형상(形象)

일주로 나타내고 있는 60甲子의 간지(干支)는 인적으론 고대 제왕(帝王)들의 이름으로 사용하였다는 설과 생활적으론 기후와 절기의 변화와 음양오행설(陰陽五行說)을 표현하는 기호로 역법(曆法)적 역할을 하였다. 이것을 역학(易學)에 접목하여 천상(天上)에서 일어나고 있는 모든 현상을 지상(地上)과 사람과의 유대관계로 활용하고자 한 것이다.

(1) 간지의 형상(形象)

간지(干支)는 오행(五行)으로서 음양(陰陽)으로 나뉘고 이를 천간지지(天干地支)로 배열하여 만물의 생장화수장(生長化收藏)의 이치를 형상(形象)으로 표기하고 있다. 형(形)에 있어서는 천간(天干)은 오행으로 오운(五運)을 넘나들고 지지(地支)는 오행으로 육기(六氣)의 변화를 이루고 있으니 이의 배합은 천지의 배합과 같고 오행지수(五行之數)와 더불어 상(象)의 이치를 나타낸다. 오행을 형(形)으로 나누면 목·화·토·금·수(木·火·土·金·水)이니 음양(陰陽)으로 나누면 양목(陽木)·음목(陰

木) · 양화(陽火) · 음화(陰火) · 양토(陽土) · 음토(陰土) · 양금(陽
金) · 음금(陰金) · 양수(陽水) · 음수(陰水)이고, 형상(形象)으로 나누면
천간(天干)은 10간이고 지지(地支)는 12지지(地支)로 구분한다.

간지(干支)의 선후 차례는 마음대로 배열할 수 없을 뿐만 아니라 그것
은 1·2·3·4가 겨우 하나의 숫자적 부호에 지나지 않는 것과는 다르다.
수(數)와 음양의 배열은 삼천양지(三天兩地)로 표시하니 선천수(先天數)
1·3·5는 하늘이요 2·4는 땅이고, 후천수(後天數) 이천삼지(二天三地)로
7·9는 하늘이요 6·8·10은 땅이니 천지(天地)의 배합인 운기(運氣)가 교
류하여 만물(萬物)을 낳는다.

간지(干支)는 만물이 발생으로부터 소장(少壯)하고 번무(繁茂)하고 쇠
노(衰老)하고 사망하고 다시 시작한다는 뜻이 내재 되어있다.[91] 실체적으
로 간지는 만물의 문화운동(交化運動)을 음양오행(陰陽五行)으로 형상화
(形象化)하여 우주(宇宙)의 변화를 표현한 것이다.

① 십간(十干)의 표현적 의미

먼저 십간의 표현적 의미다. 십간은 甲·乙·丙·丁·戊·己·庚·辛·
壬·癸를 말한다. 십간(十干)은 은상(殷商) 시기에 날짜를 기록하고 사
용하였기 때문에 또한 천간(天干)이라고도 일컫는다. 달을 기록하기 이
전에는 순(旬)을 단위로 삼았으며, 갑일(甲日)로부터 시작해서 계일(癸
日)에 이르기까지가 알맞게 10일이어서 일순(一旬)이라고 하였다.[92]

---

91) 이경우,『黃帝內經』, 下권, 701쪽.

92) 任應秋(李宰碩 譯), 앞의 책, 43쪽.

'甲·丙·戊·庚·壬의 다섯 천간(天干)은 양(陽)이고, 乙·丁·己·辛·癸라는 다섯 천간(天干)은 음(陰)이다. 선천(先天)으로 이야기하면 본디 하나의 근원에서 함께 나왔고 후천(後天)으로 이야기하여도 또한 하나의 체(體)가 서로를 포함하고 있다. 양(陽) 중에 음이 없는 적이 없었고 음(陰) 중에 양이 없는 적이 없으니 甲乙은 하나의 木이고 丙丁은 하나의 火이며 戊己는 하나의 土이고 庚辛은 하나의 金이며 壬癸는 하나의 水이다. 설령 분별하여 취용(取用)한다고 할지라도 양(陽)은 강건(剛健)하고 음(陰)은 유순(柔順)하다.'라는 것에 불과할 뿐이다.[93]

십간(十干)을 일명 천간(天干)이라고도 하고 일정한 순서를 매기고 있었는데 그것은 사물의 변천 과정을 뜻으로 표현하고 있다. 『사기(史記)』「율서(律書)」에는 이에 대하여 언급하고 있다.[94] 여기에서 戊·己가 빠져 있다. 그러나 『한서(漢書)』「율력지(律曆志)」에서는 『사기(史記)』에서와 같은 해석을 하면서 '戊는 무성해지는 것이고 己는 성숙해지는지는 것이다.'라고 하여 모두 해석하고 있다.

십간의 순서는 만물이 발생에서부터 시작하여 왕성하게 되는 과정과 번성(繁盛)하고 쇠퇴하는 과정을 설명한 것이고, 소멸(消滅)하면 다시 시작하는 순서를 일목요연하게 설명하고 있다. 또 위에 기록한 바와 같이 甲부터 癸까지가 10일이 되는데 일(日)은 양(陽)이다.[95] 간(干)은 개(個)

---

93) 陳素庵(任正栢 譯註), 『命理約言』, 圓濟易學研究院, 2006, 213쪽.

94) 『史記』, 「律書」 "甲子, 言萬物剖符甲而出也. 乙者, 言萬物生軋軋也, 丙者, 言陽道著明, 故曰丙, 丁者, 言萬物之丁壯也. 庚者, 言陰氣庚萬物, 故曰庚. 辛者, 言萬物之辛生, 故曰辛. 壬之爲言妊也 言陽氣任養萬物於下也. 癸之爲言揆也, 言萬物可揆度, 故曰癸."

95) 『爾雅』, 「釋天」 "甲至癸爲十日, 日爲陽."

와 같다.[96] 하여 역법(曆法)에서 날짜를 세는 데에도 이용되었다. 즉 甲은 1일이요, 乙은 2일, 丙은 3일, 丁은 4일 戊는 5일 己는 6일 庚은 7일 辛은 8일 壬은 9일 癸는 10일로 표시되었다.

십간의 상(象)과 배상(配象)의 관계 또한 같은 설명으로서 천간을 나타내는 십간의 상에 대해『조화원약(造化元鑰)』[97]에서는 천간의 상(象)과 배상 그리고 천간의 의미[98]등 다양(多樣)한 뜻을 나타내고 있다. 甲이 나타내는 상을 예를 들면 '甲은 천문기상으로서 화성(火星)·천둥·아침에 부는 부드러운 바람·샛별·온난함 등을 나타내고, 지리건축(地理建築)으로 관찰하면, 삼림(森林)·대로·교량·기둥·사장(社長)·큰집·풍수상(風水上)의 좌용사(左龍砂) 등으로, 인물로는 원수·통수·가장·주장·형장(元首·統帥·家長·主將·兄長)·의사·법관·높은 사람·군자 등을 나타내고, 성격은 강건·정직·적극·원활하지 못하고 큰 공을 세우기 좋아함 등을 나타내고, 질병으로는 담·머리·다리·머리카락·목소리·뇌신경·경련·마비·조급함·구토 등으로, 직업은 창시자·정치·총무·농림업·목재업·건축업·감독 등으로, 식물은 소나무·잣나무·삼나무·야자나무·대나무·산수유·갈대·목초 등으로, 동물은 학·꾀꼬리·공작·사자·호랑이·표범·사슴·도마뱀·구렁이·기린 등으로, 기물(器物)로는 퉁소·피리·북·비파·거문고·안마·봉·곤봉·농기구·공기구·직조

---

96) 『漢書』,「食貨志」, "干, 猶個也."

97) 徐樂吾(鄭志昊 編譯),『造化元鑰』, 삼한출판사, 2003, 63~70쪽.

98) 여기서 나타나고 있는 내용을 다 적용하기에는 그 범위가 너무 많음으로 천간의 甲木 象과 배상에 관해서만 기록하여 참고 한다. 관심이 있으면 (徐樂吾(鄭志昊 編譯),『造化元鑰』, 삼한출판사, 2003)을 참조하면 될 것이다.

기·교통 등으로, 기타로는 청록색·3수·종자·전기학·호박' 등으로 그 의미를 자세히 나타내고 있다.

甲의 배상에 관해 설명하기를 '갑목(甲木)은 양(陽)에 속한다. 사시(四時)를 주재하며 만물을 생육한다. 하늘에서는 우레이며 용(龍)이고 땅에서는 동량(棟樑)이니 양목(陽木)으로 강한 나무다. 사수(死水)에 묻히면 천년이 되어도 썩지 않고 생수(生水)가 되어 나와 우로(雨露)를 만나면 빛난다. 도끼를 만나면 기물(器物)을 이루고 불을 얻으면 문명을 이룬다. 그러나 금(金)이 많으면 썩고 화(火)를 많이 만나면 재로 변한다. 춘목(春木)은 왕성(旺成)한 기후로 우레가 처음으로 소리를 내고 추월(秋月)은 목(木)의 기(氣)가 시들어 우레도 소리를 거둔다. 하월(夏月)의 목(木)은 바람을 일으켜 시원하게 하니 영화롭고 동월(冬月)의 목(木)은 비록 메마르고 태양 빛이 없으면 흉하다.'라고 표현하고 있다. 또 甲의 질99)에 대해서도 설명하고 있다.

육갑(六甲)의 상(象)과 의미에서 나타내고 있는 뜻을 살펴보면 음양의 성정(性情)과 오행의 기(氣)와 질(質)에 대해 세분하여 설명하고 있다. 즉 간지를 표상하면서 그 속에는 천문기상과 지리건축을 나타내고 사람의 인물상(人物象)과 성격과 인체의 질병을 알 수 있으며 무엇을 하는 것이 적성에 맞을 것이라는 직업선택과 식물과 동물의 상과 때로는 기물(器物)까지도 간파하고 표현하고 있다. 이와 같은 내용을 숙지하고 여기에 담긴

---

99) "甲의 질은 굳세고 성은 곧고 색은 청이고 맛은 시고 소리는 탁하고 體는 모나며 길고 用은 싹이 터 움직이는 것이다. 때를 얻으면 동량이 되나 때를 잃으면 무용지물이 된다. 극이 지나치면 썩어 쓰임새가 없고 생왕이 지나치면 물에 떠 흘러가니 의지할 곳이 없고 성이 지나치면 스스로 짐을 지게 되므로 분주하다."(徐樂吾, 앞의 책, 63~70쪽.)

오묘한 이치를 이해하여야만 육십갑자(六十甲子)의 참뜻을 안다고 할 수 있을 것이다.

그러나 때로는 너무 추상적이고 범위가 확장되어 추리하고 이해하기가 어려움이 있는 것도 사실이다.

② 십이지의 표현적 의미와 상(象)

먼저 십이지지의 표현적 의미다. 십간과 대별 되는 것에 십이지(十二支)가 있으니 子·丑·寅·卯·辰·巳·午·未·申·酉·戌·亥가 그것이다. 지지(地支)에서 '子에서 巳까지는 양(陽)이고 午에서 亥까지는 음(陰)이다.' 하는 것은 동지(冬至)에서 양(陽)이 생(生)하고 하지(夏至)에서 음(陰)이 생(生) 한다는 논리이다. '寅에서 未까지는 양이고 申에서 丑까지는 음(陰)이다.'라는 것이 있는데, 이는 寅卯辰은 동방의 목(木)이고 巳午未는 남방으로 화(火)이니 양(陽)이고, 申酉戌은 서방 금(金)이요, 亥子丑은 수(水)이니 음(陰)이라는 논리이다.

명리학(命理學)에서는 '子寅辰午申戌은 양(陽)이고, 丑卯巳未酉亥는 음(陰)이다'라고 한다. 또 子는 癸水를 좇고 午는 丁火를 좇는데 이것은 체(體)는 양(陽)이고 용(用)이 음(陰)이고, 巳는 丙火를 좇고 亥는 壬水를 좇는데 이것은 체(體)는 음(陰)이나 용(用)이 양(陽)이다. 분별하여 취용(取用)하면 또한 양(陽)은 강건(剛健)하고 음(陰)은 유순(柔順)한데 천간(天干)과 다르지 않다.[100] 체용(體用)의 변화의 원리는 오운 육기에서 설명하고 있다.

---

100) 陳素庵(任正桓 譯註), 『命理約言』, 圓濟易學研究院, 2006, 215쪽 참조.

또 십이지(十二支)생초를 논하고 있는데 子는 쥐고, 丑은 소이며, 寅은 호랑이고, 卯는 토끼이며 辰은 용이고, 巳는 뱀이며, 午는 말이고, 未는 양이며 申은 원숭이고, 酉는 닭이며, 戌은 개이고, 亥는 돼지[101]로 구분하여 각기 지신상(地神象)으로 표현하고 있다. 또한 자의(字意)를 검토해 보면 사물의 태어나고 자라서 왕성해지고 사장되는 변화의 과정을 설명하고 있음을 알 수 있다.[102]

십이지(十二支)는 사방(四方)과 사계(四季)로 나타내고 있으니, 寅卯辰은 동방(東方)이며 봄이요, 巳午未는 남방(南方)이며 여름이고, 申酉戌은 서방(西方)이며 가을을 나타내고, 亥子丑은 북방(北方)으로 겨울을 나타낸다.

또 子는 북방(北方)의 지극히 음한(陰寒)한 水의 자리로 일양(一洋)이 처음 생기는 고로 음(陰)이 극(克)하면 양(陽)이 되니 壬이 생기고, 壬의 자의(字意)는 잉태(孕胎)하는 원리로서 子로 하였으니 이는 십일월(十一月)의 辰이다.

십(十)을 십이(十二)로 배당하여 육십(六十)을 형성하면 육육(六六)은

---

101) 陳素庵, 앞의 책, 315쪽 참조.

102) "子는 孳야이니 양기가 비로소 싹트게 됨을 일컫는 것이요 丑은 굴축의 뜻이니 한기가 스스로 굴복하기 시작한 것이요 寅은 종지뼈와 같이 양기가 튀어나오려는 형태를 뜻한 것이니 만물이 강하게 활동하려는 춘초에 해당한다. 卯는 모행 한다는 뜻이 있으니 만물이 땅위로 출상하려는 행위인 것이요 辰은 기개를 펴는 기상이니 모든 것이 서충하여 마지않 발전기상을 뜻한다. 巳는 다 마친 것이니 양기가 다 베풀 어 마쳤음을 뜻하며 午는 거스림이니 음양이 교제함에 서로 놀라서 미워한다는 뜻이요 未는 昧沒이니 일면 기울어지는바 양이 유곡에 빠지기 시작한 때문이다. 만물이 이미 그 체성을 완성하였음을 말한다. 酉는 성취하였음이니 만물이 그 목적과 결과를 성취한 것이요 戌은 만물이 멸진한 것이며 亥는 견고한 씨앗과 같은 것이니 만물이 깊이 수장된 것을 뜻한다."(沈載烈, 『淵海子平精解』, 명문당, 2004. 29~30쪽)

삼십육(三十六)하여 한해를 이루는 것으로 '경에 이르기를 육육의 절이 일세를 이룬다' 하는 것이 결국 이것을 두고 한 말이다.[103] 또 십이지를 자연생성의 이치에 맞추어 '子丑은 음양이 비로소 잉태된 것이니 사람이 모태(母胎)에 입태(入胎) 됨과 같고 식물의 뿌리와 씨앗에 생기가 돌았음과 같으니 출생하여 나타난 것은 없다.'[104]라고 설명을 하고 있다.

그러므로 甲子·乙丑 등이 곧 명(命)에 응하여 나타나는 것이고, 명(命) 또한 인생 일세의 사항에 관한 것인데 곧 甲子에서 나타내고자 하는 상(象)은 다 인사와 명운에 비유한 것이다. 즉 세사(世事)란 다름 아닌 세상살이를 하면서 겪는 희로애락(喜怒哀樂)의 과정이니 따라서 세사에는 子로부터 亥에 이르기까지에 이르는 이치가 명확하게 나타나고 있음을 강조하고 있다.

다음은 십이지지(十二地支)의 상과 배상에 대한 설명이다. 땅을 나타내는 십이지지의 상에 대해『조화원약(造化元鑰)』에서는 만물의 형상과 24절기의 변화와 지지의 길신(吉神)과 흉신(凶神)에 따른 형상을 구체적으로 설명하고 있다.

즉 상(象)과 배상(配象)에 관해 설명하고 있는데 자子의 배상에 관해서 요약하여 본다. 子는 감(坎)이며 수(水)이고 방위는 정북(正北)이다. 월건(月建)은 자월(子月)로 반드시 대설(大雪) 후에는 왕(旺)하고 申辰과 회합(會合)하면 강해(江海)를 이루어 파도를 발생시킨다. 한밤중에 있으면 전반은 음(陰)이고 후반은 양(陽)이니 음양이 교차하는 중심이 된다. 수

---

103) 萬民映, 앞의 책, 48~51쪽 참조.

104) 심재열, 앞의 책, 33~34쪽.

(水)는 밤이니 흑색이며 묵지(墨池)의 상(象)이다. 또 자子 등의 형상에 대해 '子를 나타내는 형상은 물·강·연못·우물·개천·부인·도둑·쥐·제 비·달팽이 등에 해당하고 자(子)가 길신(吉神)에 해당하면 총명(聰明)하 나 흉신(凶神)에 해당하면 음탕(淫蕩)하다.'[105]라고 설명한다.

이같이 60갑자에 담긴 간지의 속성은 많은 내용이 내재되어 있는 것이 다. 십간과 십이지는 1년 12개월의 우주 만물의 변화를 나타내고 인간의 운명 또한 그 변화에 따라 동조(同調)된다는 것을 설명하고 있다.

(2) 각주(各柱)의 성정(性情)

60갑자 각주의 성질과 길흉에 관해 천운지기(天運之氣)[106]에서는 상세 히 설명하고 있다.[107] 분량이 너무 많음으로 壬子에 대한 설명으로 갈음한 다. 60갑자의 한 단위인 壬子는 일점(一點) 수성(水性)을 나타내는 한 문 자로서 만유의 태초 시원을 뜻하며, 壬이란 글자는 土란 글자에 일점(一 點)을 더하여 이루어졌고 子는 모든 종자(種子)의 형상을 각각 표상하는 등 壬子가 나타내는 문자의 뜻에는 많은 내용을 함축하고 있다.

壬水는 체음용양(體陰用陽)인 까닭에 동중정(動中靜)하는 기상을 가지 고 내성이 음정(陰精) 하나 솔직한 외향성도 겸하고 있으며 창조적 사색 과 지기(志氣) 심원한 것이 본성이다. 점(點)이나 종자(種子)를 상징한 진

---

105) 이같이 12지지의 배상에 대해 전부 상세히 설명하고 있으나 범위가 넓어 생략하고 12지지 중 子에 관해서 간략히 인용하였다. (徐樂吾, 鄭志昊 編譯, 앞의 책, 67~83쪽 에 보다 상세히 기록되어 있다.)

106) 조명언, 앞의 책, 67~69쪽.

107) 60갑자에 대한 60가지의 내용을 설명하기에는 분량이 너무 많음으로 '壬子' 한 예로 갈음한다.『象理哲學』과『造化元鑰』등에 내용이 충실하게 기록되어 있다.

리를 계승하여 물질의 각본 단위를 원자·전자·소립자 등 문자로써 표시하고 있다. 생명의 창조단위나 기능을 남자는 정자(精子), 여자는 난자(卵子) 또는 자궁(子宮), 임신 등으로 표시함으로써 子자와 壬자를 결부해 사용하고 있다.

壬이란 글자나 子는 일점 수성(水性)이나 그것이 응결 또는 집합하면 음료수로부터 강하(江河)나 바다를 이룬다. 壬子 수성인 시초의 진리를 순환질서에 배속하여 음기 시점인 11월부터 일점 양기가 시생(施生)하여 장양(長養)하는 달을 자월(子月)로 표시하고 있다. 子水는 양수(陽水)이며 액체와 유체(流體)인 까닭에 외형이 마치 실이나 포목의 질과도 같이 길게 흘러 보이며 申子辰 삼합과 같이 수국(水局)이 형성되었을 때는 섬유질에 속하는 사물로서 비단이나 모사류(毛絲類)를 상징한다.

子水는 일상생활에 필요한 음료수로부터 세탁·목욕·상하수도·농업용 관개수·강하 등 주로 담수에 해당하나 수국(水局)을 형성하면 해양(海洋)에도 적용된다. 수화(水火)에 한하여 천운 지기를 착종(錯綜)하여 사용하게 되어 있으므로 子水는 천운에 癸水를, 壬水는 지기에 亥水를 각각 사용한다.

천시(天時, 음력 11월)인 월(月)로는 양력 12월 절(節)에 해당하고 시간으로는 한밤중인 밤 11시부터 새벽 1시까지에 해당한다.

방향으로는 정북방(正北方)에 해당하며, 구성(九星)으로는 문곡성(文曲星), 28수로는 여허위(女虛危) 보병궁(寶瓶宮)에 속하며 성질은 한냉(寒冷)하고 우로(雨露)·상설(霜雪)·안개를 이루며, 수왕지절(水旺之節)로 일양(一陽)이 시생한다.

지리(地理)로는 수도(水道)·하수구·취사장·목욕탕·세면장·지하실·암실·변소·바다·강·하천·연못·저수지·댐·수력발전소·항구·해수욕장·염전·관개수로·양어장·스케이트장·산부인과·소아과병원·이발소·미용실·원자력발전소·전자제품·공장·소방서·주점·밀매음·종묘원(種苗院)·탁아소 등으로 표시한다.

인체(人體)의 표시로는 壬은 방광(膀胱)·정강이·족태양방·광경(足太·陽膀·胱經)·신장(腎臟) 등을 나타내고 있으며, 子는 신장(腎臟)·요도(尿道)·자궁(子宮)·월경(月經)·이(耳)·요(腰)·홀몸·생식기(生殖器)·음부(陰部)·난자(卵子)·갑상선(甲狀腺)·족소음신경(足少陰腎經)·방광(膀胱)을 나타내고 있다. 인물(人物)로는 아이·임산부·작부·작곡가·매춘부·어부·야경원·맹인·의사·승려·철학자·저술가·도둑·간첩 등으로 표기한다. 동식물(動植物)로는 쥐·제비·박쥐·여우·어류·올챙이·해파리 등을 나타낸다.

2) 일주 분석

앞에서 설명한 壬子 일주와 같은 방법으로 분석하고 숙지(熟知)하는 것은 당연하겠지만 그 범위와 설명이 각기 다르기도 하고 너무 난해하여 이해하기가 곤란한 면도 있으니 고려해서 볼 일이다. 물론 이외도 다른 방면으로 검토하여 볼 수가 있는데 지면 관계상 甲子 한 예를 들어 분석방법 등을 약식으로 갈음하고자 한다.

위와 같은 내용은 당연히 습득하여야 하고 달리 관심을 가지고 연구하면 그 또한 통변에 많은 도움이 될 것은 말할 것도 없다.

일주론의 근원은 『연해자평(淵海子平)』의 일간론(日干論)과 『적천수(滴

天髓)』의 천간론(千干論),『자평진전(子平眞詮)』의 간지론(干支論),『궁통보감(窮通寶鑑)』과『조화원약(造化元鑰)』등 제반 학설에 뿌리를 두고 있다고 볼 수가 있다. 그러므로 일독을 권장한다.

근간에 나온 여러 서책에서는 일주론(日柱論)을 말하면서 이해하기 어려운 많은 학설을 담고 있고 증빙되지 않는 사설(邪說)도 개입되는 형편이라 참고는 하되 가감 없이 신봉하거나 추종하는 것은 지양하여야 한다.

(1) 분석내용

① 일주

　가. 일간

　나. 일간의 마음

　다. 일간의 통태 등

② 육친 해석

　가. 남명과 여명

　나. 일간과 육친

　다. 타육친과의 연관성 등

③ 절기와 관련성

④ 12운성

　가. 천간의 위치

　나. 지지의 위치

　다. 일간과의 연관성

⑤ 신살론

　가. 12신살

나. 제살과의 연관성

⑥ 기타

(2) 분석방법(예)

① 甲子 일주

가. 일간

『연해자평(淵海子平)』에서는 일주를 취함에 있어 먼저 기본적인 논리를 설명하고 있다. 즉 송대(宋代)에 이르러 자평의 학설이 성립하였다. 그 학설은 '일간을 주로 하고 생년을 뿌리로 하고 월을 싹으로 하며 일을 꽃으로 삼고 시를 열매로 삼았다. 생왕사절휴수(生旺死絶休囚)와 제하고 화하는 것을 살펴봄으로써 인생의 운명을 결정하는데 그 이치가 필연(必然)하고 심히 현묘하여 의심할 바가 없었다.'[108]라는 내용을 담고 있다. 즉 자평 학설이 송대(宋代)에 성립하였고 가장 중요한 부분이 일주(日柱)요 그 중에서도 일간의 중요성을 말하고 자평(子平) 학설은 일간을 주(柱)로 기(紀)하여 간명을 하게 되었다는 내용을 설명하고 있다.

나. 일간의 마음

甲은 오행으로 木이다. 기본 성품은 인(仁)이요 사단(四端)의 하나인 측은지심(惻隱之心)으로 어질면서도 남의 아픈 마음을 헤아리고자 하는 따뜻한 마음을 가지고 있다. 끈질기고 야무지면서도 부러질지언정 휘어지지 않으려는 절개(節概)와 본능(本能)을 표출하는데 위로 올라가려는 욕

---

108) '至於宋時, 方有子平之說, 取日干爲根, 以年爲根, 以月之苗, 以日爲花, 以時爲果, 以生旺死絶休囚制化, 決人休咎, 其理必然矣, 復有何疑哉' 라는 내용이다.

구와 진취성 등이 활발하게 나타난다.

水를 만나면 생명을 유지 보존하고, 火를 만나면 비화(飛化)되어 뜻을 표출하고, 土를 만나면 뿌리는 내려 안주를 하고, 金을 만나면 가색(稼穡)이니 형태를 뽐내고, 木을 만나면 곡직(曲直)이니 기개와 용기를 뽐내고자 한다.

일지에 子水와 동주(同柱)하고 있다. 이것은 끊을 수 없는 숙명적 만남으로 인사물(人事物)로서 구분을 지을 수 있다. 즉 인(人)은 사람이니 모와 인연이요 물(物)은 자연에서 파생되고 존재하는 만물이다. 사(事)는 인과 물의 상호관계에서 일어나는 사건 사고 등을 말하고 있다. 이런 제반 사연은 호악(好惡)을 불문하고 나에게 직간접적으로 존재한다. 나는 그로 인해 많은 생각을 하게 될 것이다. 특히 중요한 것은 甲木이 가지고 있는 내면(內面)의 욕구로 己土와 합을 하고자 하는 마음과 같은 행위이다. 己土는 삶을 영위하는데 필요한 재화(財貨)요 인간 오욕(五慾)의 하나에 해당하는 나의 이성(異性)의 육신(肉身)이기 때문이다.

이런 암장(暗藏)된 활동성과 연관성은 중요한데 이것을 추구하는 마음을 기본적으로 가지고 있다. 또 그를 위해 목숨도 불사하겠다는 각오를 강하게 가지게 된다. 甲木은 땅에 뿌리를 박고 있어야만 생명 존재의 가치를 느끼기 때문이다.

일간의 마음은 아신(亞身)의 표출된 사연을 만들고 평생 그 굴레에서 삶을 영위하다가 세상과 인연을 다하게 된다.

다. 일간의 동태

더불어 '일간은 아신(我身)이라 하여 주인(主人)을 말하고 있다.' 그러므

                                                                                잡론요결

로 일간과 동주(同柱)하는 일지는 말할 것도 없고 더불어 접견하는 다른 오행들과 관련하여서도 상황을 잘 살펴야 한다.

예를 들어 '甲子 일생이 사주에 申이 있으면 子辰과 합하여 수국(水局)이 되는가를 살피고, 다음에 辰의 손익을 살펴야 한다. 만일 甲子 일주(日柱)의 수기(秀氣)가 괴멸(壞滅)되면 용신(用神)이 왕성해야 하고 용신마저 제압되면 일간이 의지할 곳마저 없으니 그 고난(苦難)을 어찌 피할 것인가?'라고 설명을 하고 있다.

② 논리의 적용

이런 논리는 비단 삼합(三合)에만 국한되는 것은 아니다, 합과 충, 생화극제(生化極制)와 신살(神殺) 등 모든 논리에 적용된다.

물론 학문의 성취와 인간관계, 환경 등 온갖 실체적 영향을 받을 수 있다는 것을 말하고 있다. 더 나아가게 되면 추상적 논리에도 적용될 수가 있다. 그러나 과유불급이란 말이 있듯이 지나치게 비약적 논리는 지양해야 한다.

(3) 육친 해석

① 남명과 여명

육친의 분석은 당연히 남녀 구분을 짓는 것은 말할 것도 없고 대운과 같은 운의 간명도 남녀 구분을 지어야 한다. 예를 들어 甲子로 관찰하여 보면 남녀 관계없이 子는 정인으로 정모(正母)가 되지만 甲午로 간명을 하게 되면 午는 남명(男命)에서는 장모 조모가 되고 여명은 자식이 되는 것과 같이 달리 설명이 된다는 것이다.

② 일간과 육친

甲木은 일지 子와 동주를 하고 있다. 子는 인수로 나의 정모이다. 나를 지극정성으로 보필하는 어머니와 끊을 수 없는 인연을 가지고 있다.

다만 그 어머니는 자식을 머리 위에 이고 있으니 복종을 당하는 형국으로 그로 인해 스트레스가 동반된다. 더욱이 그 어머니 자식 일이라면 물불을 가리지 않고 도울 것이요 통제를 하더라도 사랑이라는 미명(美名)하에 일어나는 일들이겠지만 이를 받아들이는 자식은 간섭으로 여기기 때문에 모자간에 잦은 불화나 고통이 야기될 수밖에 없다.

특히 여기서 조금 더 확장하여 볼 수도 있는데 예를 들어 일지 子는 壬癸를 암장하고 있다는 것이다. 이는 정모와 편모와의 인연을 주위 사정에 따라 취할 수 있다는 것이다. 즉 어머니의 말과 행동도 당연히 정모와 서모 계모 등의 역할로 나타날 수 있다고 말하는 것이다.

③ 타 육친(六神)과의 연관성

사주에 나타난 타 육친과의 연관성을 관찰하는 것이다. 전부를 관찰한다는 것은 당연히 중요한 일이지만 때로는 시간과 노력의 낭비로도 볼 수 있어 가장 주관적으로 연관이 있는 오행과의 관련성을 검토해 보면 된다.

예를 들어 첫째 지지 궁은 처궁(妻宮)이다. 배우자인 己土의 절지로 처의 도움을 많이 받겠지만 사연은 박복하다.

둘째 子는 생모가 된다. 동궁(同宮)을 하고 있으니 인연(因緣)이 깊다는 것으로 사랑도 많이 받을 수 있으며 간섭과 통제를 많이 받을 수 있다는 것을 알 수 있다.

셋째 진기에 해당하는 丑土는 육신으로는 정재로 재인(財印) 상극의 현상이 일어날 소지가 다분한데 젊어 학구열과 정욕이 동반하여 고초를 겪을 수 있고 결혼하면 고부간의 다툼에 고통을 받을 수도 있다는 것을 암시한다.

(4) 절기와 연관성

절기와의 연관성은 12절기로 구분을 짓는 방법과 사절기를 뭉뚱그려 간명에 통용시키는 방법 등이 있다. 예를 들어 첫째로 봄이면 寅卯辰월이니까 寅월에 甲子, 卯월에 甲子, 辰월에 甲子 순으로 하나하나 짚어 나가는 용법과 둘째로 봄·여름·가을·겨울과 같은 춘하추동 사절기로 뭉뚱그려 연관성을 짓는 방법이 있음을 말하는 것이다.

◇ **예 1**

○ 甲 ○ ○

○ 子 寅 ○

춘월의 木은 점점 생장하나, 초춘(初春)에는 한기가 아직 남아 있어 火로 따뜻하게 해야 아름다워진다. 水가 많으면 극으로 변하여 정신이 손상되고 木을 거듭 만나면 생왕(生旺) 해진다. 이때 庚金으로 다듬으면 동량(棟樑)을 이룬다. 모춘(暮春)에는 왕성하여져 木이 메마르다. 이때는 水로 도와주면 꽃잎이 무성해진다.[109]

寅월은 봄의 시작이지만 일간 甲木의 건록(建祿)으로서 왕성한 힘을 얻

---

109) 造化元鑰 참조.

게 된다. 특히 일지 子水의 도움을 받으니 신강(身强) 하다는 의미로 성립
이 되는데 남자라면 그 기질이 호탕하고 힘이 넘쳐 추진력이 있고 지도자
적 위치에 나서기를 좋아한다는 논리로 설명이 되고 있다. 물론 이와 다
른 내용과 예외도 얼마든지 있을 수 있다. 특히 변화하여 일어난 제반 사
항들도 당연히 적용될 수도 있다.

◇ 예 2
○ 甲 ○ ○
○ 子 卯 寅

또 甲子가 삼춘(三春)인 寅卯辰월에 어떤 역할을 하는가로 보는 경우
다. 즉 한 달 한 달로 구분을 짓지 않고 사절기(四節氣)를 한 절기씩 묶어
서 보는 것이다. 이는 편리한 면이 있으나 12절로 간명(看命)을 하는 방법
하고는 사실성과 거리가 먼 것은 사실이다. 甲子를 예를 들어보면 다음과
같이 설명하고 있다.

◇ 봄
寅卯월의 甲木은 木왕절로 건록과 양인이 되어 庚金이 없으면 가지 많
은 나무가 바람 잘 날 없어 순한 비둘기가 되지 못하고 포악한 독수리가
되어 욕심이 많다.

◇ 여름
巳午월의 甲木으로 갈증이 심하고 꽃이 만발하여 인물이 좋다. 효도를

잘하는 사람으로 머리가 총명하고 지지(地支) 형(刑)을 보지 않고 水를 보거나 辰土를 보면 부(富)를 누릴 수 있다.

◇ 가을

申酉월의 甲木으로 수축에 접어들다 보니 나무의 기(氣)가 뿌리로 향하여 메마르게 되니 생목(生木)으로 보아서는 곤란하다. 그러므로 金과 火로 땔감을 만들면 귀하게 된다. 식상이 투출(投出) 되면 귀하지만 지지 수가 충을 당하면 작은 일에도 스트레스 병 등 신경성 두통 등의 질병이 뒤따르고 사람이 예민해진다.

◇ 겨울

亥子월의 나무로 화기를 얻지 못하면 중풍 뇌졸중 등이 유발될 수 있고 식상을 보았다면 여자는 남편이 싫어지고 자녀를 좋아한다. (명리학 통변 독립서 참조)

◇ 예 3

청대 발간된 난강망(欄江網)에 관한 학설이다. 주지하고 있듯이 난강망은 십간 십이지지와 음양오행을 자연의 이치와 절기와의 연관으로 인간의 길흉화복을 설명하고 있다. 이것이 『궁통보감(窮通寶鑑)』으로 재조명되고, 근대 들어오면서는 『조화원약(造化元鑰)』및 『팔자제요(八子提要)』 등으로 주석이 달리고 변역(變易)되어 내려오고 있다.

이후도 여러 서책이 발간되고 있지만, 일부는 증빙이 되지 않고 알 수 없는 이상한 논법이 행하여지고 있다. 물론 이것 또한 발전이라면 발전이 되겠지만 요사하게 변질됨으로 간명의 질을 떨어뜨리고 있는 것 또한 현실이다.

(5) 12 운성과 연관성

甲子 신원과 운에서 도래하는 천간과 지지 각각의 간명은 구분하고 일일이 대조하여 설명할 수 있고 하여야 하는 것은 불문가지다. 즉 봉(逢)하고 거(居)하고 인종하는 논법을 다 적용하여 볼 수가 있다는 것이다.

예를 들어 甲은 봉하는 방법으로 일간과 일지 子를 먼저 보는 것은 물론 12운성 각각의 오행을 받아들여 운을 보는 방법과 거하는 방법으로 甲이 子의 욕지(欲地)에 앉아 있다. 子의 위치는 일종의 도화(桃花)지로서의 운을 보는 것이다. 사치를 좋아하고 끼가 다분히 있다고 설명이 될뿐더러 매사 능동적이고 튀는 행동과 행위는 좋은 일일 수 있으나 그로 인해 구설수에 고통을 받을 수도 있다는 설명도 가능하다는 것이다.

또 운이 도래한다면 일주와 대조하여 간명을 하여야 한다. 예를 들어 庚午운이 도래하면 천충(天沖)과 지충(地沖)으로 인해 본인의 건강과 사업에 지장을 초래하고 가정의 화목을 깨는 등으로 육친과 불화하며 인과(因果)관계에 있어서 아픔을 겪을 수도 있다고 설명하는 것이다. 운을 보는 방법도 각각 운뿐 아니라 대운과 세운의 관련성을 연결하여 보아야 한다.

(6) 신살과 연관성

① 12신살

12 신살(神殺)로 子는 장성(將星)이 된다. 일지에 장성이 있으면 권위와 복록이 있고 자존심과 고집이 세고 자신이 최고라는 자만심이 강하다. 자

질과 능력이 출중하여 좋은 성과를 얻을 수도 있으나 지나친 욕구는 과욕일 수가 있어 그로 인해 고독하거나 과시와 같은 병폐가 따르므로 신중한 행동이 필요로 한다. 장성이 일지에 합하여 오는 운에는 결혼 시험합격 승진 등 길운이 작용한다.

12 신살(神殺)도 12운성과 마찬가지로 운행에서 맞이하는 신살로 간명을 하고 특히 여타 신살도 같은 방법으로 간명이 가능하다.

② 함지살(咸池殺)

구성원리는 12운성의 목욕(沐浴)지에 관계된다. 일지와 일시에 있으면 남녀 모두 첩이나 정부를 두고 사랑과 색욕이 강하게 작용하여 가정이 원만하지 못하고 몸을 망친다는 살성이다. 이와 같은 방법으로 일주론을 간명할 수 있다. 물론 이외에도 온갖 논법이 대두할 수도 있고 또 가능한 일이다. 그러나 '사공이 많으면 배가 산으로 간다.'라는 격언과 같이 허무맹랑한 논리는 경계해야 할 것이다.

(7) 60갑자 분석 사례

① 壬子 일주 분석 1

60갑자 각주(各柱)에 대해서 구체적으로 설명하고도 있다. 壬子에 대한 설명을 예로 들면 일지(日支)에 子水로 내려온 것은 壬水가 자기 자리에 내려온 것과 같아 壬水의 유화성(遺化性)이 그대로 적용되는 것이다.

즉 제왕(帝旺)지에 앉아 있어 무리의 우두머리가 되려고 하는 기질이 있는데, 우두머리로서 체면을 지키려고 하다 보니 손해도 많이 본다. 천간(天干)의 기운이 지지(地支)로 내려온 상황이라서 배우자에게 자신의 주장을 강요하게 된다. 지지로 子水가 있어 배우자인 午火를 충(沖)하고 있는 모습인데, 하나의 오행이 제왕을 이루어 강해지면 반대편의 다른 오행도 제왕을 이루어 강해져서 나타나게 되는 원리이다.

壬

子 - 午

壬子 일주는 수국(水局)을 이루어 午火를 불러오면 子午충으로 재관(財官)이 깨지게 된다. 앉은 자리에 제왕을 깔고 있는 壬子·癸亥·丙午·丁巳·戊午·己巳 중에서 癸水와 丁火는 각각 亥水와 巳火의 제왕(帝王)이라고 해도 亥와 巳는 지역이 달라(體用論 참조) 巳火나 癸水를 쓰려면 자리를 옮겨야 한다. 하지만 壬子와 丙午는 동주하고 있으니 그대로 쓸 수가 있다. 그러다 보니 고집불통의 모습이고 다른 글자가 양인(羊刃)의 모습일 때보다는 훨씬 강하다는 것을 느낄 수가 있다.

즉 壬子 일주는 강물이 범람하여 싹 쓸어버릴 정도의 기세이다. 壬子와 丙午 일주가 모양을 갖추고 있으면 제압을 하여야 한다. 壬子 일주의 기세는 설기를 통하여서는 해결할 수가 없다. 子水는 물이 처음 시작하는 자리이므로 흙으로 막지는 못한다. 戊土는 수가 범람하지 않게 물길을 터주는 역할을 주로 하지만 둑을 쌓아 막는 역할도 한다.

물은 편인(偏印)의 속성이 강해 자신의 고집대로 살려고 하는데, 편인이 강해지면 도식이 되어 식신(食神)을 깨버리는 상황이 된다. 자신이 가야 할 길을 망각하고 아무 곳으로 흘러넘치는 범람의 모습이 된다. 戊土는 제방을 튼튼히 하고 물길을 열어 두어 물이 물길 따라 흐르게 한다. 己

土는 壬水를 막을 수 없다. 己土도 土지만 지하로 물을 흡수하는 흙으로
제방을 쌓든지 물길을 터 주는 일은 곤란하고 물을 흡수하여 종자(種子)
를 키우고 나무를 키우는 역할을 한다. 子水가 있다는 것은 무엇이든지
시작하려는 성질이 있다. 壬水도 나무만 보면 위로 올라가려 하고, 길만
열려 있으면 흘러가려고 한다. 壬水에 子水가 있어 물이 범람하는 형상이
니 일을 크게 벌이려는 성질이 더 심해진다.

壬子는 火를 보면 끄고 싶고 木을 보면 위로 올라가고자 하고 丙午는 木
을 보면 태우고 싶고, 金을 보면 녹이고자 하는 특징이 있어 재물 욕심을
늘 가지고 있다고 한다. 이 시기에 자신의 속내를 드러낸다. 대책 없이 일
을 벌이는 시작의 명수이다.

또 壬子 일주는 시작은 잘하지만 끝맺음이 안되는 용두사미(龍頭蛇尾)
의 모습이다. 子水는 亥水가 나와야 시작해서 끝까지 흘러가는 것이기 때
문에 亥水가 늘 나와 있어야 마무리가 잘된다. 물은 길과 같아서 마무리
가 안 되면 시작하지 아니한 것만 못한 경우가 된다.

壬子 일주는 여러 가지 일에 손대면 실패하므로 한 가지 일을 끝까지 마
무리하는 것이 중요하다. 욕심은 많은데 중구난방으로 처리를 하여 나중
에 주변의 사람들이 다 가 버려 혼자 남게 되거나, 하던 일을 중간에 포기
하게 된다. 壬子 일주는 양인살(羊刃殺)이라서 범람을 한다. 양인살은 허
리에 칼을 찬 모습으로 양인살이 있으면 남을 해치지 않으면 내가 당하게
되어 있다. 양인살 때문에 직업적으로 도축업에 많이 종사한다.

壬子 일주에서 壬水의 모습이 돼지의 끝없는 먹성과 저돌성이 비슷하
여 壬子가 돼지의 뜻이 있다. 직업으로는 의사(외과의·흉부외과)나 정육
점 운영, 물류계통으로 유통회사, 무역회사, 술집 등의 직업을 가지는 경

우가 많다.

壬子 일주에서 子水나 壬水가 다 흘러가는 물의 모습이기 때문에 가만히 있으면 병이 나는 사람이다. 壬子 일주는 궁금하기보다는 내가 하면 된다는 생각을 하고 있어서 무슨 일이든지 저지르고 보는 성질이고, 丙午 일주는 궁금한 것을 참지 못하는 성질로, 잠시도 기다리지 못하고 그때그때 궁금증을 해소하려고 상대방을 가만두지 않는다.

壬子나 丙午 일주는 조급증 면에서는 똑같다. 壬水는 나무를 타고 올라가고, 흙을 보면 속으로 내려가고, 보이면 취하는 정복자의 모습이다. 스스로 성공하려는 욕구가 강해서 손해를 많이 보게 된다. 사업이 진척이 안 되면 중단하거나 주변의 도움을 받아도 되는데 일지에 제왕 양인을 깔고 있어 남의 도움을 받지 않아 화(禍)를 자초한다. 12 운성으로 제왕(帝王)이나 건록(建祿)은 주변의 도움을 받지 못할 뿐 아니라 자만심(自慢心)이 강하여 받지 않으려는 성향이 강하다.

壬子 일주가 가장 좋은 모습은 법조계에 있는 사람이다. 壬水가 가장 높은 곳에 있는 사람이란 뜻으로 판사나 의원의 모습이다. 양인(羊刃) 위에 있어 운동선수로도 많이 나가는데, 양인은 핍박할수록 더 힘이 나서 에너지가 증폭되는 구조이다. 子水는 잠잠하지만 휘저으면 기운이 증폭되어 거세지게 된다. 子水는 다리에 해당하므로 달리기 선수나 발을 쓰는 격투기 선수도 좋다. 양인이나 겁재(劫財)가 있으면 힘을 쓰는 직업이나 기술계통으로 보아야 한다.

즉 壬子 일주는 자영업을 하든지 기술계통으로 나가면 무난하다. 양인이 있으니 검찰이나 경찰로도 나가는데, 정상적인 직장생활은 비위가 맞지 않아 힘들다. 건록을 가진 사람은 직장인으로도 무난하게 생활을 하는

　　　　　　　　　　　　　　　　　　　　　　잡론요결

데, 양인이 있는 사람은 관을 생(生) 하려는 마음이 없다. 그러므로 직장 생활이 힘들다. 칠살(七殺)은 강제적으로 제압을 하는 기운으로 壬子 일주는 칠살이 있어야 운명을 열 수 있다. 칠살을 쓰기 때문에 자영업이나 검찰이나 경찰 등에서 일을 하면 좋다.

壬子 일주는 배우자 사이에 뜻이 맞지 않고 상대방을 누르려는 특성이 강하여 배우자를 2~3번은 바꾸게 되고 남자는 수가 많아 木이 떠내려가는 형상이라 아랫사람과 인연을 맺기가 힘들고 떠난다. 여자는 자식 낳기 힘들고, 시어머니를 모시기도 힘들다. 명식에 戊土가 잘 구비되어 조화로우면 군인, 판사, 의사, 약사, 역학, 종교로 무난한데 그 외는 도둑심보에 남을 염탐하고 만사가 용두사미의 모습이다. 양인살(羊刃殺)이 있으면 제왕이라서 업을 이루려는 욕구가 강하다.

壬水는 어두움으로 표현되기 때문에 속마음을 알 수가 없고, 물이라서 길이 막히면 이리저리 잘 빠져나가는 모습으로 수완이 좋고 모사(謀事)도 잘하여 자신의 욕심을 채우려 한다. 하지만 하나의 기운이 지나치게 강하면 욕심은 깨지게 되어 있다. 壬子가 남자면 부인은 고생이 심하다. 배우자 자리에 子水가 있어 양인이고 유동성이 많기 때문이다. 여자면 양(陽)이라서 머리가 좋고 제왕을 깔고 있어 남편을 내가 먹여 살린다. 남편은 건달에 한량 구조로 나이 차이가 나서 어린 사람이나 많은 사람과 인연이 있다. 水 기운은 강한 음기(陰氣)이기 때문에 무속인(巫俗人)이나 점술가(占術家), 예술가(藝術家) 등의 직업을 가지는 경우가 많다.

壬子 일주는 보이지 않게 申子辰 삼합의 申이 생조(生助)하고자 늘 따라다닌다고 보아야 하고, 申이 무당 옷이라는 뜻이 있어, 무당이 될 수도 있는 팔자이다. 壬子 대운이 오면 그 집안에 역술인이나 무속인이 나오기

도 한다. 여자는 간호사나 의사로 가면 좋다. 水가 강하다 보니 방광이나 콩팥과 같이 비뇨기계통에 탈이 날 수도 있고, 당뇨병이나 중풍의 문제도 있을 수 있다.

壬子 일주는 재물 복이 없어 재물 욕심을 내면 다친다. 남자는 돈이나 여자, 여자는 돈이 화근이다. 그래서 나가지 말고 제자리를 뱅뱅 돌면 모든 것이 자신의 자리로 모이게 되므로 그 중심이 될 수 있는 법칙을 알아야 한다.[110]

또 60 甲子에 대한 물상적(物象的) 해석을 시도한 것도 있다. 예를 들어 보면 오행을 자연의 물상으로 표현하여 전체 통변(通辯)을 위한 핵심용법을 찾고 천간과 지지의 상호관계를 알아보고 12 운성과 지장간의 영향이 천간에 미치는 것과 지지 과다오행으로 인한 일간의 변화를 자연 물상으로 알기 쉽게 풀이한 것이다.

이같이 60갑자에 나타내는 요소에는 음양오행설과 더불어 다양한 의미가 내포되어있다고 설명을 하고 있다. 즉 하늘을 나타내는 10개의 천간(天干)과 땅을 나타내는 12개의 지지(地支)와 결합하여 60개의 단위로 결합한 것은 단순하게 만든 것이 아니라 깊은 의미가 존재하는 것이다.

갑자(甲子)로 시작하여 계해(癸亥)로 순환하는 것은 만물의 변화를 시종(始終)으로 끝이 없다는 사상을 말하며 사물 운동의 절대성과 항구성을 분명하게 나타내며 운동·변화하는 객관적 사물은 자기 자신의 고유한 법칙성이 있다고 한다. 반복적이고 규칙적으로 순환하는 것은 오행의 순환을 나타내는 것과 같이 6행으로 순환하는 것이다.

---

110) 송화학술원, 참조.

 잡론요결

② 壬子 일주 분석 2

아래 내용은 근간 다양하게 활용되고 있는 일주론 서책[111]에서 인용한 것으로 연구에 많은 도움이 될 것으로 사료(思料)된다.

임자(壬子)

천간	壬	십성	12운성	12신살	인종법
지지	子	겁재	제왕	장성	甲 식상 욕종 왕궁
	壬10	비견	제왕	장성	丙 재성 태종 왕궁
장간					戊 관성 태종 왕궁
	癸20	겁재	건록	망신	庚 인성 사종 왕궁
공망 寅卯. 납음오행 상자목(상자목). 천을귀인 卯巳. 巳 천귀성					

*자의(字意) 형상(形象) - 임수위추상(壬水爲秋霜), 자수위묵지(子水爲墨池) - 망망대해(心海, 비밀, 포용력, 융통성, 대범, 진중), 포세이돈(海神, 말관리, 조직 및 교육관리, CEO, 생명의 관리, 교육자)

*천간 동물(제비·燕) - 간여지동(干與支同), 장군부(將軍符), 홍염, 일인, 과숙 戌, 고진 寅, 천을귀인 卯巳 천귀성, 공망 寅卯

*업상(業象) - 공사조직, 교육, 육영, 생명공학, 활인, 기획, 조직관리, 숙박, 승마, 해운

*건강-신장, 이명, 방광, 냉증, 산액, 기관지, 천식, 인파선, 심장, 소장

*분석내용

천지(天地) 비겁의 물바다로 인해 정(靜)하면 모사요, 동(東)하면 대

---

111) '六十甲子 일주 완전정복,' 홍종욱 監修. 참조.

업 달성이 용이(容易)한 壬子 일주는 고요한 듯 집요하게 매진하는 수완가요 야심가이다. 원래 물길은 서·북·동·남이 순류(順流)이기 때문에 원국(原局)에서 목화(木火)를 보면 조용히 발복(發福)하나. 역류의 금수(金水)를 보면 소리가 크고 드라마틱한 일생이기 쉽다. 심해(深海)의 망망대해 그 자체로서 스케일이 크고 포용력과 융통성은 물론 대범하고 진중한 편이다. 다만 그 속내를 알 수 없으니 비밀스럽고 음흉한 기운이 감돌기 쉽다.

『삼명통회(三命通會)』의 가을 이슬이 묵지(墨池)에 자리하니 재주가 공교한 가운데, 특히 교육 및 인사조직의 관리자로서 발군인 경우가 많다. 게다가 壬子 일주 자체가 신(神)의 지배자인 제우스로부터 임명받은 해신(海神)의 포세이돈(Poseidon)이자 말 관리인이기 때문에 최고경영자 역할은 타고났다. 그러므로 壬子 일주는 주로 최고 관리자의 역할에 머물러야지 자신이 직접 돈을 관리하면 성재(成財)의 시기에 관재(官災)가 따르고, 일득삼실(一得三失)이기 쉽다. 이는 수왕(水旺)한 겁재의 경쟁력이 인식사고(認識思考)의 본분을 망각하기 쉬운 구조에 놓여 있기 때문이다.

특히 장군부(將軍符)가 작용해 베팅심리가 강하여 임자 일주는 비록 여명일지라도 집안일과 담쌓고 사회생활을 하기 쉽다. 그만큼 임자 일주는 비겁의 군겁쟁재(群劫爭財)가 강하므로 일단 목표가 정해지면 쟁취하는 것 자체에 관심이 있을 뿐 음기(陰氣)의 수용에 따른 좌고우면을 염두에 두지 않는 노도(怒濤) 그 자체이다. 더욱이 일지의 제왕장성(帝旺將星)은 최고 전성기로서 거침없는 기질을 표상하는, 흔히 인구(人口)에 회자되는 '임자 잘 만났다.'라고 하는 만큼 끈질기고 투쟁성이 강하다는 뜻이다.

*비겁은 녹왕(祿旺)이 제왕(帝旺)에 놓인 격이다. 겁재의 경쟁 심리가 지나치게 발동하니 더러는 냉정할 만큼 계산적이며, 타인과 사정을 고려하지 않는 냉혈한이기도 하다. 남명은 잘난 형제들이 많아도 무정하기 쉽고, 더욱이 처성(妻星)을 강하게 극설하니, 아내와 무정지상(無情之象)이고, 여명은 시어머니와 인연이 되어도 경시(輕視)하거나 하대(下待)하는 경우가 많다. 대체로 비겁의 왕지녹왕(旺地祿旺)은 생각보다 소득이 적은 중구경득(重求輕得)이거나 돈 쓸 곳이 많아 앞으로 남고 뒤로 밑지는 경우가 많다. 다만 원국의 비겁이 신왕(身旺)이면 장애가 많은데, 반면에 일주제왕(日主帝旺)에 식재(食財)를 짜면 귀명(貴命)이 분명하다.

*식상(食傷)은 욕종왕궁(慾從旺宮) 및 병종왕궁(病從旺宮)에 놓여 말은 힘차게 잘하는 듯 보여도 관성 무력한 양상이라 말이 매끄럽지 못하고, 여명은 자식과 원처학문(遠處學問) 등으로 떨어져 사는 형국이기 쉽다. 식상이 욕종왕궁에 놓이면 대체로 멋과 맛을 추구하여 패션 감각은 물론 미식가들이 많은 편이다. 아울러 연애운이 이르고 상대를 자주 바꾸며 이성(異性)을 탐하는 경향이 강하다.

*재성(財星)은 포태(胞胎)로 왕궁(旺宮)에 인종(忍從)하여 재복(財福)이 미진한 가운데 목화(木火) 운에 발복(發福) 하는 양상이지만 전형적인 관리자로서 창업보다 수성(守成)에 힘써야 길복(吉福)일 수 있다. 한편 남명은 고집이 센 부인(夫人)과 인연(因緣)하여 처덕을 논할 수 없다. 대체로 일지에 왕지녹왕(旺地祿旺)을 놓으면 주변인(周邊人)으로 인한 재물의 수성(守成)이 어려우므로 일찍부터 저축하는 습관을

들여야 한다. 다만 재성이 절태(絕胎)에 들면 남명은 재복이 있어도 재물의 입출이 빈번하니 득다실다(得多失多)의 전형으로서 많이 벌어도 지출이 많은 가운데 아내가 소비를 조장할 공산이 크다.

*관성(官星)은 포태지(胞胎地)로 인종하므로 관운과 거리가 멀지만, 양인사주(羊刃四柱)이니만큼 원국 또는 행운에서 식재를 잘 짜면 크게 성공하고, 여명은 기본적으로 남편덕을 기대할 수 없으니 해로(偕老) 난망이기 쉽다. 아울러 관성이 절태에 놓이면 간장 질환은 물론 허리 및 호흡기질환에 취약하므로 주의해야 한다.

*인성(印星)은 사종왕궁(死從旺宮)하고 생종왕궁(生從旺宮)하여 지혜롭고 시험운이 좋은 편이다. 아울러 모친과는 인연이 짧지만, 임종을 지키는 장자(長子)의 운명에 놓이기 쉽다.

임자(壬子) 일주는 양인의 간여지동(干與支同)이라 배타성이 강한 고독지명(孤獨之命)으로 오뚝이 같은 일생이기 쉽다. 천간 동물 제비처럼 사회성이 발달한 가운데, 홍염(紅艶)을 놓아 이성에게 관심을 받지만, 기본적으로 자수(子水)의 수심(愁心)을 떨칠 수 없는 상이다. 여명의 술토(戌土) 과숙운(寡宿運)에 암명합(暗明合)이면 이성난이 염려되고, 남명은 인목(寅木) 고신운(孤神運)에 원진(元嗔)으로 부부 갈등한다. 유금(酉金) 정인운에 도화를 짜면 노랑(老郞)과 일탈함이고, 망신(亡身)의 해수운(亥水運)에는 쟁재(爭財)가 심하여 사업하여도 손재수가 따르기 쉽다. 특히 재신(財神) 재살(災殺)의 오화(午火)운에 충하면 하던 일을 멈추고 백수가 되거나 관재(官災)를 타기 쉽다. 다만 양문(陽門)의 변곡점에 있는 양인이기 때문에 한 곳에 오롯하면 말년에 명진사해(名辰四海)할 공산(公算)이 크다.

잡론요결

7. 개명(改命)론

개명(改命)이란 타고난 운명을 바꾸거나 고친다는 것인데 가당한 일일까? 그러나 지성(至誠)이면 감천(感天)이라고 '깊은 공덕을 쌓는다면 하늘도 감복해서 천복(天福)을 내려 주실 것이다,' 그리되면 천수·천명 또한 어찌 주시지 않겠는가? 하고 선인들은 말들을 했다.

1) 정원론

정원론(貞元論)이란 바로 원형이정(元亨利貞)에 관하여 설명한 것을 말한다. 『적천수(滴天髓)』에 이르길 천지자연이 순환하는 이치는 원(元)에서 일어나 정(貞)에서 끝나고, 정과 원이 만나는 곳에서 또다시 시작되니 이는 곧 생명을 잉태하여 대(代)를 이어 가는 기미가 된다[112]고 설명하고 있다.

```
년 - 元  ┐
         ├─ 년월이 길하면 인생 앞의 반평생이 길
월 - 亨  ┘

일 - 利  ┐
         ├─ 일시가 길하면 인생 뒤의 반평생이 길
시 - 貞  ┘
```

---

112) "造化起於元, 亦止於貞, 再肇貞元之會, 胚胎嗣續之機."(袁樹珊撰輯, 『滴天髓闡微』, 台北 , 進源文化事業有限公司, 2012, 451쪽.

(1) 개요

원주(原注)에서 부언해서 말하기를 '삼원(三元)에는 원형이정(元亨利貞)이 있는데 가령 사주팔자로서 본다면 년주(年柱)를 원(元)이라 하고 월주(月柱)를 형(亨)이라 하고 일주(日柱)를 이(利)라 하고 시주(時柱)를 정(貞)이라 한다. 년주와 월주가 길(吉)하면 앞의 반평생이 길하고 일주와 시주가 길하면 뒤의 반평생이 길하다.'라는 설명이다.

대운   초운 15년 - 元
        중초 15년 - 亨   전반의 팔자가 길하고
        중말 15년 - 利
        말운 15년 - 貞   후반의 팔자가 길하다.

대운[113]으로 보면 처음 15년을 원으로 하고, 다음 15년을 형이며, 중 15년은 이로 하고, 후 15년을 정이라 하여, 원형운(元亨運)이 길한 자는 전반 팔자가 길하고, 이정운(利貞運)이 길한 자는 후반 팔자가 길하다.

모두 정원(貞元)의 논리다. 또 정원에는 묘한 것이 있는데 그것은 특별한 것이 아니라 절처봉생(絶處逢生)과 같이 겨울이 지나면 봄이 다가오는 이치와 같다.

---

113) 『滴天髓』'原注'에서는 "以大運看"이라 하여 大運으로 표기하였으나 이를 '限運'으로 표현하는 것이 적절하다고 사료된다. 즉 한운으로 본다면 인생의 60년에서 년주의 15년간을 元이라 하고 월주 15년간을 亨이라 하고 일주 15년간을 利라 하고 시주 15년간을 貞이라 한다. 元亨에 해당하는 運이 吉하면 앞의 반평생이 길하고 利貞에 해당하는 運이 길하면 뒤의 반평생이 吉하다. 설명하는 것이 사주를 두고 이치에 맞다고 보는 것이다.

사람이 수명(壽命)이 다하여 죽음에 대해 말하자면, 죽은 후의 대운이 좋으면 그 집안은 흥할 것이고, 죽은 후에 기신(忌神) 운(運)이 이어지면 그 집안은 반드시 쇠퇴할 것이니 이런 이치는 아버지를 정(貞)이라 하고 아들을 원(元)이라 하는데 정의 아래에서 월이 일어나는 묘함은 곧 생생불식(生生不息)의 기미로 나타난다.

이런 논리를 기술하는 것은 천하 만세에 보고 징험한 것을 세상의 근심과 조짐을 계시하여 운수(運數)에서 도망칠 수 없음을 알리기 위함이니 이 학문을 공부하는 사람은 힘써 깨달아야 할 것[114]이라고 설명하고 있다. 후인들은 이를 전해 듣고 탄식을 하면서도 과연 얼마나 많은 이가 실천을 할 것인가? 하는 점이다.

(2) 해역

사주에서 통변(通辯)을 할 때 흔히들 원원유장(源遠流長)이니 생생불이(生生不已)이니 순환상생(循環相生)이니 하는 말들도 원천(源泉)으로부터 길게 흘러 내려왔다는 것이니 반드시 생(生)에는 그 근원의 뿌리가 있다. 그러므로 우주(宇宙)에 존재하는 만물(萬物)은 반드시 그 전통이 있는 것이기 때문에 그 어느 곳에서 왔으며 또 어느 곳으로 갈 것인가를 알아보는 것도 무의미한 것은 아니다.

---

114) 貞元論의 원리는 河洛및 洛書와 관련된 논법인데 곧 선천과 후천의 卦位가 바뀐 것으로 선천괘는 乾은 南에 坤은 北에 居하게 한 것은 중국의 지형으로 볼 때 산의 조종인 崑崙山이 西北에 있고 東南은 큰 바다가 있는 곳으로 水가 곤륜산으로부터 흘러 東南으로 모이는 것이다. 五嶽이 비록 큰 형세를 자랑하나 근본은 곤륜산이다. 사람의 血緣도 이와 같이 많은 가지로 분파되었다 하더라도 결론은 한 脈에서 나온 것이다.'(袁樹珊撰輯, 『滴天髓闡微』, 台北, 進源文化事業有限公司, 2012, 451쪽.)

이런 만물은 새로운 것을 좋아하기에 '역(易)에 신신(新新)이라는 말이 있고 또 신진대사(新陳代謝)라는 말도 나오게 되는 것이지만 전통은 반대로 오래되어 낡아 쓸수록 뿌리가 깊이 박혀 뽑히지를 않기 때문에 좋은 것이 되는 법이다. 그러므로 사주에서도 그 생의 전통이 길게 흘러온 것일수록 좋은 것이다.'[115] 그 근원이 이와 같다. 만사(萬事) 또한 어떤 사유(事由)에 의해 이루어졌던 행위의 결과는 반드시 나타난다.

불경(佛經)에서 '인간세계에 대해서 말하는 연기설이니 하는 것도 사람이 죽으면 시간 또한 끝나는 것이 아니라 죽어서도 계속적이고 연속적으로 운명이 진행하고 있다는 것을 말하고 있다. 그러므로 사람이 수명(壽命)을 마친 후에도 그 집이 흥왕하면 종명(終命)을 한 후(後)의 운(運)이 반드시 길(吉)할 것이고 그 집이 쇠패(衰敗)하면 운명한 후에도 운이 반드시 흉할 것이다. 라는 논리가 있다.

이 논리는 비록 조화(造化)에는 정하여진 운명이 있어서 운수를 피할 수 없다는 것을 말한 것이나 사람의 자식으로 태어난 자들은 선고의 운명하는 해를 알지 않으면 안 되는 것은 좋은 계승을 도모하기 위함이다.

만약 선고(先考)께서 운명한 후에도 운이 길하면 저절로 후에까지 계승할 것이며 선고의 후운(後運)이 흉한 경우는 역시 분수에 맞는 경영을 하여 조화를 만회할 수 있을 것이다.'[116] 이런 논리는 사후세계가 있다는 종

---

115) 李錫暎, 『四柱捷徑』, 韓國易學教育學院, 2008, 304쪽.

116) "故其人旣終之後, 而其家興旺者, 身後運必吉也, 其家衰敗者, 身後運必凶也, 此論雖造化有定, 而數之不可逃, 爲人子者不可不知考之年, 而善繼述之. 若考之身後運吉. 自可承先啓後, 如考之身後運凶, 亦可安分經營, 挽迴造化."(袁樹珊撰輯, 『滴天髓闡微』, 台北, 進源文化事業有限公司, 2012, 453쪽.}

교 논리와 같은 맥락으로 볼 수도 있을 것이다.

그러므로 인간은 살아생전에 많은 공덕을 쌓는 것이 중요하다. 그러면 운명도 좋은 방향으로 바꿀 수가 있고 후세들도 복을 받게 되는 이치이다.

2) 개운론(開運論)

개운(開運)은 무엇이며 할 수 있는 것인가? 사람들은 흔히 '적선지가(積善之家)는 필유여경(必有餘慶)이라' 즉 공덕(功德)을 많이 쌓는 집안에는 당연히 큰 경사가 있을 것이다. 라는 이야기로 많은 선행(善行)을 하라고 하면서도 어떻게 하여야 하는지 그 방법을 가르쳐 주지는 않는다.

복(福) 쌓는 방법이야 따로 있겠냐만 그래도 고인들은 어떤 방법으로 선행을 하여 효과를 보았는지 알아보는 것도 흥미로운 일이고, 더구나 공덕을 많이 쌓으면 운(運)도 호운(好運)으로 개운(改運)되고 후손들도 좋은 팔자를 타고난다고 하니 이 얼마나 좋은 일인가.

그러므로 이를 실천하고자 하는 사람들에게 그 방법을 알려 주는 것 또한 좋은 일이라고 생각이 되었다. 여러 서책에 기록된 것을 찾아보니 글 내용이 원론적 이야기만 늘어놓고 있는 것이 많아 저이 실망하던 중에 『음즐록(陰騭錄)』[117]을 보고는 어떻게 이런 일들을 오랫동안 꾸준히 하였

---

117) 袁了凡(명나라 세종때 사람)의 성은 袁, 이름은 表, 나중에 黃으로 개명했다. 字는 坤義, 儀甫라고도 했으며 吳江 사람이다, 처음에는 學海라고 호를 불렀는데 운곡선사와의 해후로 숙명론의 미몽을 깨우치고는 了凡이라고 바꿨다. (鄭佑永, 『陰騭錄』, 자유문고, 1999, 4~5쪽.)

을까? 감탄과 더불어 저절로 고개가 숙연(肅然)해지고 널리 알려 행하도록 하는 것이었다.

역학(易學)을 공부하는 학인들이야 다 알고 실행도 많이 하는 이도 있는 일이겠지만, 그래도 한 번 더 돌이켜 보아 마음을 가다듬고 혹시 모르는 사람이 있다면 적선(積善) 방법과 개운(開運)[118] 방법도 알고 또 수양(修養)에도 도움이 되리라 생각되어 서책에 기록된 것에서 몇 가지를 발췌하여 간략하게 설명하고 참고하고자 한다.

원래 『음즐록(陰騭錄)』은 원요범(袁了凡)이 지은 책인데, 그의 집안은 강남의 호족으로 조상 대대로 벼슬을 하였으나 명(明)의 영락제에게 탄압을 받아 사람이 다치고 가산을 잃고 나자 가훈(家訓)으로 '관리는 절대 되지 말고 의원이나 돼라'라고 하였다고 전하고 있다.

원요범의 증조부 호(顥)가 18세 때 벼슬에 오르려고 현시에 응하려 하자 그의 부친 기산(杞山)이 말하기를 '양민을 위해 세상을 살아가려 한다면 어느 직업이 이보다 즐거울 수 있겠느냐!'라면서 과거 응시를 말려 의술(醫術)을 업으로 삼았다고 한다. 원요범의 어머니는 원(袁)씨 집안의 내력과 이같이 수대로 내려오면서 의원을 업으로 했기 때문에 원요범에게도 의학 공부를 하도록 하였다.

그런 중에 어느 날 자운사(慈雲寺)라는 절에 놀러 가서 운남(雲南) 사람 공씨(孔氏)라는 노인을 만났다. 공 노인은 역술에 통달했는데 특히 소강

---

118) 『四柱八字眞訣』에서는 개운을 증강시키는 방법에 대해 다음과 같이 설명하고 있다.
　　　"첫째 喜用神의 力量을 증가하는 법, 둘째 忌神의 力量을 억제하는 방법, 셋째 방위상으로 化解, 넷째 六親上의 調節, 다섯째 飮食을 통한 人生의 개운, 여섯째 五行의 역량증감법, 일곱째 十神墳空法,등을 들고 있다."(곡위(정수호 편저), 위 책, 695쪽.)

절(邵康節) 선생의 황세정전(皇世情錢)을 통달해 요범의 일생의 점괘를 보아 주었는데 이 노인이 점괘를 뽑은 대로 만사에 적중하여 요범은 운명론자가 되었다. 그러던 중에 요범은 북경 사하산에 가서 운곡선사(雲谷禪師)를 만나 그에게 입명(立命)에 관한 이야기를 듣고 깨달은 바가 커서 자기의 운명을 정해진 그대로 받아들일 것이 아니라 스스로 개척해 나갈 것을 스스로 결심을 하였다.

이때가 명나라 목종(穆宗)의 경륭(慶隆) 3년(1569년)이다. 이렇게 운명(運命)을 개척하기 위해 선행(善行)을 실천해 나가는 방법을 글로 써서 남긴 것이 바로 이 『음즐록(陰騭錄)』이다. 여기에 기록되어 있는 선행법(善行法)에는 여러 가지 방법이 기록되어 있다.[119]

먼저 공덕(功德)과 허물(虛物)의 조목을 정한 뒤에 먼저 공덕의 50가지 표준을 정한 뒤에 백 가지의 공덕에 관련된 일과 이어 50가지, 30가지, 10가지, 5가지, 3가지, 그리고 하나의 공덕에 해당하는 일과 백전(百錢)을 써서 하나의 공덕에 관련된 일로 나누어 이를 몸소 실천하였다.

다음으로 허물의 50가지 표준을 정한 뒤에 백 가지의 허물에 관련된 일과 50가지, 30가지, 10가지, 5가지, 3가지, 한 가지, 그리고 백전으로 하나의 허물에 관련된 일 등으로 구분하여 실천코자 하였다. 그리고 이들의 공(功)과 허물(虛物)에 관한 내용을 기록으로 남겨 자신이 실천하지 못한 부분은 차후에도 이를 꼭 실천하고자 하였다.

『음즐록(陰騭錄)』에 기록되어 있는 여러 가지 공과 허물 중에서 공덕을

---

119) 선행에 관심이 있는 분은 『陰騭錄』에 기록되어 있는 내용을 참조하면 많은 정보를 얻을 수 있을 것이다.

쌓는 3가지의 일[120]과 허물을 쌓는 3가지 일[121]에 관한 내용을 발췌하여 예를 들어 보면 다음과 같다.

첫째, 3가지의 공덕에 관련되는 일(準三功)

1. 사나운 일을 한 번 당하고도 성내지 않는 일.

2. 비방을 한 번 들어도 변명하지 않는 일.

3. 귀에 거슬리는 말을 한 번 듣고도 참는 일.

4. 한번 마땅히 때리고 꾸짖어야 할 사람을 용서해 주는 일.

5. 하나의 힘이 없더라도 사람에게 보답하는 가축의 목숨을 구제하는 일.

둘째, 3가지의 허물에 관련되는 일(準三過)

1. 한번 귀에 거슬리는 말에 대하여 성을 내는 일.

2. 한번 높은 사람과 낮은 사람의 차례를 어기는 일.

3. 술에 취하여 한 사람을 범하는 일.

4. 마땅히 때리고 꾸짖지 말아야 할 사람을 때리는 일.

5. 한번 법복(法服)이 아닌 옷을 입는 일.

6. 하나의 힘은 없으나 사람에게 보답하는 가축의 목숨을 끊는 일.

'요범'(了凡)이 운곡선사에게 많은 가르침을 받았는데 그중에 한 대목을 들어보면 다음과 같이 말하고 있다.

---

120) 鄭佑永, 『陰騭錄』, 자유문고, 1999, 140쪽.

121) 鄭佑永, 『陰騭錄』, 자유문고, 1999, 155쪽.

'나는 운곡선사의 말을 훌륭하게 여기고 그에게 절하고 가르침을 받았다. 그럼으로 인하여 지난날의 죄를 부처 앞에 나아가 마음을 다하여 드러내 놓고 불에 태운 기도문 한 통을 만든 뒤, 먼저 과거급제를 구하고, 착한 일 3천 가지를 행하여 하늘과 땅과 선조의 은덕에 보답할 것을 맹세하였다.'[122]

인간이 공덕을 쌓는다는 것은 곧 공든 탑을 완성시켜 천만년의 보물이 되는 것처럼 사람이 살아가면서 3천 가지의 선행을 쌓는다면 후생에 다시 사람으로 태어나서 한세상을 행복하게 살 수 있는 지대한 공덕이다.

'세월이 흘러 계미년(癸未年) 8월에 들어 4년이 지났는데 3천 가지 착한 일을 다 했다.'[123] 원료범(袁了凡)이 공(孔) 선생으로부터 53세 때 세상을 떠날 것이라는 운명의 예언을 받았으나 74세가 되도록 천수(天壽)를 누리고 세상을 떠났다. 그러니 21년을 더 산 것은 곧 덕행과 선행에 힘입어 가능했다는 것으로 설명이 된다.

인간이 아무런 사심을 가지지 않고 쌓는 공덕이란 많으면 많을수록 그 공덕의 효능이 하늘을 감응시키고 다시 지상의 모든 귀신을 감응시켜서 아무런 재앙이나 재변이 없을 뿐만 아니라 그런 곳에서 멀어지며 또한 그 사람이 나아가는 길은 탄탄대로일 것이며 불미스러운 운명을 타고났더라도 사심 없이 쌓은 공덕의 덕으로 모든 것을 좋게 승화시켜 버릴 것이다.

---

122) "予偉其言, 拜而受教, 因將往日之罪, 佛前盡情發露, 爲疎一通, 先求登科, 誓行善事 三千條, 以報天地祖宗之德,"(鄭佑永, 『陰騭錄』, 자유문고, 1999, 34쪽.)

123) "至癸未歲八月 閱四年 三千之數已滿"(鄭佑永, 『陰騭錄』, 자유문고, 1999, 44쪽.)

8. 간명지 작성법

팔자를 간명하고 실관지(實官紙)를 적어 주는 술사가 몇 명이나 되며 과연 적기나 하는지 의문이다. 말로써만 하니 그 말에 신용이 얼마나 있겠으며 지나고 나면 잊어버리거나 혼란이 되는 경우도 예사일 것이고 확실한 중빙도 남겨 주지 않으니 신용이 떨어지고 구설이 판을 치게 되고, 불신이 조장되는 원인도 될 수 있을 것이다.

앞세대만 해도 저명한 역학자분들은 신주에 대한 주요점은 간명지에 적어서 전해 주고 하였다고 한다. 물론 그때의 역학자분들은 한문으로 공부를 하였기 때문에 내용을 간단하고 명료하게 표현하고 또한 글씨체도 붓글씨 등으로 일필휘지로 적다 보니 보기도 좋고 뭔가 위엄도 있게 보였다.

그러나 현대 한글세대에 들어와서는 긴 문장과 수기로 적게 되면 글씨 자체도 예쁘게 작성하지 못하다 보니 참 곤란한 면이 한두 가지가 아닐 것이다. 그래서 그런지 근래 들어서는 다들 생략하는 것이 보편화된 모양이다. 물론 간명지를 작성하는 역학자 분들도 있다.

일전에 우인이 철학관에서 받아온 간명지를 보고 눈을 의심할 수밖에 없을 정도로 조악하기가 이를 데 없었다. 그래서는 곤란하다. 의사의 처방전과 같이 신용회복을 얻기 위해서도 올바른 간명지를 작성하여 전해 주는 것을 당연히 조장하여 실행할 일이다. 그럼 어떻게 작성하여야 할까? 그건 각자의 판단에 맡길 일이다. 다만 여기서는 아래와 같은 요령으로 작성하면 어떨까 싶다. 필요내용은 용도에 따라 가감하면 된다.

◇ **대외비**

간명지(案)

성명 : ○ ○ ○ 님 (생략)

생년월일 : 음·양력 ○년 ○월 ○일 ○시생

명조

○命　○丙乙庚　　　　大運　　庚己戊丁丙

　　　○申酉○　　　　　　　　寅丑子亥戌

1. 일간 -丙 자의

　　　물상 - 天

　　　　　　地

　　　성정 - 일간의 성품

2. 총론(總論) - ○○○격

　　희신(喜神) - ○

　　용신(用神) - ○

　　기신(忌神) - 水

　　구신(求神) - 金

　　한신(閑神) - 土

　　대운 - 길신(吉神) - ○, ○

　　　　　기신(忌神) - ○, ○

　　운명과 명운의 관계 설명

3. 각론(各論) - 각 천간의 합·충 등 인과관계 설명

　　　　　　각 지지의 오행 - 人, 관계 설명

　　　　　　　　　　　事, 행위 등

　　　　　　　　　　　物, 재물, 재화 등

4. 총평

　간명 내용적요

5. 기타

각론과 관련하여서는 특별히 요청하면 보다 상세하게 말씀드릴 수 있음을 알려 드립니다. 등등

첨부 :

　　　　　　　　　　　　　　　위와 같이 간명하였음

　　　　　　　　　　　　　　　2000 년 ○ 월 ○ 일

○○ 귀하

　　　　　　　　　　　　　　　○○○ 철학원

제3장

———— ◇ ————

통변의 묘리

　여기에서 나타내는 용어들은 과거 선인들의 탁월한 학식과 경험을 통하여 얻은 산지식을 말하고 있으므로 그 신빙성을 믿을 수가 있을 것이다. 다만 통계학적으로 인식을 하고 있으므로 현실과 괴리되는 문제점들이 예외적으로 발생하는 경우 등이 있겠지만, 그렇다고 전체를 부정적으로 받아들이지 말고 일단은 이해하고 익혀 나가야 한다.

　다만 참고해야 할 것은 공부의 효과를 얻기 위해선 몇 가지 명심할 필요가 있다. 먼저 오행의 상생과 상승설을 그 기반으로 하고 있다는 것을 염두에 두어야 한다. 다음으로 합충(合衝)과 형파해(刑破害)와 신살(神殺) 등을 참조하면서 원리를 터득해야 한다. 그리하면 효과는 배가 될 것이다.

*妙理

*오행의 상생과 상승설

*생화극제

*형파해

*합충

*12 운성

*신살 등

1. 추명가 논리

추명가(推命歌)는 원래 과거 오랜 세월 동안 전해 오던 명리학적 술어
(術語)들이지만 근래 들어서는 보기가 대단히 어렵다. 그러다 보니 여기
에서 말하고 있는 추명가는 해방 전후로 약칭 사주팔자의 대가라 칭송받
던 역학자들의 현존하는 학술적 시구를 기준으로 전개한다.

지금은 종이책의 발달로 명리와 관련된 서적들이 시중에 범람하다 보
니 쉽게 접할 수 있으나 지난날에는 인쇄술이 발전하지 않아 이런 학설이
수기(手記)나 구전(口傳)으로 전수되었던 모양이다. 그러다 보니 일부 사
람들의 전유물로 전하여져 왔지만, 현재는 거의 소멸(消滅)되기도 하고,
소수지만 일부는 변질되어 활용되고 있다.

명리학을 공부하는 학인들은 이런 추명가를 찾아서 내 것으로 만들어
야 한다. 대가들의 논리가 헛된 것이 아닌 바에야 내 노력 여하에 따라 아
는 만큼 보일 것이기 때문이다.

참고로 여러 추명가가 있지만 지면 관계상 다 예를 들지 못하고 저명한
추명가[124]를 선택하여 내용 일부를 견본으로 삼았다.

1) 남명

(1) 선조·부모·형제
*천인지(天人地) 삼재(三才)로 우주 구성되어 있고, 연월일시 사주로 길

---

124) 『추명가(推命歌)』, 자강 李錫暎 著.

흉화복(吉凶禍福) 이루었네.

*근묘화실(根苗花實) 원리로 세상만사 진행되니, 오행제화(五行制化) 생극(生剋)으로 천태만상 변화한다.

*생년궁(生年宮)은 근기(根基) 선조(先祖)요, 생월궁(生月宮)은 부모 묘(苗)요, 생일궁(生日宮)은 기신(己身) 화(花)요, 생시(生時) 실(實)은 처자로다.

*생년 생월이 형충(刑沖) 하면 부모가 각거(各居)했고, 생일궁(生日宮)에 생월 형충(刑沖) 하면 포리고기(抛離故基)하게 된다.

*생년 혹은 생일이 화개(華蓋)면 탯줄을 목에 걸고 났고, 정·편재가 봉공(逢空)하니 기도(祈禱) 자손 분명하다.

(2) 재난·질병

*철창 감방 납치된 몸 四柱에 수옥(囚獄) 형살 있고, 중중 파군(破軍) 월에 인수는 혁명 망명 있어 본다.

*癸丑·癸未·癸巳 일생 甲寅 시를 만난 자는 노상 횡액 부상이니 주색(酒色)과 차마(車馬) 조심하소.

*지살마형(地殺馬刑) 상관 살왕(殺旺)은 교통사고 두렵고, 戊己 일주 금수목왕(金水木旺) 횡사 익사 가련하다.

(3) 직업

(4) 성정·기호·모상

(5) 자손

2) 여명

(1) 가정

*건도성남(乾道成男) 곤도성여(坤道成女) 각각 체성(體性) 따르나니, 남명강강(男命强剛) 능동하고 여명 유순 수동(受動)이라

*여명 신약 아름다워 능봉옹고(能奉翁故) 하지마는, 신강이면 불미(不美)하여 불봉옹고 기부(欺夫)한다.

*년월 재관(財官) 인수성(印綬星)은 부귀가문 출생하고, 지살역마(地殺驛馬) 놓인 자는 친정 멀리 떠나 산다.

(2) 부궁(夫宮)

(3) 자손

(4) 직업

(5) 성정

(6) 체구

(7) 질병

3) 운행

(1) 대운

*사주팔자 조직이요 대운·세운 운행이라, 사주자전(四柱自轉) 운행공전(運行公轉) 자·공전이 돌고 돈다.

*운이 없는 좋은 팔자 그 어찌나 발휘하며, 운 좋으나 나쁜 팔자 제 본성

을 못 넘는다.

(2) 세운

일지지지 상형(相刑) 년은 홍주지액(紅柱之厄) 두렵고요. 일주(日柱)
천간(天干) 상관(傷官)년도 관재송사(官材訟事) 공포로다.

4) 수명(壽命)

겁재·양인 세운병림(歲運幷臨) 되면 재관(財官)은 구몰(俱沒) 되고, 양
명지원(養命之源) 재절(財絶) 기인은명(其人隱命) 가외(可畏)다.

5) 해역

위와 같은 명찰(明察)한 추명가(推命歌)는 보존되고 확장되어야 하는데 세
월이 지나면서 극히 일부분만 통용되고 있는 것을 보면 격세지감(隔世之感)
을 느낄 것이다. 안타까운 것은 증빙(證憑)된 새로운 추명가 학설이 생성되
지 못하고 있는 형편이다. 이는 후인들이 그만큼 연구하고 노력을 하지 않는
다는 방증이며 그냥 고인들이 해 놓은 선지식(先知識)을 인용하는 정도로 그
치는 경우가 비일비재하고 한편으론 증빙되지 않은 온갖 내용이 가감되고 일
부는 변화되고 변질되어 간명에 활용되고 있다. 그로 인해 불신이 팽배해지
고 있는 것은 아닌지 염려스럽다. 특히나 기존의 추명가마저 어떤 연유인지
모르게 점차 사장(死藏)되어 가고 있어 더욱 걱정스러운 일이다. 이를 시대
상(時代相)의 변천으로만 치부한다면 명리학의 발전은 요원하다 할 것이다.

2. 하지장

고명리서인『적천수천미(滴天髓闡微)』[125]에서는 하지장(何知章)이란 단락을 두어 사주에 나타난 육신과의 관련성을 구체적으로 설명을 하고 있다.

1) 신취팔법(神趣八法)

용신론(用神論)과 달리 간명 논리와 관련하여 신취팔법(유상·속상·종상·화상·반상·조상·귀상·복상)이란 8가지 용법이 저이(儲貳) 활용되고 있다.

(1) 유상(類象)

천간과 지지가 일률로 이루어진 형상을 말한다. 즉 甲乙 일생이 지지에 寅卯辰 목국으로 이루어진 자. 동방일편(東方一片) 수기(秀氣)라 하는 것이다. (이하 동)

四柱　戊乙丁甲
　　　寅卯卯寅

이 사주는 乙일생이 지지에 寅卯로 전부 목국(木局) 하였고 또 甲木이

---

125) 任鐵樵 증주, 袁樹珊 撰輯,『적천수천미(滴天髓闡微)』, 명문당, 2002. 참조.

투출(投出) 하여 년지에 착근(着根)하고 있는데 일주는 월일에 득왕(得旺)하고 강한 기운을 월간 丁火 용신에 설정(泄精)하는 것이 아름답다. 의학박사로 의대 교수가 된 사주다.

(2) 속상(屬象)

천간지지가 모두 같은 소속으로 모이는 상을 말한다. 예를 들어 甲乙 일생에 亥卯未로 이루어진 상을 말한다.

四柱 庚乙乙甲
　　　辰卯亥子

이 사주는 未가 없어도 乙일 생인(生人)이 亥卯로 준목국(準木局)을 이루었고, 다시 辰중 乙木으로 木 여기가 있어 卯辰으로 합 목국하고 천간 년·월에 甲乙이 투출되고 乙木이 좌하에 정록(正祿)을 놓아 속상을 이루어 크게 귀하게 된 사주다.

(3) 종상(從象)

일주가 무근(無根)하여 부득불 지지국에 종(從)하는 상을 말한다. 예를 들어 戊己 일생이 무근에 지지가 水 일색이면 종수(從水) 하는 것이다.

四柱 癸己癸癸
　　　酉亥亥丑

　　　　　　　　　　　　　　　　　　　　　　　　　잡론요결

이 사주는 亥월 己土 일생이 지지에 亥亥丑으로 수국(水局)이요 년지 丑土는 酉丑으로 금국하여 생수하고 있는 중에 년월시로 세 癸水가 투출하여 金水가 당권으로 완전 진종상(眞從象) 되었다. 그러다 수백억대가 넘는 부자로 부부 해로하고 살았다. 자손도 잘 두어 그야말로 삼종지도 (三從之道)에 재물복을 겸비한 모씨의 사주다.

(4) 화상(化象)

일주가 천간의 다른 오행과 합이 되고 지지에 또다시 일주와 합하여 화 (化)하는 글자를 만나는 것을 말한다. 가령 甲己 일생이 천간에 자기와 일 자가 합하고 지지에 辰戌丑未가 있는 자를 말한다.

四柱　己甲壬戌

**　　　巳辰戌午**

이 사주는 甲己 土 화(化)하고 지지에 화신(化神) 土가 戌월에 득령 하였고, 년지 午중 己土, 월지 戌中 戊土, 일지 辰중 戊土, 시지 己중 戊土로 토국(土局)하고, 巳午戌이 화국(火局)으로 생토하여 크게 부귀를 이룬 사주다.

(5) 반상(返象)

월령에 용신이 놓여 있고 그 용신의 절지에 해당하는 인자(因字)가 시 상에 있는 것을 말한다. 가령 월령에 庚辛金 용신을 놓았을 경우 그 용신 의 절지(絶地)가 되는 寅이 시간에 있을 경우를 말하는데 이렇게 되면 용신이 불용으로 흉(凶)이 된다. 또다시 金이 寅운에 들면 반상(返象)이 태심(太甚)하여 크게 불길해지는 것이다.

四柱　丙甲庚癸
　　　寅子申亥

이 사주는 월간 庚金으로 위 용신하는데 시간 寅궁에 입절향(入絶鄕)하여 반상에 해당이 된다.

(6) 조상(照象)

천간과 지지가 일률로 합하였을 경우 그 합(合) 일생을 더욱 빛나게 시간에서 조명(照明)하여 줌을 말하는 것이다. 가령 丙丁 일생이 巳午未 연월일에 시간 卯가 되면 卯木이 생(生) 화국(火局) 하여 木火로 조명하여 대길하게 되는 것이다.

四柱　癸丁丁丁
　　　卯巳未未

이 사주는 丁일 생인이 巳午未월에 출생하고 다시 시간에 卯를 만나 木火로 상조(相照)된 귀하게 된 사주다.

(7) 귀상(鬼象)

반드시 관살이 월령에 출생하고 다시 지지에 전부 관살을 놓아 사주가 관살로 이루어진 상을 말한다.

四柱　丁己甲癸
　　　卯卯寅卯

이 사주는 己 일생이 춘목(春木) 월에 출생하고 다시 지지에 寅卯 목국을 놓아 귀상에 해당이 된다. 얼른 보기에는 甲己로 합화(合化) 土하고 또 寅월은 어린 목이라 丁火가 寅중 丙火에 착근(着根)하여 인수로 작용할 듯하나 己土 자신이 살지에 앉아 있고 실시, 실세, 실지로 최약격에 해당이 된다. 그러므로 종살하여 귀상에 속한다. 이런 경우 丁火는 도리어 사주의 병이 된다.

(8) 복상(伏象)

지지 삼합의 중심을 이룬 그달에 출생하고 그 암장(暗藏)된 오행이 일주(日柱) 천간에 합하고, 만약 암장의 오행이 천간(天干)에 없으면 일간은 자기 애인에 탐이 나서 떠날 줄 모르고 복(伏) 하여 있는 상을 말한다.

예를 들어 지지에 寅午戌이 구전(具全)한 중 그 중심에 있는 午월에 출생하고 일주에 壬을 놓으면 그 壬이 午중 丁火에 丁壬으로 탐합하여 복하게 되는데 천간에 丁火가 없어야 하고 壬일주 水가 지지에 무근이면 복상이 성립된다.

四柱　癸庚辛辛
　　　未寅卯亥

이 사주는 亥卯未가 지지에 있고 중심되는 卯월에 출생하여 卯중심 乙木과 일주 庚金이 乙庚으로 합하였고 천간에 乙木이 없고 庚金이 무근하여 복상을 이루고 있다.

이상 신취팔법(神趣八法)은 쉽게 해득이 될 것 같으면서도 격국용신론의 외격(外格)과 혼동이 되기도 한다. 그러므로 간명의 묘용을 확실히 파악해야 써먹을 수 있다.

2) 숙어

숙어(熟語)의 사전적 의미는 '특별한 뜻을 나타내는 성구(成句)'로 설명하고 있다. 역서에는 이런 성구가 많이 나타나고 있는데 이것은 하늘에서 그냥 떨어진 것도 아니고, 억지로 만든 것은 더더욱 아닐 것이다. 하나의 술어(術語)가 탄생하기까지에는 고인들의 오랜 경험과 힘든 고뇌에서 얻어진 산물이란 점을 인식해야 한다.

숙어를 왜 알아야 하는가 하는 점이다. 사주를 보고 일도양단을 낸다면 좀 무지한 말이 되겠지만 상담에 있어 필요한 수단으로 고수(高手)의 묘를 얻기 위한 한 방법이다. 여기에선 지면 관계상 전부 기록할 수도 없다. 한두 가지씩만 예를 들고 있으니 관련된 서적을 탐독하여야 할 것이다.

(1) 관용구(慣用句)

① 부성입묘(夫星入墓)

'집설(集說)'이란 글에서 말하기를 '여명의 사주에 관살의 묘(墓)가 있으면 그의 남편이 이미 황천(黃泉)에 들어갔다.'라고 하였다. 이어 말하기를 '세운에 부성(夫星)이 절지에 행하면 원앙새가 짝이 갈려 이로(異路) 한다.'라고 하였다. 또 집주보(集註補)에서 말하기를 '사주에 甲木이 辛金으로 부성(夫星)을 삼는데 그 부성 辛金의 묘는 丑이므로 금귀지묘(金鬼之墓)는 丑이 된다. 거듭 丑을 만나면 반드시 남편은 이미 죽어서 황천(黃泉)에 들어갔다.'라고 하였다. 그러므로 이 격을 놓은 여명은 부부가 해로하기 어렵고 또 남편이 있다 하여도 병고(病苦)로 고생을 하고 있거나 별거(別居)의 생활을 하거나 동거를 한다 해도 행복한 가정을 이루기는 어렵다.

坤命　庚甲丁甲

**　　　午寅丑子**

丑월의 甲木이 일간인 여명이다. 甲木의 부군은 辛金으로 일지 寅木과 암합을 하고 있어 인연이 있다. 그러나 월지 丑에 입묘하고 있으니 그 인연 오래가지 못한다. 庚金 편관이 시간에 투출 되어있어도 午火에 살지(殺地) 당하여 상해를 입고 있다. 일찍이 정부를 잃고 재가(再嫁)하였으나 또다시 상부(喪夫)를 당한 여명의 사주이다.

坤命　丁戊乙辛

**　　　巳戌未酉**

일간 戊土의 부성은 乙목이다. 자좌(自坐) 未土에 입묘 되어 있어 부성

입묘(夫星入墓)가 된다. 젊은 나이에 상부한 여명의 팔자이다.

참고로 甲乙 일간을 가진 여인이 辛丑을 보거나, 丙丁일 생인이 壬辰을 보거나, 壬癸일 생인이 戊辰이나 戊戌과 같이 꼭 그 관살이 묘위에 있어야만 하는 것은 아니고 그 부군(夫君) 되는 관살(官殺)이 간두(干頭)에 나타나 있지 않고 관살의 묘(墓)만 있어도 된다.

위와 같이 부성입묘(父性入墓)를 논할 때는 부성(父性)을 양간(陽干)과 음간 등으로 구분하지 않고 일괄적으로 적용하면 된다.

② 모쇠자왕(母衰子旺)이란

여명에 모체(母體)는 약(弱)한데 자식이 강(强)한 경우를 말한다. 즉 모(母)가 되는 일주(日主)는 약한데 자식이 되는 식·상관이 왕성한 경우를 모쇠자왕이라고 한다.

坤命　己丁己己　　　大運　　丙乙甲癸壬辛庚
　　　酉丑巳丑　　　　　　　子亥戌酉申未午

일간 丁火가 巳월 酉시에 태어나 득령(得令)을 하였으나 일간을 돕는 인자는 없고, 자식이 되는 식·상관성이 우후죽순(雨後竹筍)으로 솟아나 일간의 힘을 여지없이 설기(洩氣) 시키고 있는데도 일간을 돕고 土를 조정시킬 인성 木은 어디에도 없다. 이런 경우를 모쇠자왕(母衰子旺)의 사주라고 한다. 또 이런 경우를 가리켜 자다(子多) 무자(無子)라고 한 글에도 해당한다.

고서에서는 글귀를 조금씩 달리 설명하고 있음을 볼 수 있다. 즉 연해자평(淵海子平)에서는 식왕신쇠(食旺身衰)하니 포태상타(胞胎常墮)라 하고, 명리정종(命理正宗)에서는 식왕신쇠(食旺身衰)라 하고, 적천수(滴天髓)에서는 모쇠자왕(母衰子旺)으로 각기 용어를 사용하고 있으나 나타내는 뜻은 같은 것이다.

(2) 성구(成句)

많은 내용을 전문적으로 기록한 서적은 드물다. 이는 실제 경험한 내용을 사실적으로 나타낼 수가 있어야 하기 때문일 것이다. 현존(現存)하는 전문서적에서 몇 점 발췌하여 교육용으로 참고하고자 실례를 들었다.

① 연하의 남편과 사는 줄 어찌 아는가?

첫째 시주(時柱)가 관성이거나 관살이 시주에 합이 되어 오면 자식 같은 남자와 살게 되고, 둘째 木은 사시(四時)의 춘절(春節)로 표기되니 인생으로 치면 청춘이라 하여 젊음을 나타내는데 甲乙과 寅卯辰亥未로 시주 관성과 함께 합(合) 되어있으면 젊은 남편과 산다.

예외로 관성(官星)이 년주에 있으면 노랑(老郞)과 사는 경우가 많지만, 가끔은 연하의 남자와 사는 일도 있으니 이는 시주에 합(合)이 되어있음을 알 수 있다.

坤命　壬丙庚丁

**　　　　辰寅戌巳**

위 사주 주인공은 戌월에 丙火 일주로 태어났다. 시지(時支)의 壬水가 남편별인데 장장 8살 연하의 남자와 결혼을 하였다. 壬水 관살이 시간에 있고 시지 辰중 乙木이 있고, 또 寅辰 木이 寅卯辰의 방합(方合)을 하고 있으므로 연하의 남자와 동거를 하고 있다.

坤命　戊戌丁壬
**　　　午辰未寅**

일간 戊土가 未월 누시에 태어났다. 남편과 애인 모두가 연하라 한다. 丁壬으로 합목(合木)하고 寅木 관살이 년지에 있으니 연상이 될 수가 있으나, 암관(暗官)인 未중 乙木 관이 시지 누에 합(合)을 하고, 일지 辰중 乙木 관이 일간과 동주하고 있으니 연하의 남자와 인연이 되고 있다.

② 역술인의 팔자가 따로 있나?

역술인은 활인(活人)의 직업인이니 천의성(天醫星)이나 천사성(天赦星)이 당연히 있어야 하며 또 칠살(七殺)을 상관으로 파극(破克) 하거나, 충거(沖去) 하거나, 합거(合去) 하여야 하고, 취길(取吉)을 하여 복록이 이르도록 암록(暗祿)의 작용이 있어야 한다는 것으로 설명이 되고 있다.

즉 역학을 공부하는 이들은 심신이 병든 자를 치료해주는 자이니 천의성(天醫星)이 있어야 하고, 또 인생사 피흉추길(避凶趨吉)로 인도하는 자이니 천사성(天赦星)을 가져야 한다는 것이다. 다시 말하면 역술인들은 천리(天理)를 범하고 있지만, 무지한 백성들을 위하는 일이니 하늘이 용서하여 준다는 것이다. 이런 천의성이나 천사성이 없는 역술인은 역술공부를 하더라도 학문이 깊지 못하고 천박하며 오래가지 못한다.

약설 구분표

년, 일	寅	卯	辰	巳	午	未	申	酉	戌	亥	子	丑
天醫星	丑	寅	卯	辰	巳	午	未	申	酉	戌	亥	子
天喜星	戌	亥	子	丑	寅	卯	辰	巳	午	未	申	酉
天赦星	戌	丑	辰	未	戌	丑	辰	未	戌	丑	辰	未
기타	七殺, 破克, 沖去, 合去, 暗祿											

乾命　庚戌庚丁

**　　　　申寅戌丑**

戌월에 戊土 일간이다. 寅木 칠살을 申이 충하고 丑戌로 형하고 있는 명
조이다. 申이 암록(暗祿)이며, 戌이 천사성(天赦星)이 된다. 寅午戌에 인
합(引合)된 午가 천사성이며, 申酉戌에 인합된 酉가 천의성(天醫星)이다.

③ 쌍둥이의 운명은 어떻게 판단하는가?

쌍둥이의 운명판단법을 두고 역학계(易學界)에서는 몇 가지 답을 내놓
고 설명을 하고들 있지만 하나같이 결과가 신통치 않아 꼭 찍어 이것이
다, 하고 결정짓기가 쉽지 않다.

가. 삼명통회

『삼명통회(三命通會)』에서는 다음과 같이 설명을 하고 있다. 어떤 사
람이 묻기를 '우연히 한 어머니에게서 같이 태어났는데 어찌 귀천과 영욕

이 구별되느냐?' 답하여 말하기를 '하나의 시(時)에도 8각(8刻)이 있고 이 것을 열두 개로 나누므로 얕음과 깊음, 앞과 뒤, 그리고 길(吉)과 흉(凶)의 차이가 있다.'[126] 동시에 한 어머니에게서 태어난 것도 반드시 얕음과 깊음으로 나뉘고, 일(日)과 시(時柱)의 음과 양으로 나뉜다.

예를 들어 양(陽)의 일시에서는 형(兄)이 이기고 음(陰)의 일시에서는 동생이 이긴다. 얕은 것은 시의 앞에 있는 기(氣)를 점치는 것이고 깊은 것은 시의 뒤에 있는 기를 점치는 것이다. 또 옛날 노래에서 다음과 같이 말한다.

'쌍둥이로 태어나는 법에 기이한 문(門·奇門)이 있는데, 영고(榮枯)를 증험하고자 일진을 보는 것이다.' 음일(陰日·陰日時)에는 동생이 강하고 형이 반드시 약하며, 양시(陽時·陽日時)에는 형이 존귀하고 동생이 반드시 빈곤하다.

또 이구만(李九萬)이 말하기를 '아이는 사생(四生·寅申巳亥)을 지니는데 그것이 많으면 주로 쌍둥이(雙生)이다.' 또 신백경(神白經)이 말하기를 '양명(陽命)은 나중에 태어난 사람이 죽고(陽命後生者死), 음명(陰命)은 먼저 태어난 사람이 죽는 것이니(陰命先生者死), 이것은 남자와 여자로 논하지 않는다.' 또 한 견해에 따르면, 같은 시(時)는 방향을 나누는데, 예를 들어 목명(木命)이 동쪽을 향한 사람은 생기(生氣)를 받고 그것이 남쪽을 향한 사람은 극기(剋氣)를 받으므로 이로써 귀함과 천함, 그리고 장수와 요절이 구별된다.

내가 삼하왕씨(三河王氏)에 관해 들었는데, '형제가 쌍둥이로 태어나 동

---

126) 『삼명통회(三命通會)』, 一日 十二時, 一時 八刻, 一刻 十五分.

생이 먼저 좋았고 형이 나중에 좋아서 공적과 명성, 그리고 장수와 요절이 대개 비슷하지만 결국에 형이 동생만 못하였다. 영주이씨(穎州李氏)의 형제가 쌍둥이로 태어나 하나의 시(時)의 차이 때문에 동생은 과거에 급제하고 형은 수재(秀才)에 머물고 말았다. 그 팔자의 일시를 고려해 보니 과연 앞에서 말한 것과 같다.'[127)]라고 하고 있다.

나. 사주 하지장(何知章)

근간에 발간된『사주(四柱) 하지장(何知章)』이란 서책에서는 쌍둥이의 운명판단법을 설명하면서 비겁의 동태를 보아서 안다고 한다. 즉 '쌍둥이 자녀들 사주는 전부 천간(天干)에 비겁이 있는 것이 특징이며, 비겁이 없는 명식(命式)은 출생시간이 다르게 태어난 명식이 틀림이 없다. 혹시 비겁 없이 동일 시에 태어난 쌍둥이가 있다면 동생은 출생시간을 형(兄) 다음 출생시간으로 정하여야 한다.'[128)]라고 하고 있다.

형사주	동생사주	3 대운
戊辛甲甲	己辛甲甲	己戊丁丙乙
子卯戌寅	丑卯戌寅	卯寅丑子亥

쌍둥이 형제로서 천간에 비겁이 투출(投出) 되지 않아 동생은 형의 戊子 다음인 己丑으로 정해져 있다. 이들 형제가 같이 학원사업을 하고 있는데 형은 인성의 도움을 받고 있으나 재다신약(財多身弱) 사주로 신약

---

127) 萬民英,, 앞의 책,

128) 이원근,『사주하지장(四柱何知章)』.

(身弱)한 일간으론 학원을 경영하기는 힘에 부치고 있음을 알 수 있다. 그 래서 그런지 학원 강사로 근무하고 있다. 그러나 동생은 일간이 인다신강 (印多身强)으로 재물을 다스릴 수가 있다. 강사의 활동은 제쳐 두고 학원 운영 전반을 감당하면서 사장 역할을 하고 있다. 이는 己丑 편인의 도움 이다.

다. 춘하추동 신사주학

쌍아(雙兒)의 사주는 어떻게 만들어지고 있는가? 이에 대해『춘하추동 신사주학』[129]에서는 기존 합(合)에 의한 합(合) 사주를 말하고 있다. 즉 쌍 아는 모태에 음양으로 포태(胞胎)되어 있다는 논리를 들면서 예를 들어 甲子 생의 팔자를 가지고 먼저 태어난 Ⓐ 아이의 사주와 천합지합(天合 地合)을 하는 것으로 둘째 Ⓑ 아이의 사주가 만들어진다는 논리를 말하고 있다. 그러나 이 방법은 근본 문제를 안고 있는 것이 'Ⓑ명조는 세상에 존 재하지 않는다.'라는 것을 또한 지적하고 있다.

Ⓐ	Ⓑ
癸戊丙甲	戊癸辛己
丑寅寅子	子亥亥丑

쌍둥이 팔자 간명의 논리는 이외에도 여러 가지 논법을 제시하고 있으 나 실증적으로 확증하기가 대단히 어렵다.

---

129) 박청화,『춘하추동신사주학』, 청화학술원, 2005.

3) 신원(身元)론

　신원은 인간 본성의 의미를 말한다면, 어떻게 그것을 알 수가 있을까? 명리학에서는 다음과 같이 이를 파악하고 있다. 즉 사주가 중화되고 청(淸)하면 성격도 겸손하고 예의가 바르며 매사에 적극적이고 성실하며 자비심이 많다. 그렇지 않고 사주가 태과(太過) 하거나 불급(不及)하고 탁(濁)하면 외골수 성격과 건강도 좋지 않으며 난폭한 행동을 하는 등 많은 결점을 가지게 된다.

　단, 다음 열거하는 내용은 약설로 나타내는 만큼 많은 서적을 탐독하고 깊이 있는 공부를 하여야 할 것이다.

(1) 오행의 성품

　명리학은 사주에 나타난 오행(干支)으로서 인간의 부귀 빈천과 길흉화복을 판단한다. 성품 또한 이런 부호로서 알 수가 있는데 그 내용을 간단히 도식(道識)하면 다음과 같이 설명을 하고 있다.

① 목성

　목성(木性)은 사단의 하나인 인(仁)으로 측은지심(惻隱之心)이 있다. 木 일생으로 목기(木氣)가 중화로 잘 구성되어 있으면, 성품이 어질고 착하며 어렵고 힘든 불쌍한 사람들을 도우려는 동정심이 강하다. 그러나 태과 하거나 불급하면 성격이 변덕스럽고 질투심이 많으며 어질지 못할 뿐 아니라 하는 일에 절도가 없으며 빈한하고 인색하다. 사주에 식상인 화기(火氣)가 강할 때면 수기(水氣)나 습토(濕土)가 있어 왕성한 화기를 조절

하는 등 원만히 수습하면 겸손하고 예의 바르나 이것이 없으면 자신이 총명하다고 자만하고 변덕이 심하며 하는 처사가 여자처럼 잘고 포부가 작아 큰 뜻을 이루지를 못한다.

乾命　丙甲甲丙　　　大運　辛庚己戊丁丙乙
　　　寅申午戌　　　　　　　丑子亥戌酉申未

일간 甲木이 午월에 출생하고 년간과 시간에 丙火가 투출하고 지지가 寅午戌 화국으로 화기가 왕성하므로 수기(水氣)가 필요하다. 비록 申金의 지장간에 壬水가 있으나 寅중의 丙火와 충으로 화기를 억제하지 못하고 있다. 그러다 보니 은혜를 감사할 줄 모르며, 매사에 의심이 많고 소탐대실로 큰 이익을 놓치는 등 한평생 한 가지 사업도 성공하지 못하고 곤궁하게 지냈다.

金 행운에는 부족한 수기(水氣)를 돕고자 하였으나 오히려 강한 화기(火氣)에 충발(衝發)을 일으켜, 하던 일들에 어려움이 있었고 수운(水運)에 들어 작은 공이 있었으나 그 또한 합충(合沖) 등으로 곤경을 면하지 못하였다.

② 화성

화성(火性)은 사단의 하나인 예(禮)이며 사양지심(辭讓之心)으로 겸손하고 예의 바르다. 그러나 火 일생으로 화기(火氣)가 왕성하면 성격이 급한 면이 있고 언변이 빠르며 명랑하고 매사에 화려하게 꾸밈을 좋아하고 사치심이 많다. 태과 하면 성격이 조급하고 혹독하며 울기도 잘하고 웃기도 잘하는 등 기복이 심하다. 불급하면 잔재주로 남을 속이기도 하고 우유부단한 성격을 가지기 쉽다. 火 일생으로 화기가 왕성한 사주에 한 개의 金이나 약한 수기(水氣)가 있으면 火의 왕신(旺神)을 충격하여 성질이 포악(暴惡)하고 무례하다. 습토(濕土)가 있어 이를 설기가 되면 겸손하고 예의가 바르다.

乾命　甲丙甲辛　　　大運　　庚己戊丁丙乙
午子午巳　　　　　　　　子亥戌酉申未

일간 丙火가 午월에 출생하고 지지에 午巳로 火가 많으며 甲木이 火를 생조하여 화기(火氣)가 왕성하다. 일지 子水가 화기를 다스리고자 하나 子午로 충발을 일으키고, 또 약한 水를 돕는 년간 辛金이 있으나 巳火의 극을 받으므로 무력하다. 그러다 보니 화기를 억제하지 못하고 있다. 고로 어려서부터 싸우기를 좋아하고 방탕하여, 동리 무뢰배들에 섞여 못된 짓을 하는 부랑자가 되었다.

③ 토성

토성(土性)은 신(信)으로 성품이 중후하며 정상(靜狀)을 좋아한다. 일주가 土이고 사주에 토기(土氣)가 왕성하면 성격이 관대하고 도량이 넓으며 신의가 있고 충성심과 효심이 깊다. 지나치게 태과를 하면 고집불통으로 사리판단이 현명치 못하고, 고박(古朴)하다. 불급하면 처사가 온당치 못하고 타인과 싸우기를 좋아하며 인색하고 괴팍스럽다.

坤命　丙己丙甲　　　　大運　　　己庚辛壬癸甲乙
　　　寅丑寅辰　　　　　　　　　未申酉戌亥子丑

일간 己토가 寅월 寅시에 태어났다. 아직 한기가 남아 있어 丙火를 필요로 한다. 그러나 丙火 태양이 두 개가 떠 있고 寅에 장생지에 앉아 있어 열기가 지나치다. 인성의 폐해가 있을 것이요 일간을 강하게 만들고 있는 것 또한 부면의 역할을 하게 한다. 관살인 甲木이 천간과 지지에 있고, 일간은 년간의 甲과 지지는 丑寅으로 합을 하고 있어 남자로 인해 눈물 흘릴 일이 있을 것이다. 癸亥 대운에 사기 결혼을 당한 미모의 간호사이다.

④ 금성

금성(金性)은 사단칠정(四端七情)으로 간명하게 되면 의(義)요 수오지심(羞惡之心)이다. 고로 일주가 金이고 사주에 금기(金氣)가 왕성하면 지혜롭고 명예를 중시하고 의로운 일에 용감하고 위엄이 있으며 결단성이 있다. 태과 하면 욕심이 많고 잔인하며 용감하지만 무모한 면이 있다.

불급하면 생각은 많으나 결단력이 없고 시비 걸기를 좋아하는 성품이다. 특히 수기만 왕성하면 처사가 기발하나 협잡심(挾雜心)이 많다.

乾命　丙庚壬壬　　　　大運　　　己戊丁丙乙甲癸
　　　子辰子申　　　　　　　　　未午巳辰卯寅丑

일간 庚金이 子월 추운 한철에 子시에 출생하였고 金水 상관격을 이루고 있다. 양(陽)만으로 구성된 진 상관으로 인수 土가 있어야 한다. 다행히 辰土가 있으나 申子辰 방합을 하고 있다. 이는 상관 태왕으로 다재다능한 재주를 가지고 있지만 한번 말을 하게 되면 청산유수로 남들로부터 심한 견제를 받게 된다. 일간이 극히 신약(身弱)하다. 종격(從格)으로 가지 못한다면 인수가 투출되어 일간을 도와야 한다. 그러나 土가 암장된 경우로 빈 깡통이 아닌지 걱정스럽다. 또 동절기(冬節期)인 亥子丑월은 조후(調候)가 급선무라 했다.

일간의 子월은 시간의 丙火가 조후 용신으로 도움을 주고자 하나 그 丙火 앉은 자리뿐 아니라 강한 수기로 극살(剋殺)을 당하고 있으니 제 역할은 요원한 일이라 더욱 그렇다. 일간 庚金은 천간의 양 壬水와 지지 申子辰 수왕지절(水旺之節)로 설기가 심하게 당하는 태 신약한 사주가 되었다. 중년에 하던 사업이 파산을 하고 사기 협잡꾼으로 도피하면서 반평생을 보냈다.

⑤ 수성

수성(水性)은 사단칠정(四端七情)으로 지(智)요 시비지심이다. 고로 水 일생으로 수기가 왕성하면 총명하고 지혜가 높으며 목기(木氣)로 누출시키면 덕지(德智)를 겸비한 인격자가 된다. 그러나 일점 토기(土氣)나 화기(火氣)가 섞이면, 水 왕신을 충하고 극한 것이 되어, 인예지심(仁禮之心)이 없으며, 고집을 세게 부리고 처사가 매번 사리와 어긋난다. 태왕(太旺) 하면 의지가 약하며 움직임을 좋아하고, 다능(多能)하나 호색하고 잔꾀가 많다. 불급하면 반복무상하고, 용기가 없으며 총명치 못하다.

乾命　丙壬庚癸　　　大運　　癸甲乙丙丁戊己

　　　午子申亥　　　　　　　丑寅卯辰巳午未

일간 壬水가 丙午시에 태어났다. 壬子 일주에다 지지에 申子 합 수국을 하고 년주가 癸亥로 수기(水氣)가 왕성하다. 더욱이 월주의 庚申金이 생조하여 일간이 태왕(太旺)하게 되었다. 불기 하는 것은 사주의 천간과 지지의 왕수가 시주의 화기를 충극(沖剋)하여 왕충발(旺充발)을 일으키고 있다는 것이다. 위인이 고집불통이고 무례하다. 뒷날 유부녀를 강간하다 타살되었다.

(2) 육친(六親)과 궁위

육친(六親) 간의 분류법과 궁위(宮位)별로 길흉을 판단하여 보는 방법이다. 『연해자평(淵海子平)』을 탐독하고 『사주첩경(四柱捷徑)』이나 『사주정설(四柱精說)』[130]에 비교적 쉽게 나열되어 있어 이를 참조하면 많은 도움이 된다. 특히 명리학의 기본이론인 음양오행의 원리와 생화극제(生化剋制)와 형충합해(刑沖合害) 등 이런 논리를 습득하고 접목하여 원활히 활용할 수 있어야 할 것이다.

① 근묘화실

근묘화실(根苗花實)은 사주(四柱)의 각주(各柱) 궁위(宮位)별로 대조하여 길흉을 판단하여 보는 것이다. 다만 육신설을 인용하고 실제 간명

---

130) 白靈觀 著, 『사주정설(四柱精說)』, 明文堂, 1983.

에 적용한다면 그 범위가 넓고 습득할 내용이 다단하므로 본서에선 이들 일부를 예로 들어 설명하고, 목록만 기록한다. 그러므로 습득하면서 어떤 내용을 할 것인지를 관찰하고 부족한 부분을 발췌하여 중점적으로 공부한다면 시간을 절약하고 고생을 덜며 효과를 얻을 것이다.

가. 조상

일간(日干)을 기준으로 근묘화실의 근에 해당하는 년주(年柱)를 조상(祖上) 궁으로 두고 다음과 같이 적용하여 보아야 한다. 다만 월주로 볼 때도 있다. 그럴 때도 같이 적용을 하면 된다. 다만 먼 윗대 조상 전체를 간명할 수는 없고 조부모(祖父母) 정도로 구분하여 보기도 하지만, 근간에 들어와서는 핵가족화(核家族化)되어 그런지 부모(父母)에서 갈음하는 경우가 많다.

년간(年干)은 조부 궁으로 정인의 별이 있을 자리이다. 여기에 정인을 극제(剋制) 하는 편재가 있거나. 정인이 있더라도 기신(忌神)의 역할을 하고 있을 때는 조부의 도움이 없다. 년지(年支)는 조모 궁이며 육신으론 상관이다. 년지 궁에 인수가 있으면 조모를 극하게 되고 상관이 있다 하여도 기신의 역할을 할 때는 조모의 조력이 미비하다. 년주가 일간을 돕지 않고 기신(忌神)의 역할을 하거나 흉신일 때는 조부모의 도움이 없다.

참고로 다음 설명한 부분은 명징(明澄)하게 증빙이 되지 않는 술수적 논리이지만 때론 적중이 되기도 한다. 년주에 수기(水氣)가 태왕할 때는 조부모 산소에 수맥(水脈)이 있다고 보기도 한다. 그로 인해 일가의 신체 손상이나 재화가 도래할 수 있다. 년주에 화기(火氣)가 태왕할 때는 조부모 산소에 화기가 침입하여 이로 인한 고혈압 심장병 등 신체상 질병을 초래하기도 한다.

또 형충으로 인해 파기되었을 때도 조상산소가 불미하다 하여 가족에 신체손상이나 사업의 재화가 일어날 수도 있다.

나. 부모(父母)

부친이 어떤 분인가를 알려면 편재(偏財)의 성쇠와 월간 궁위(宮位)의 양상이 충형을 받는지 등을 보는 것이고, 모친에 관해서는 인수(印綬)와 관련된 내용과 월지를 중점적으로 간명하되 궁위도 참작하여 관찰한다.

즉 편재가 부(父)를 표하고 인수는 모를 말한다. 예를 들어 일간이 甲木이면 戊土가 부친이 되는 바 만일 다시 甲寅이 있거나 혹 목국(木局)이 전부 있거나 또 부성인 편재가 12 운성의 사절(死絶)지에 있거나 겁형(劫刑)이 되면 극부(剋父) 하게 된다. 그렇지 않으면 서로 떨어져 있거나 불목하거나 혹 다치거나 질병으로 고생하게 되어 부친이 불길하게 된다. 만일 이때 庚이나 辛이 사주에 있어서 구해 주면 크게 해롭지는 않을 것이다.

甲木이 왕하고 戊土가 쇠하면 또한 부친이 질병이 있고 의지할 곳 또한 여의치 못하나 그러나 戊土가 생·왕지(生·旺地)에 임하고 또 천을귀인(天乙貴人)에 임하면 부친이 귀하니 다시 丙丁 火가 생조 되면 부친의 복이 무궁하다. 만일 살지에 戊土가 임하고 부(父)가 사절지에 생하면 부친이 쇠패하고 제복을 받는 외지에 거한 것이며, 묘절지(墓絶地)에 임하였으면 그 부친은 평상이요, 따라서 부친의 덕을 얻기는 어렵다. 편재가 쇠약하고 편재와 상극되는 비견이 성하면 부친이 해롭고, 편재가 12 운성의 장생(長生) 또는 건록(建祿)과 동주 하면 부친이 부귀하고, 사지(死地)나 절지(絶地) 또는 공망(空亡) 등과 동주(同柱) 하거나 형충 되면 부친이 빈곤하고 병약하지 않으면 이별한다.

년주에 상관, 월주(月柱)에 인수, 시주(時柱)에 관살이 있고 인수가 길신(吉神)이면 그 부모가 자수성가한 분이고, 월지에 정관이 있으면 그 부모의 성품이 온후(溫厚)하고 단정하며 장성과 동주 하면 귀현(貴顯) 한다. 월지에 재성과 천을귀인이 있거나, 월간의 귀인이 사주에 있으면 부모가 부귀하고 유산을 물려준다. 또 월지에 귀인이 있거나 인수가 있으면 부모의 용모가 청수하다. 특히 식신(食神)이 있으면 신체가 비대하고 명랑하며 성실하다.

월주에 인수와 천을귀인(天乙貴人)이 있으면 부모가 인자하고, 장생과 동주하고 이것이 충·파하지 않으면 부모가 장수한다. 월주에 정관이 있고 상관이 극·파하거나 식신(食神)이 있고 편인이 극·파하면 부모의 용모가 추하지 않으면 병고로 고생하고 다병(多病) 한다. 월지에 인수와 고신(孤神) 또는 과숙(寡宿)과 동주(同柱)를 하면 부모가 고독하다. 또 화개(華蓋)와 동주 하면 부모가 총명하나 비사교적이며, 월지에 재성 또는 인수와 역마가 동주를 하면 부모가 자주 원행(遠行) 한다. 월주에 편관과 양인이 동주를 하면 부모와 이별하며, 또 월주를 충(沖) 하여도 부모와 같이 생활하지 아니한다.

인수가 간합(干合) 되고 12 운성의 도화(桃花) 또는 목욕(沐浴)과 동주를 하면 어머니가 정숙하지 못하다. 사주에 편재가 둘 이상이고 인수(印綬)성과 간합이 되면 모친에게 이부(二夫)가 있음을 의미한다. 인수가 양인(羊刃)과 정재(正財)와 12 운성의 절·묘지와 동주(同柱)를 하거나 형충이 되면 어머니가 허약하거나 고독하지 아니하면 이별한다.

乾命　戊己甲戊　　　　大運　庚己戊丁丙乙
　　　辰巳子戊　　　　　　　午巳辰卯寅丑

일간 己土가 子월에 태어났다, 년주와 일지, 시주 등 삼주(三柱)에 걸쳐 인수와 비겁이 왕성하여 신왕이며 용신 및 희신은 월주에 있는 재관이다. 또 월지의 子水는 천을귀인(天乙貴人)이므로 부모로부터 많은 재산과 작위까지 상속되었다.

다. 처첩(妻妾)

남명에서 정재(正財)가 처, 편재가 첩이 된다. 일지가 처궁으로 12 운성의 절(絶)지나 사(死)지가 되거나 비겁이 있으면 처와 인연이 없다. 정재와 편재가 합이 많으면 정이 많아 음동(淫動)하고, 목욕지나 도화와 동주(同柱) 하면 부정하고 정절을 지키기가 어렵다. 일지에 화개(華蓋)와 양인이 동주(同柱)를 하면 처녀에게 인연이 없으며 만일 처녀와 결혼하면 이혼하기 쉽다.

라. 형제

근래 들어 자식이 한 명뿐인 가정이 많은 세태에 살다 보니 형제의 길흉을 판단한다는 것이 어찌 보면 무의미할 수도 있겠으나, 그러나 필요한 일도 있으므로 간명의 원리는 알아야 한다. 형제의 길흉은 일주와 오행이 동기인 비견 및 겁재(劫財) 와 월주의 동태에 의하여 판단한다. 다만 월주는 부모궁으로 정하여 보고 있으므로 형제의 길흉을 판단하는 중점은 어디까지나 비견 및 겁재의 성쇠 및 길흉의 판단에 치중하여 보는 경향이 많음을 참조하여야 한다.

마. 자식(子息)

사주에서 나타내는 자식의 육신은 남녀가 다르다. 남자에게는 관성(官星)이 자식을 의미하고, 여자에게는 식신(食神) 및 상관(傷官)이다. 이것은 모순된 듯 보이나 천지간의 정리(定理)에 합당한 것이다. 육신설(六神說)에 의하면 甲 일주와 간합(干合) 하는 것이 己土이다. 己土는 甲의 정재로 처를 의미한다. 이 처가 생산한 것이 자식이다. 즉 己土가 생산한 것은 庚辛金이므로 甲木 일주에게는 관살로 자식이 된다. 여자는 자신이 자식을 출생하므로 식신 및 상관이 자식이 된다.

그 옛날 산아제한을 할 수 없을 땐 생기는 대로 자식을 낳을 수밖에 없었지만, 현대 들어오면서 의술(醫術)이 발달 되어 산아제한도 할 수 있는 시대에 살고 있다. 더구나 서양문화를 접목해서 그런지 개인주의가 팽배해져 자신의 편의를 먼저 생각하는 경우가 심해지고 있고 특히 여성들의 권위가 높아지다 보니 결혼한 젊은 부부들이 자식 낳기를 꺼리고 있는 현실을 참조해 볼 때 자식이 몇 명을 낳는다는 옛날 방식의 장생론법(長生論法) 등과 같은 자식 수 알아맞히기는 무의미하다고 하고 또 해당이 되지 않는다고 할 수도 있다. 그러므로 굳이 자식 수 알아맞히기식 논리는 시간 낭비에 불과한 것이다.

(3) 임종(臨終)

근래 들어와서 생활환경이 주택에서 아파트 생활로 바뀌고 또 핵가족화로 독립적 생활을 하다 보니 옛날과 같은 공동체(共同體) 가족생활은 하지 않는 경향이다. 그래서 그런지 부모님의 거동이 불편하게 되면 집에 모시지 않고 요양원에 모시는 경우가 많아 병원에서 임종(臨終)을 맞는 일이 많다. 더욱 코로나와 같은 집단 질병이 발병되고 보니 면회는 고사하고 임종도 참여하지 못하는 경우가 생겨 앞으로는 집에서 사망 소식만 접하지 않을까 걱정되는 요즈음이다.

특히 근간에는 미혼자도 많아지고 결혼을 하여도 자식을 낳지 않거나 낳는다 해도 한두 명에 불과하니 굳이 부모 임종(臨終)을 맞이하는 자식은 누구인가 하는 등과 같은 간명은 굳이 알 필요가 없다고 할 수가 있겠다.

이와 같은 논리들은 한 예에 불과하겠지만, 세태뿐 아니라 많은 분야에서 변화가 이루어지고 있다. 따라서 명리 학설이나 통변(通辯)의 방법과 기교도 이런 변화를 읽고 개선해 나아가야 할 것이다.

(4) 빈부(貧富)의 명

새삼스레 부자와 가난한 사람의 기준을 결정한다는 것이 애매하다. 왜냐면 사람에 따라선 돈만 가지고 빈부를 결정할 수 있는가 하는 반론을 들지도 모르겠다. 그러나 인간이 삶을 영위하기 위해선 재화(財貨)가 필요하고 적은 것보다는 많은 것이 좋을 때도 있어 관련 내용을 검토하여 보도록 한다.

① 부자의 명

『적천수(滴天髓)』에서는 부자의 명을 일러 재기통문호(財氣通文好)라 하고 있다. 일간이 왕하고 재성이 약할 때 식상이 있어 통관하고 식상이 없을 때는 관살이 있을 때와 비겁으로부터 재성이 파극 되는 것을 관성이 막고 있을 때와 인성이 왕성하고 식상이 경미 하나 재성이 있을 때와 재성이 왕성하고 관성을 생조(生助)할 때는 부자의 명이 된다.

② 빈자(貧者)의 명

『적천수(滴天髓)』에서는 빈자(貧者)의 사주를 재성부진(財星不眞)이란 사자성어로 설명하고 있다. 어떤 경우인가 대표적인 예를 들어 한 사주가 중화되지 않거나 용신이 미약하다든지 사주가 무정한 경우라든지 대운(大運)이 기신에 해당한다든지 하는 경우 모두 빈자에 관계되는 사주로 설명되고 있으나 좀 더 구체적으로 판단하는 방법도 있다.

(5) 관록의 명

20세기에 사는 현대인이나 옛 시대에 살았던 사람이나 돈과 권력을 추구하는 마음은 대동소이(大同小異)할 것이다. 이는 동물적 약육강식의 속성에 영향을 받았다고 볼 수도 있겠지만 인간 본성에 기인한 면이 클 것이다. 이것도 타고난 팔자에 들어 있을까?

관록도 등급이 있다. 한날한시 똑같이 관계에 출사하여도 관급과 직급의 높낮이가 있을 수밖에 없고 세월의 흐름에 따라 보직(補職)의 좋고 나쁨과 직급의 높낮이가 있을 수밖에 없고, 보수(報酬)의 많고 적음과 같은 차이가 생길 수밖에 없는데 어떤 경우에 그럴까?

(6) 학문과 인연이 없는 사주

어떤 경우에 공부와 인연이 없는가? 신약 사주에 인수가 재성에 의해 파극(巴戟) 되고 식상이 강한 경우와 관성이 혼잡하고 탁기(濁氣)가 있는 경우와 신왕 사주에 식상이 심히 미약하거나, 식상이 인수(印綬)에 파진(破陣)된 경우와 관성(官星)이 혼잡하고 사주에 탁기가 있는 경우 또 일주가 심히 약하고 관성과 재성 및 식상이 왕성한 사주와 종격(從格), 화격(化格) 등 외격(外格)에 기신이 있는 사주는 학문과 인연이 없다.

(7) 수요(壽夭)와 질병

사람의 한평생 잘살다가 죽는 시기를 알게 된다면 어떤 일들이 벌어질까 또 질병의 유무를 쉽게 찾고 치료를 완벽히 할 수 있다면 그 또한 삶에 얼마의 도움이 될 것인가? 이런 일련의 일들을 명운(命運)으로서 알 수 있다면 인생 설계에 있어 많은 도움이 될 것인가? 어떻게 보면 소름이 끼치는 일이다. 그러나 알고자 하는 것이 인간의 속성(屬性)이라면, 일단은 이를 연구하고 볼 일이다.

① 수명(壽命)

현대 들어와 주거환경의 개선과 의술의 발달로 사람의 수명이 많이 길어졌다고 한다. 그러나 죽고 사는 문제만큼은 마음대로 되지 않다 보니 명은 하늘에 달렸다고들 한다. 인간이면 누구나 한두 번은 언제쯤 수명이 끝날 것인지 궁금한 것은 인지상정(人之常情)일 것이다. 사망 시기를 예견하는 것은 우선 사주의 격국과 용신에 의하여 수명의 장단을 정하고, 이를 대운과 년운의 길흉과 비교하여 정한다. 대운과 세운이 사주의 용신이 극해(剋害)를 당하면 반드시 위험이 닥쳐 온다.

乾命　己戊戊戊　　　　大運　　乙甲癸壬辛庚己

　　　　未申午辰　　　　　　　　丑子亥戌酉申未

일간 戊土가 午월 未시에 태어났다. 천간이 土 일색이요 지지 또한 火土로 토기(土氣)가 중첩되어 있다. 종격(從格)으로 간명코자 하나 申金이 있다. 일주가 태왕하여 극설(剋洩)이 필요하므로 용신은 申金이다. 壬戌 대운은 壬水가 군비(群比)에 의하여 파극 되고, 午戌로 삼합하여 火로 변하므로 생명의 위험이 있다. 丙午년에 식신 용신이 편인을 만나 사망하였다.

② 질병(疾病)

『적천수(滴天髓)』에서는 ‘오행은 나누면 하늘에는 오기(五氣)가 되고, 땅에는 오행(五行)이라 하고, 인체에서는 오장(五臟)이 된다.’라고 하고 있다. 우리 인간이 만물의 영장이 되는 소이도 오행을 모두 구비(具備)한 까닭이다. 고로 오행이 조화(調和)되면 질병이 없고, 평생 건강하게 지낼 수 있다. 이와 반대로 한평생 병을 지고 사는 사람도 있으니 그런 경우에는 사주가 편고(偏枯)되는 경우와 충형(冲刑)이 있거나 오행이 난삽한 경우일 것이다.

(8) 여명의 특성

사주 간명을 함에 있어서 남명과 여명 간에는 조금 다른 면이 있는데 이 점을 감안(勘案)하여 간명에 참조하여야 한다. 즉 남명은 용신(用神)과 처를 동일로 취급하지 않는다. 반면 여명에 관성(官星)이 없을 때는 용신을 남편과 동일시한다는 것인데 그 이유는 용신의 성쇠와 남편의 길흉이 일치하기 때문이다. 물론 관성이 있는 사주는 당연히 관성을 남편으로 보고 간명을 하여야 한다. 또 여명은 더욱 중화(中和)를 중요하게 한다는 것도 참조할 일이다.

① 남편의 길흉

여성의 결혼생활의 행복은 남편의 부귀와 등급에 따라 귀속되는 경우가 많다고들 하지만, 무엇보다도 여성 사주의 청탁과 순잡(純雜) 등에 의하여 부귀 빈천을 판단하는 것은 당연하고, 남편의 별인 관성이 나타나 있는 사주에서는 관성의 길흉을 관찰해야 한다.

坤命　乙癸戊丁　　　大運　　甲癸壬辛庚己
　　　卯丑申巳　　　　　　　寅丑子亥戌酉

일간 癸水가 申월에 출생하였으며 재와 관과 식상이 왕성하다. 년주 재성이 관성을 생조하고, 관성이 다시 인수를 생조(生助)하여 사주 전체가 원원유장에 연연불식(連連不息)하고 오행이 다 갖추어지고 균정(均正)하게 중화(中和)되고 있어 사주가 맑고 깨끗하고 청순하다. 재상의 부인이 되었고 자식들 또한 대귀(大貴)하였다.

② 극부(剋夫)의 명

여명의 팔자에서 극부의 명은 어떤 경우인가? 관성이 미약하고 재성이 없으며, 일주가 왕성하고 식상이 강하면 극부 하게 되고, 재성이 없는데 비겁이 왕성하면 그 처는 남편에 대하여 불만을 가지며 이별하기 쉽다.

　　　　　　　　　　　잡론요결

특히 관성이 희미하고 재성이 없으며 일주가 왕성하면서 다시 인성이 중첩되면 극부하고, 비겁이 왕성하고 관성이 없는 사주에 식상이 약하고 인성이 왕성하면 극부하고 일지에 관성이 있고 일지가 충이 되면 부부가 해로하기 어렵다.

坤命　丁壬甲戊　　　大運　戊己庚辛壬癸
　　　未寅寅申　　　　　　申酉戌亥子丑

壬水가 寅월에 출생하고 월주가 甲寅이 되어 있다. 사주에 목기가 왕성하여 년간의 편관 戊土가 파극 되었고, 시간에 丁火 재성이 있으나 木과 土의 중간 통관의 역할을 하지 못하고 있다. 사주가 극부교가(尅夫交加) 되어 일주가 태약하다. 일주를 생조할 申金은 왕성한 목기에 의하여 파극 되었고, 남편을 표시하는 戊土 관살이나 용신이나 모두 파극 되어 초년에 과부가 되자 곧 자식들을 버리고 재혼하였다.

③ 자식 인연

여명의 사주를 간명함에 있어 자식의 길흉은 식·상관의 동태를 살펴보아야 한다. 또 시주는 자식궁이므로 여기에 기거하는 육신의 관찰도 참작하여야 하는 것은 당연하다. 일례를 들어 보면 사주에 인성이 없고 일주와 식상이 왕성하고 재성이 있으면 자식이 많고 귀하게 되며, 일주가 왕성하고 식상이 약하고 인성이 있어도 재성이 왕성하면 자식이 많고 부자가 되며 자식 복이 많다.

坤命　丙甲癸己　　　　大運　　己戊丁丙乙甲
　　　　寅辰酉亥　　　　　　　　卯寅丑子亥戌

이 사주는 년간의 土가 金을 생하고, 金은 水를 생 하였으며, 水는 生木 하고, 木은 生火 하는 등 연이어 상생하는 연연상생(連連相生)을 하고 있다. 일주와 관성 및 식신이 모두 균등하게 왕성하여 부자(夫子)가 모두 대귀(大貴)하였고 인간 오복을 누렸다.

④ 결혼 운

지난 세월에는 결혼을 인륜지대사라 하여 인생사에서 가장 중요한 행사로 생각하고 있었다. 물론 지금도 그렇게 생각도 하고 있지만, 현대 들어와서는 결혼이 꼭 하지 않아도 된다는 의식이 팽배해져 가고, 연령도 삼십대를 넘어 사십대에도 아무 거리낌 없이 결혼하게 되는 만혼의 시대가 되었다. 특히 통계학상 이혼율이 50%에 육박하고 있을 정도로 이혼도 쉽게 하는 세태로 변화되어 가고 있다. 한마디로 결혼도 쉽게 하고 이혼도 거리낌 없이 쉽게 하는 이런 시절에 결혼에 관련된 어떤 논의가 필요한가 하는 점이다.

다만 명학을 연구하는 학자와 연구생들은 참고할 필요가 있을 것으로 사료되어 『연해자평(淵海子平)』에 실려 있는 여명귀천법(女命貴賤法)을 참조하면 많은 도움이 될 것이다.

현대 들어와서는 중매결혼은 좀 고리타분한 느낌이 드는 것이 현실이다. 어떤 경우에 연애결혼을 하게 될까? 예를 들어 지지에 있는 관살이 삼합, 또는 육합 되는 경우와 사주에 12운성의 도화(桃花)가 있거나 목욕(沐

　　　　　　　　　　　　　　　　　　　　　잡론요결

浴)이 여러 개 있는 경우와 팔자가 음양 어느 일방(陽八通·陰八通)으로 되어 있는 경우이거나 사주에 합이 여러 개 있을 때와 사주에 수기(水氣)가 태왕한 경우이거나 관살이 혼잡하고 삼합(三合)이 있거나 도화살 혹은 홍염살(紅艶殺)이 여러 개 있는 경우 등이다.

⑤ 정숙 미모인 여명

정숙(靜肅)의 의미가 퇴색되고 활달하고 적극적인 활동을 하는 여성이 오히려 인정받는 세태에 살고 있다면 과언일까! 그러나 분명한 것은 내 여인만은 정숙한 여인이기를 바라는 남성들이 많을 것이다. 겪어 보지 않고는 모르는 일이니 팔자로서 간명을 하게 된다면 어떤 경우일까?

⑥ 음천(淫賤)한 사주

여성으로 음천하다는 것은 대단히 좋지 않은 일인데 이런 경우도 팔자로 타고 나는 것일까? 궁합을 보는 이유가 되겠지만 그렇다고 음천한 팔자는 결혼도 하지 말라는 법은 없다. 팔자를 알고 정숙한 여인이 되고자 한다면 그 또한 아름다운 일이 될 것이 아니겠는가? 일주가 왕성하고 관성이 미약하여 재성이 없을 때와 식상이 중첩되고 재성이 없는 경우와 관살이 약하고 일주와 합이 되어 일주와 동기가 되면 음천한 팔자로 여긴다.

또 일주가 왕성하고 관성이 약한데 관성이 합이 되어 다른 육신으로 화(化)한 때와 관성이 무근(無根)하며, 재성이 있으나 관성을 생조하지 않을 때와 일주가 약하고 식상이 왕성하며 인성이 경미(輕微)하거나 인성이 없으며, 식상이 중첩되고 재성이 있을 때는 음천하다고 판정한다.

坤命　乙乙己乙　　　　大運　　丙乙甲癸壬辛庚

　　　　酉亥卯未　　　　　　　　戌酉申未午巳辰

일간 乙木이 卯월 酉시에 태어났다. 木이 왕성한 계절에 출생하고 亥卯未 삼합이 있어 일간이 태왕하여 종왕격이 된 듯하나 시지의 酉金이 왕목(旺木)을 충극하다 보니, 당연히 酉金을 용신으로 삼아 木을 다스리는 비겁용관격으로 삼아야 한다. 그러나 정격(正格)으로 삼기에는 酉金이 너무나 빈약하다. 고로 정실(正室)과 먼 기녀(妓女)가 되었다.

(9) 해역

육신설(六神說)과 육친설(六親說)은 명리학에서 가장 기초적이면서도 그 범위가 방대하고 많은 변화와 기교를 부리는 요술 방망이 같다고 할 수 있으며, 원리(原理)를 명확히 알지 못하면 옳은 간명을 할 수가 없다. 그러다 보니 명리 서적마다 이와 관련하여 잘 설명을 하고 있다. 다만 효과를 얻기 위해선 양질의 이론서를 접하여야 하고, 실제 간명의 경험도 필요하므로 세월이 조금 흘러야 한다. 너무 조급하게 생각하지 말고 차분히 탑을 쌓듯이 노력하면 된다. 여기에선 육친설의 많은 논리 중 성품(性品)을 위주로 그것도 일부분을 다루고 있다.

인간의 본성은 선하고 악한 심성(心性)과 길하고 흉한 운과 호불호(好不好)의 성격 등 장단점은 누구나 다 가지고 있다. 다만 사정과 형편과 같이 환경과 여건에 따라 다르고 우연과 필연, 발생과 사유(思惟)가 다를 뿐이다. 그러므로 일방적이고 고정된 관념을 가지고 판단한다는 것은 대단히 위험할 수 있다. 즉 팔자(八字)로서의 성격과 성품 등은 장단점의 많고

　　　　　　　　　　　　　　　　　　　　　　잡론요결

적음에 불과하다. 그러므로 간명(看命)을 함에서는 일방적 한 단면만 보지 말고 언행을 신중해야 한다는 것이다.

간명의 순서는 각기 달리할 수도 있겠으나 우선 사주에 나타난 편정(偏正)과 위치별 동태를 구분하여 보고 격국으로 나타난 오행의 청탁(淸濁)과 순잡(純雜)을 살핀다. 사주가 청순하고 기세가 정대(正大)하면 현명한 사람이고, 한쪽으로 기울어져 있거나 혼탁하면 흉하고 어리석은 사람이다. 성격판단에 있어도 이를 참조하면 된다. 다만 사람의 성격과 명운은 천차만별이므로 종합적으로 판단하고자 하면 많은 내용이 가감될 수가 있을 것이다.

재론하면 어느 일방(一方)에 치우치는 것은 곤란하다. 그러므로 위 내용을 숙고하고 참작을 하면서 이해하고 경험을 쌓아 나가면 좋은 결과가 이루어질 것이다.

4) 신수(身數)론

해당 연도(年度)의 어떤 일들이 일어날 것인가 하는 신수(身數) 간명은 년운(年運)과 같이 사람의 만남과 같다 하여 천간(天干)을 위주로 간명을 하지만, 그러나 지지뿐 아니라 사주와 행운(行運)을 같이 섞어 보는 것이 정도이며 통례이다.

(1) 신수와 행운의 작용

① 비·겁(比·劫) 운

비견(比肩)과 겁재(劫財) 운에는 일간을 돕는 운이라 사기(士氣)가 왕성해지는 경향이 있으므로 이동, 변동, 변화 등의 활동을 하게 되고, 또 재성(財星)을 극하는 운동을 하게 됨으로 배우자와 부(父)의 이별, 손재, 파재, 투자, 동업, 창업과 배우자 운이 바뀜과 같은 일들이 일어날 수가 있다. 특히 감안(勘案)할 것은 일간의 동태뿐 아니라 신강(身强)과 신약(身弱)을 필히 참조하여야 한다.

가. 길신(吉神) 운

신규사업을 추진하거나 기존의 사업을 확장하게 되고, 직장인은 전근(轉勤)을 가거나 직업의 변동이 있으며 이사(移徙) 운을 맞는다. 건강이 향상되고 부부관계가 좋아지며, 형제, 동료, 동업자 등의 도움으로 어려운 일이 성사된다. 또 정신적, 경제적 안정으로 자신감이 생기게 된다. 다만 겁재운일 때는 일간의 강약을 참조하되 대개 지출이 생기나 그것은 투자로서 좋은 의미이다.

나. 흉신(凶神) 운

비겁(比劫)은 형제나 동료, 동업자이니 이들로부터 모함과 배신으로 어려움을 당하고 손재(損財)를 보고 가출하는 경향이 있다. 아버지 또는 처와 갈등이 잦고 애인이 생기거나 가정의 풍파가 있고 심하면 이별 수가 따른다. 행동이 주관적이고 고집을 부리기도 하고 도둑을 맞는 등 실물수가 생기기도 한다. 또 건강이 나빠지고 사업확장 등을 무리하면 손해 보게 되므로 무엇보다 마음의 평안을 가지는 것이 중요하다. 대인관계로 구설수가 생길 수 있으므로 양보심이 필요하고 직장의 좌천이나 이동 문제, 이사 등으로 변동 수가 생긴다. 특히 겁재(劫財)는 재물을 탈취하려는 살성(殺星) 운으로 겁재의 상태를 잘 살펴야 한다.

坤命　壬丙庚壬　　　　大運　　甲乙丙丁戊己
　　　辰申戌辰　　　　　　　　辰巳午未申酉

戌월 辰시에 丙火로 출생하였다. 양팔통(陽八通)의 편고(偏孤)된 사주로 삶에서 고달픔이 배어 있다. 그러다 보니 고집과 아집이 지나쳐 구설에 괴로움이 생길 수 있다. 그러므로 지나침은 모자람만 못하니 모든 분야에 자정과 자숙이 필요한 사주이다. 기하는 것은 설기가 심한데도 일간을 돕는 비겁이 없다. 신약이라 일간 丙火를 돕는 木火 운이 길운이다. 초운 金운에는 고달픔이 있었겠고, 丁火 운부터 未午巳 운에는 재물을 얻겠다. 재가 많고 일간이 신약한데 행운에서 일간을 돕는 비겁 운에 들어섰기 때문이다.

乾命　辛乙甲庚　　　　大運　　戊己庚辛壬癸
　　　巳亥申子　　　　　　　　寅卯辰巳午未

申월 巳시에 乙木 일간이다. 申子와 亥子 수국(水局)에다 庚申이 돕고 있으니 일간은 부목(浮木) 일보 직전이다. 다행히 甲木이 亥중 甲木에 뿌리를 두고 등라계갑(藤蘿繫甲)을 하고 있다. 寅卯辰의 비겁(比劫) 운을 만나 생활이 안정될 것이나, 남자로 눈물 흘릴 수 있으니 처신에 신중하고 조심을 하여야 한다.

坤命　戊己甲戊　　　　大運　　戊己庚辛壬癸
　　　辰未子戊　　　　　　　　午未申酉戌亥

　　동지섣달에 태어난 己未 일주이다. 비겁이 많아 신왕이다. 土를 다스리는 甲木이 용신이다. 그 甲木 동짓달 꽁꽁 얼어 있으니 용신 역할을 하기에는 요원하다. 고달픔이 드러난 사주이다. 운 또한 겨울에다 가을에 들어서니 고생길이 보인다. 특히 일찍이 결혼할 운이 있으나 조혼(早婚)은 금물이다. 남명인 甲木이 욕지에 앉아 있고 비겁이 많은 것이 흠이다. 뿌리가 약해 남자행세도 못하면서 바람이나 피우고 애를 먹인다. 심하면 남편은 요절(夭折)할 수도 있을 것이다.

坤命　癸癸戊庚　　　　大運　　壬癸甲乙丙丁
　　　亥酉寅子　　　　　　　　申酉戌亥子丑

　　寅월에 癸水가 亥시에 태어났다. 아직 한기(寒氣)가 물러나지 않은 때인데 화기(火氣)가 없다. 비겁이 많아 일간이 태왕하다. 戊土로 수기를 막기에는 힘이 약하여 설기(洩氣) 하는 것이 타당하다. 상관용재격(傷官用財格)으로 재주를 부려 재물이 취함이 있겠으나 운로가 기구신(忌仇神) 운으로 흘러 삶이 고달프다. 특히 戊土가 남편인데 조혼을 하게 되면 남편으로 인해 눈물 흘릴 일이 있을 것이다.

　② 식·상관(食·傷官) 운

　　식신(食神)·상관(傷官) 운에는 일간의 기운을 도식(盜食)하는 것으로

　　　　　　　　　　　　　　　　잡론요결

기신(忌神)의 역할로 볼 수도 있으나 일간이 신강(身强)하면 적극적인 창업과 재화 활동 등으로 부귀를 얻을 수 있다. 다만 여건에 따라 건강, 관재구설, 사고, 이직, 병이나 수술 등과도 관련 있어 신중히 판단하여야 한다.

가. 길신(吉神) 운

길성(吉星) 운에는 어려운 일들이 해결되고 마음이 안정되어 재운이 향상되며 새로운 일들을 추진한다. 식욕이 일어나고 신체가 풍만해진다. 학생은 학업 성적이 오르고 직장인은 진급과 영전(榮轉) 운이고, 병약자는 건강해진다. 특히 결혼 운으로 여명은 자식을 잉태할 운이다. 사고(事故)나 관재수(官災數)가 있어도 보상금을 받는다. 만일 소송 등을 하더라도 승소(勝訴)할 확률이 높다.

나. 흉신(凶神) 운

흉성(凶星) 운에는 마음이 불안정하고 우울증에 시달리는 등 사고나 병 등으로 신체가 손상되거나 건강이 나빠지고 수술도 할 명이다. 관재수가 들어와 명예가 손상할 수가 있다고 돈이 들어와도 지출이 많다. 여자는 남편과 갈등이 많고 심하면 이별할 수가 있고 돈 주고 뺨 맞는 흉운(凶運)이다. 의타심(依他心)이 늘어나고 무기력해진다. 남을 도와주고 욕을 먹는 경우도 생긴다.

坤命　丁丙甲丙　　　　大運　　戊己庚辛壬癸
　　　酉辰午申　　　　　　　　子丑寅卯辰巳

비겁으로 태왕한 丙火 일주이다. 火는 강한데 수기(水氣)가 없어 성격
이 화통한 것은 좋으나 성질이 급하고 살기마저 띠고 있다. 사주는 식신
(食神)이 생재(生財)로 부명(富命)이나 庚寅운 까지는 고달픔이 있었겠
고, 己丑 운에는 재물을 얻을 것이다만, 화기가 태왕(太旺) 하니 찾는 건
수기(水氣)라, 일찍이 유부남과 사련(邪戀)이 있을 것이고, 부성입묘(夫
星入墓)가 있어 남편으로 인해 눈물 흘릴 일도 있을 것이다.

乾命　甲庚丁壬　　　　大運　　甲癸壬辛庚己戊

　　　申寅未午　　　　　　　　寅丑子亥戌酉申

未월에 태어난 庚金 일주다. 월간 丁화가 년지 午火에 녹을 얻고, 일지
寅午 삼합, 午未로 방합하고 있으니 화기(火氣)가 맹렬하다. 다행히 년상
에 壬水가 申금의 생을 받아 더운 열기를 식혀주고 운로가 용신을 돕는
金水 운으로 흘러 권세를 얻을 수 있었다. 그러나 木운으로 돌아와 화기
가 열을 받으니 권세를 잃고 영화도 끝나고 말았다. 박철언 전 장관의 명
이다.

乾命　辛辛丁庚　　　　大運　　癸壬辛庚己戊

　　　卯亥亥子　　　　　　　　巳辰卯寅丑子

亥월 卯시에 辛金으로 태어났다. 격국을 잡는다면 금수(金水) 상관격
이다. 해맑은 성품을 가졌으나 일간이 신약하여 庚金으로 용신을 잡는다.
그러나 사지(死地)에 앉아 있고, 시간 辛金도 절지에 앉아 있어 용신으로

쓰기에는 역부족이다. 운 또한 水木 운으로 흘러 기신(忌神) 운이다. 사람이 샤프하고 끼가 많은 것은 좋을 수도 있으나 '진상관(眞傷官) 운에 상관(傷官) 운이 들어오면 필멸(必滅)이라' 하였으니 壬辰 대운을 잘 넘겨야 할 것이다.

坤命　戊癸壬丙　　　大運　　乙丙丁戊己庚辛
　　　午亥辰子　　　　　　　酉戌亥子丑寅卯

일간 癸水가 辰월 午시에 태어났다. 지지가 子辰합이요 월간 壬水라 수기(水氣)가 왕성하다. 많은 물을 가두어 두고 있는 戊土가 자좌 午와 년간 丙火의 도움을 받고 있으니 용신 또한 신강하다. 중년이 들어와 수운이 도래하여 수기 태왕으로 화기를 극하니 재화(財禍)를 입을 상이다. 다행한 것은 戊土 남편과 연애결혼을 할 것이요, 그 남편 왕지에 앉아 권위가 있을 것이지만, 酉대운 戊土가 사지(死地)에 들어가고, 甲申년에 甲木이 戊土를 극하는 시기에 남편이 뇌물죄로 감옥에 들어갔다. 강신성일을 남편으로 둔 엄앵란 사주이다.

　시상의 戊土를 용신으로 보기도 하지만, 봄에는 많은 물을 가두어 두기보다는 흐르게 하여 만물의 자양분이 되게 하여야 한다. 그러므로 甲木을 용신으로 잡으면 木운을 맞이하여 일찍이 스타의 반열에 든다고 설명이 된다.

坤命　己丙乙癸　　　大運　　辛庚己戊丁丙
　　　丑子丑丑　　　　　　　未午巳辰卯寅

丑월 丑시에 丙火로 태어난 火土 상관격이다. 일간이 신약(身弱)하여
火木을 용신으로 잡아야 하나 동기인 火는 없고 乙木이 있어도 얼어 터졌
으니 용신으로는 부족하다. 일찍이 운로가 木운으로 흘러 부모님의 비호
로 호강하며 살아갈 것이다만. 己巳운을 만나면 그 뿌리를 만나 좋을 듯
보이지만 제 역할을 망각하고 丑과 합하고자 하고, 상관(傷官) 운에 상관
을 만나는 격이니 불리하다. 특히 결혼한 후에 자식을 가지게 되면 상관
상진(傷官傷盡)이 되어 생명의 위험도 있을 사주이다.

乾命　壬丁丁癸　　　　大運　　　辛壬癸甲乙丙

**　　　子亥巳巳　　　　　　　　　亥子丑寅卯辰**

巳월 子시에 丁火 일간으로 태어났다. 운이 수화상전(水火相戰)으로 흉
이 백 가지 생길 수도 있으나 다행히 木 초운(初運)이 통관(通關) 운으로
개운이 되기도 하였다. 水운에 들면 子子 복음과 巳亥 상충 등으로 가정
의 풍파뿐 아니라 건강, 사업 등에 불길하다. 癸丑 대운 己卯년에 들어 丁
癸 충이요, 己土가 癸水를 극하고 卯木이 亥水와 합하여 자식이 교통사고
를 당하였다.

③ 재성(財星) 운

편재(偏財) · 정재(正財) 운에는 재운이 들어와 처와 애인이 생기고, 부
의 상태, 여자와 시모 관계 등에 길흉이 발생한다.

가. 길신(吉神) 운

재물(財物) 운이니 신체적 활동이 왕성해지고 사업확장과 수입이 증대하고 횡재수가 따른다. 기혼자(旣婚者)는 가정이 화목하고 부부관계가 좋아지며 미혼자(未婚者)는 결혼할 운이다. 학생은 성적이 오르고 부모의 도움을 받을 수 있다. 교통사고가 나더라도 금전적 보상을 받을 수도 있다.

나. 흉신(凶神) 운

재인(財印) 상극이라 하였으니, 인수(印綬)가 용신이면 여자나 돈 때문에 구설수가 생기고 관재수가 일어난다. 경제적 지출이 많고 사업의 확장은 금물이다. 부(父)에게 나쁜 일이 일어나고 이성 문제로 골치 아픈 일이 발생할 수 있다. 또 재성이 형·충을 당하면 처나 부(父)에게 어려운 일이 생기고, 재물로 인해 손재수가 따르므로 돈을 빌려주거나 하는 금전거래는 금기 사항이다.

坤命　庚庚壬丁　　　　大運　　戊丁丙乙甲癸
　　　辰戌子巳　　　　　　　　午巳辰卯寅丑

子월 辰시에 태어난 庚金 일주이다. 金水 상관격으로 시원한 성품이지만 필요한 것은 조후로 본 화기이다. 년주가 丁巳로 호명이다. 그러나 丁火는 丁壬합으로 기반(羈絆)[131]이 되었고, 巳火는 子水의 극을 받고 있어 용신으로는 부적격이다. 일주가 庚戌 괴강을 가지고 있고 남편별인 丁火

---

131) 羈絆(굴레羈, 줄絆), 말이 마굿간에 묶여 제 역할을 하지 못한다는 뜻이다. 즉 오행이 합으로 인해 본연의 임무를 망각한다는 의미로 쓰이는 용어이다.

가 아웃사이드에 있고, 부부궁이 辰戌충을 하고 있으며, 巳戌 원진으로 부부간의 불신 등 인생 전반에 붙임이 심할 팔자다. 寅卯辰 재운을 만나 재물을 얻고. 火운을 맞이하면 고달픈 여정에도 꿈을 그릴 것이다.

坤命　庚甲癸乙　　　大運　　己戊丁丙乙甲

　　　午子未亥　　　　　　　丑子亥戌酉申

未월에 태어난 甲木이다. 일간의 더운 열기를 식혀 줄 수기가 필요하다는 것을 알 수가 있다. 다행한 것은 천간과 지지의 수기가 충분하지만, 이리저리 합과 충을 하고 있다. 천간에 癸水는 고장지(庫藏地)[132]에 앉아 있어 용신 결여를 당하고 있다. 특히 庚金 남편별이 12 운성의 욕지(浴地)에 앉아 있고 뿌리가 없는 데다 천충(天衝)과 지충(地衝)을 하고 있어 결혼생활이 불길하다. 戊子 대운에 천간은 戊癸합을 하고 子子 복음으로 이혼을 하였다.

乾命　丁己丙戊　　　大運　　壬辛庚己戊丁

　　　卯酉辰午　　　　　　　戌酉申未午巳

辰월 卯시에 태어난 己土 일주이다. 득령(得令)을 하고 있고, 좌우 丙丁으로 일간을 돕는 것이 태왕한 사주가 되었다. 극설교가(剋洩交加)라 하였든가, 卯木을 용신(用神)으로 삼고자 하나 충을 하고 있어, 설기 시키는

---

132) 12운성의 用語로 倉庫란 뜻이다. 墓地로 표현도 하고 있다.

　　　　　　　　　　　　　　　　　　　　잡론요결

酉金이 용신이다. 초년에는 식음을 걱정하였겠고, 庚申 운에 들어와 일취
월장하였겠다. 전문직이나 기술직에 달통하면 큰 재물을 얻을 수도 있다.

乾命　甲庚庚癸　　　大運　　甲乙丙丁戊己
　　　申子申巳　　　　　　　寅卯辰巳午未

庚金이 申월 申시에 태어나 태왕하다. 완철(腕鐵)은 불로 녹여야 기물
(器物)이 되는데, 년지 巳火는 癸水에 개두(蓋頭) 되고, 巳申합으로 그 본
분을 망각 한지가 오래일 것이다. 다행히 申子 수국을 이루고 있어 설기
하는 것이 아름답다. 火운에는 붙힘이 있었겠고, 木운에 들어와 재물을
많이 얻었으나 돈과 여자로 인해 구설수가 생겼다.

④ 관성(官星) 운

편관(偏官)·정관(正官)이 사주에 한 개씩 있으면 정·편이요, 편관이
두 개 이상이 있으면 칠살(七殺)이요 세 개 이상이면 귀살(鬼殺)이라 부르
는 오행이다. 직업변동, 승진, 합격, 자식(子息) 관계, 관재구설, 사고, 손
재, 질병 등에 길흉이 발생한다.

가. 길신(吉神) 운

여성에 관성은 이성(異姓)이니 미혼여성은 좋은 남자를 만나 결혼할 운
이고 기혼남성은 자식을 얻을 운이다. 남성엔 직업이니 선출직(選出職)에
나가면 당선 운이고 또 사회적 명성을 얻을 수 있다. 직장인은 승진운이
고 실업자는 직업을 얻을 수 있다. 관운이 좋은 것이니 소송을 하게 되면

승소할 운이고 관청의 도움을 얻을 수 있다.

나. 흉신(凶神) 운

각종 사건 사고로 인해 재산상 손해를 볼 수 있으며 관재구설을 조심하여야 한다. 특히 여성은 정부(情婦)가 생길 운이고 이혼 수가 있다. 건강이 나빠지거나 손상을 입을 수도 있으며 특히 교통사고를 조심하여야 한다. 직장의 변동이나 실직을 당할 운이고 마음이 안정되지 못하고 피폐해진다. 특히 여명은 부(夫)와 분쟁이 심하기도 하고 부부 간에 싸움이 잦다.

乾命　丙壬癸丙　　　大運　　己戊丁丙乙甲
　　　午午巳午　　　　　　　亥戌酉申未午

水火 상쟁이다. 재다신약(財多身弱) 사주로서 염상격이나 종격(從格)이 되지 않는다면 고달픈 삶에 마음마저 황폐해질까 걱정이다. 운마저 소통시켜 주는 木 하나 없고 火金 운으로 흐르고 있으니 이를 어찌하면 좋을꼬, 丁酉대운 戊子년에 丁火가 壬水와 합하고 戊土가 癸水와 합을 하여 수기(水氣)가 말라 버리니 동료를 살해하고 구속된 사주다.

坤命　乙癸丙甲　　　大運　　庚辛壬癸甲乙
　　　卯酉寅子　　　　　　　申酉戌亥子丑

운로가 水金운으로 흘러 사주보다 운이 좋다. 문제는 寅중 戊土가 남편인데 일지 酉金이 戊土의 사지이고, 卯酉충을 하고 있으니 남편이 집안에

　　　　　　　　　　　　　　　　　　　잡론요결

발을 들이지를 못한다. 그러다 보니 외방으로 돌고 더욱 자식 낳고 나면 자식 운도 걱정이 많고 그에다 상관 태왕으로 부부간에 분쟁이 잦고 남남이 될 수 있다.

坤命　庚庚戊戊　　　　大運　　　壬癸甲乙丙丁
　　　辰申午辰　　　　　　　　　子丑寅卯辰巳

양팔통 사주다. 여명에 양팔통이면, 그 항우 고집으로 인과관계가 아름답지 못하다. 다만 완철은 화기로 다스려야 기물이 되는데 다행한 것은 午火가 용신이고 운로가 火木운으로 흘러 관운이 있을 팔자이다. 午火 좋은 남편을 두었지만 하는 행동에 불만이 많을 것이다. 많은 土를 돕기 때문이다. 甲寅운에 결혼을 하였으나 丙辰운에 辰辰 자형에다 寅申충으로 이혼한 사주다.

⑤ 인수(印綬) 운

편인(偏印) 정인(正印)은 문화 예술 분야뿐 아니라 부모덕과 학업성취를 이루고자 하는 지식 욕구가 강하게 일어난다. 다만 기(忌)하는 것은 쉽게 권태를 잘 느낀다.

가. 길신(吉神) 운

승진, 합격 등 문서상의 좋은 일이 생길 운세로 건강이 좋아지고 부모덕이 있다. 편업(偏業)에 성공할 확률이 높고 학업의 성취를 이루기도 한다. 위인이 정명하여지고 인정미가 생기면 직장의 상사와 유대관계가 좋아지고 귀인의 도움을 얻는다.

나. 흉신(凶神) 운

위인이 내향적으로 변하고 사람과 접촉하기를 싫어하는데 그러다 보니 사업에 지장을 초래케 되고 빈한하게 된다. 특히 자기 본위로 행동하고 게으르며 주위로부터 소외되고 직장을 그만두거나 사업자는 부도를 맞기도 한다. 남자는 감투에 관심이 있으나 의식주에는 무관심하고 문서상의 불리한 일이 생길 수 있으며 여자는 시어머니와 분쟁이 자주 일어난다.

乾命　辛壬乙戊　　　大運　　辛庚己戊丁丙
　　　丑寅卯子　　　　　　　酉申未午巳辰

卯월 丑시에 壬水로 태어났다. 寅卯 목국에 乙木이 투출하여 상관 태왕이다. 시간 辛金이 용신이나 뿌리가 약해 용신이 병(病)들었다. 운로가 초년에 화(火) 운에 들어 신병(身病)이 그칠 날이 없었을 것이고, 庚申 운에 들어와 壬水 일간을 도우니 발복을 받았을 것이다. 庚申 운에 국회의원이 되었고, 辛酉 대운에는 철도공사 사장이 된 이철 전 국회의원 사주다.

坤命　戊戊戊戊　　　大運　　壬癸甲乙丙丁
　　　午午午午　　　　　　　子丑寅卯辰巳

이 사주는 이인동심(二人同心)이 된 사주다. 사주가 간단해 보이나 대단히 까다롭고 잘못 판단하면 화복(禍福)이 천리(千里)로 갈라진다. 원래

　　　　　　　　　　　　　　　　　　　　잡론요결

이인동심은 사주에 인수가 나를 생(生) 함을 말하게 되는 것으로 그 인수가 태왕할 때는 종강을 하여 그 대운에서도 인수(印綬) 운을 대희(大喜)하게 된다. 이것을 『적천수(滴天髓)』에서는 불가역자(不可逆者)요 순기기세(順其氣勢)라고 하였다. 壬子 운에 戊土가 壬水를 극하고 지지는 子午 충을 일으켜 하직했다.

乾命	丙乙癸庚	大運	己戊丁丙乙甲
	戌丑未子		辰子亥戌酉申

未월 戌시에 태어난 乙木으로 지지에 토기(土氣)가 강하여 신약하다. 여름철이라 수기가 무엇보다 필요한데 다행히 월간 癸水가 子에 뿌리를 내리고 庚金으로부터 생을 받고 있으니 아름답게 얽어졌다. 행운이 金水 운으로 흘러 발복(發福)을 받을 팔자다. 외국계 보험회사 대표가 되고 재물을 모아 두고 편안하게 살고 있다.

坤命	甲壬戊丁	大運	甲癸壬辛庚己
	辰戌申酉		寅丑子亥戌酉

申酉戌 금국을 이루고 있어 인수 태왕이다. 년간 丁火가 일감이다만 힘이 약한 것이 흠이다. 운로도 金水 운으로 흘러 발복 받기는 요원하다. 특히 관살 혼잡에다 일지와 시지가 서로 辰戌충을 하고 있어 이성(異性)으로 인해 고달픈 삶을 살고 있을 것이다. 인수(印綬) 운에 손재수가 났다.

乾命　辛辛甲戊　　　　大運　　庚己戊丁丙乙

　　　卯亥寅申　　　　　　　　申未午巳辰卯

寅월에 辛金이다. 寅亥합을 하고 亥卯 삼합으로 재는 강하고 일간은 신약한 사주가 되었다. 일간 辛을 돕는 金운에 발복을 받을 것이다만 초년과 중년에는 木火운으로 흘러가고 있다. 이는 기신(忌神) 운인데 년지와 월지가 寅申으로 충을 하고 있다. 초혼은 실패수요 재혼은 필연이다만 그 또한 마음먹는 것과 같이 될까 걱정이다. 己未 대운에 일간 辛金을 도우니 그나마 식음을 해결하게 되었다.

제4장

명학적 물리(物理)

사전(事典)을 들여다보면 머리가 아프면서도 감탄을 할 때가 종종 있다. 이런 많은 단어(單語)를 누가 어떤 원리로 어떻게 만들어 내었을까? 인간의 지혜가 무궁무진함을 알 수가 있다. 다만 현재 사용하고 있는 이런 단어들이 어찌 하루아침에 만들어진 것일까? 처음에는 서로 의사소통을 하기 위해선 말이 필요하였을 것이고, 그러다 보니 말의 내용을 통일적이고 반복적으로 전하기 위해선 일정한 문자(文字)가 필요했을 것이다. 그 문자는 각기 그들만이 가지고 있는 고유한 특이성(特異性)을 살려서 단어란 형식으로 만들어졌을 것이고 이를 상호 인정하고 소통에 활용되는 것으로 볼 수가 있겠다.

1. 명리(命理) 논리

명리학에도 많은 단어와 학술적 술어가 만들어져 인용되고 있다. 이런 용어들은 사주에 나타난 내용을 보다 정확하고 신속히 알아보기 쉽게 하고 있다. 그러나 때론 용어가 너무 어렵고 이해가 달리 적용되어 논리와는 당치도 않게 해설이 되는 경우가 많다. 그러므로 역학 용어를 분명히 알고 이해하고 해석할 수가 있어야 한다.

1) 삼반물(三盤物)

삼반물(三盤物)은 재관인(財官印)이라고 하여 정재(正財)·정관(正官)·정인(正印)을 말한다. 고서에 이르길 '재는 양명지원(養命之源)이요, 관은 부신지본(扶身之本)이요, 인수는 자신지기(資身之基)라 하여 사주에서 귀중하게 다루고 있다. 이것이 월령 土 속에 장축 되어있다가 합, 충 등으로 천간에 투출(投出) 하거나 운(運)에서 도래하게 되면 귀한 명이 된다고 설명하고 있다.

乾命　戊辛己戊　　　大運　　丁丙乙甲癸壬辛庚
　　　子未未辰　　　　　　　卯寅丑子亥戌酉申

이 사주는 未월에 己土 투출로 편인격(偏印格)이다. 특히 未中 己土는 마른 토요 년주가 戊辰土가 있고, 시간마저 戊土가 있어 土가 태왕하다. 이를 인용하여 토다금매(土多金埋)가 되었다 한다. 일주가 土에 묻히어 있으니 강한 土를 억제하는 木이 필요한 사주이다. 그러나 주중에는 투출된 木이 없고 土에 乙木이 있으나 암장(暗葬)되어 있어 토다목절(土多木折)의 현상으로 사용할 수가 없게 되었다. 부득이 설하고자 시지 子水를 이용하고자 하나 이 또한 시간 戊土에 합극(合剋)을 하고 未土에 극을 당하는 처지라 크게 병들은 사주가 되었다. 유병(有病) 이면 방위귀(方爲貴)라 하지 않는가? 다행히 운이 金水로 강하게 들어와 크게 발복을 받아 귀히 된 사주다. 참고로 월령에 土를 두었을 때는 잡기재관격(雜氣財官格) 등으로 논하고 있다. 본 명조도 월령이 未土이고 己土 투출로 잡기인수격(雜氣印綬格)으로 명하게 된다.

乾命　辛乙甲丁　　　　　大運　　　戊己庚辛壬癸
　　　巳亥辰酉　　　　　　　　　　戌亥子丑寅卯

춘삼월(春三月) 巳時에 乙木으로 태어난 명조이다. 乙木을 극하는 辛金이 酉金에 뿌리를 두고 편관 역할을 제대로 하고 있다. 乙木은 辰월에 근(根)을 두고 만물의 양기(養氣)를 활짝 펴고자 하니 물이 필요할 것인데 일지 亥水가 그 역할을 잘하고 있으니 삼반물(三盤物)이 고루 갖추어져 아름다운 명조(命造)가 되었다.

일찍이 청운의 뜻을 품고 유학 생활을 잘 마치고 외무부에 촉탁되기도 하였지만, 그러나 역마가 발동한 탓인지 오래 근무치 못하고 신문사에 들어가 외국 특파원으로 활동하고 있는 명조이다.

2) 청탁(清濁)

국어사전에는 청탁(清濁)의 의미를 '맑음과 흐림, 사리의 옮음과 그름, 착함과 악함'으로 설명하고 있다. 역학(易學)에서 청탁에 관한 내용을 어떻게 인용하고 있는지 탐방하여 보면 아래같이 설명이 되고 있다.

(1) 고전탐방

『적천수천미(滴天髓闡微)』에서는 다음과 같이 설명을 하고 있다.

命之最難辯者, 淸濁兩字也, 此章所重者, 澄濁求淸四字也, 淸而有氣,
명 지 최 난 변 자　　청 탁 양 자 야　　차 장 소 중 자　　징 탁 구 청 사 자 야　　청 이 유 기

則精神貫足, 淸而無氣, 則精神枯槁, 精神枯卽邪氣入, 邪氣入則淸氣散,
칙 정 신 관 족　　청 이 무 기　　칙 정 신 고 고　　정 신 고 즉 사 기 입　　사 기 입 칙 청 기 산

淸氣散則不貧卽賤矣.
청 기 산 칙 불 빈 즉 천 의

'명을 간명함에 있어 가장 난해하고 분별하기 어려운 것은 청탁(淸濁) 양자를 가리는 것이다. 다시 말해 징탁구청(澄濁求淸) 이를 어떻게 이해하는가에 달렸다. 청하면서 유기(有氣)하면 정신이 맑게 되고, 청하더라도 무기(無氣) 하면 정신이 고갈되고, 정신이 고갈되면 사기(邪氣)가 들어오고, 사기가 들어오면 청기(淸氣)가 흩어지고, 청기가 흩어지면 가난하지 않으면 천박하다.'라고 한다. 명리학적으로 설명이 잘되고 있으나 내용을 이해하기가 다소 어렵다. 그러나 찬찬히 숙고하여 검토하다 보면 충분히 소화할 수 있다.

① 청탁 구분

청탁(淸濁) 구분에 대해서도 구체적으로 설명하고 있는데 가령 정관격(正官格)에 신약하고 인수가 있으면 재성(財星)이 기신(忌神)이니 재성이 없으면 청하다는 것을 알 수 있다. 다만 중요한 것은 재성이 있다는 것만으로 탁(濁)으로 규정하는 것은 불가하고 반드시 정세를 살펴서 재와 관(官)이 바짝 붙어 있고, 관과 인수도 바짝 붙어 있고, 인수와 일주도 바짝 붙어 있다면 재성이 관성을 생(生)하고, 관이 인수(印綬)를 생하고, 인생

신(印生身)을 하여 인수의 원두가 오히려 장원(長遠)하여 아름다운 것이다. 이때 행운도 다시 인수 운으로 행하면 자연히 부귀가 크게 될 것이다.

또 재성이 없는 것만으로 쉽게 청하다고 하는 것도 불가하니 역시 그 정세를 살펴야 한다. 혹 인수가 무기(無氣) 하면 관성이 불통하고 혹 인수가 태왕(太旺)하면 일주가 고약(枯弱)하여 인수의 생(生) 함을 받아들이지 못한다거나 혹 관성(官星)이 일주에 바짝 붙어서 제극(制剋)을 하는데 인수(印綬)는 멀리 떨어져 있다면 일주는 관성의 피해를 먼저 받으므로 인성(印星)의 생화(生化)를 받을 수 없다. 행운에서 다시 재·관운을 만나면 가난하지 않으면 요절하여 단명하다.

또 정관격에 신왕하고 재성이 희신(喜神)이고, 인성이 기신(忌神)이고, 상관이 구신(仇神) 이라면 이때도 역시 정세를 살펴야 한다. 상관과 재성이 붙어 있고 재(財)와 관도 붙어 있고, 관성도 비견과 붙어 있다면 특별히 관성이 장애가 되지 않는다. 또 상관은 겁재를 화(化)하여 재를 생(生)하고 재는 왕(旺)한 관성을 생한다면 관의 원두(源頭)는 심장(深長)할 것이니 행운(行運)에서 다시 재관을 만날 때 명리(名利)가 양전할 것이다.

또 상관과 재성이 멀리 떨어져 있는데 반대로 관성과 바짝 붙어 있다면 재는 위력이 없을 것이므로 행운에서 다시 상관지를 만난다면 가난하지 않으면 역시 단명할 것이다. 가령 상관은 천간에 있고 재성은 지지에 있으면 반드시 천간으로 재운이 올 때 해결된다.

또 상관은 지지에 있고, 재성은 천간에 있을 때는 반드시 지지로 재운이 와야 관통된다. 혹 재관이 함께 붙어 있는데 재신이 다른 신과 합하여 변하거나 혹 한신으로부터 겁탈되었으면 반드시 세운(世運)에서 그 합신(合神)을 충파(衝破)를 하거나 그 한신(閑神)을 극제(極制) 할 때 이른바 징탁구청(懲託求請)이라 하는 것이다.

　비록 정관만으로 논하였으나 팔격(八格)이 모두 이와 같으니 결론적으로 희신은 득지(得地) 봉생(逢生) 함이 마땅하고, 일주에 바짝 붙어줘야 아름다운 것이다. 기신은 실세(失勢)하여 절지에 임하는 것이 마땅하고 일주와는 멀리 떨어져 있어야 아름다운 것이다.

<table>
<tr><td>乾命</td><td>辛己丙甲</td><td>大運</td><td>壬辛庚己戊丁</td></tr>
<tr><td></td><td>未亥寅子</td><td></td><td>申未午巳辰卯</td></tr>
</table>

　寅월 未시에 己土로 출생했다. 춘토(春土)가 亥에 앉아 있고 재관이 태왕하다. 가장 기쁜 것은 홀로 있는 인수라도 생을 만났고, 재는 지지로 내장되어 관을 생하니 인수의 원신이 오히려 왕한 것이다. 생시에서 未土가 일주의 기를 도와주고 있으니 박하지 아니하고, 다시 묘한 것은 원원유장(遠原流長)으로 연달아 생화(生化)하고 있다. 더욱 부러운 것은 운로가 어지럽지 아니한 것이다.

　아래 사주는 『사주첩경(四柱捷徑)』에 나오는 명조이다. 먼저 한번 풀어 보고 설명을 참조하면 도움이 될 것이다.

<table>
<tr><td>乾命</td><td>丙庚丁辛</td><td>大運</td><td>辛壬癸甲乙丙</td></tr>
<tr><td></td><td>子午酉卯</td><td></td><td>卯辰巳午未申</td></tr>
</table>

　丙丁火가 午에 제왕 및 건록이 되어 왕성하나 일주 또한 辛, 酉金을 만나 쇠약하지 아니하고 子午, 卯酉 상충 되지만 관살이 잘 억제되고 청기

(淸氣)가 관철하였다. 관살이 왕(旺) 하지 않고, 일주가 쇠약(衰弱)을 하지 않는 것이 어느 한자 옮길 수 없는 절묘한 배합으로 일국의 제왕이 된 청나라 건융황제(乾隆皇帝)의 사주다.

② 탁기

『적천수천미(滴天髓闡微)』에서는 '탁기(濁氣)란 말은 사주가 혼잡 된 것을 말한다. 일신은 실세하고 사기가 세력을 잡고 있으면 기(氣)의 탁이라 하고, 월령이 파손되어 다른 것으로 용신을 잡으면 격(格)의 탁(濁) 이라 한다. 관성이 왕(旺) 하면 인수가 용신인데, 이때 재성이 인수를 무너뜨리면 재탁(財濁)이 되고, 관성이 쇠약하여 재성이 희용인데 비겁이 재성을 쟁탈하면 비겁의 탁이다. 또 재가 왕성하여 겁재가 희용인데 관성이 제재하거나 겁탈하면 관(官)이 탁하게 되고, 재성이 경(輕)하여 식상이 용신인데 인수가 당권(黨權)하게 되면 인수(印綬)의 탁(濁) 이라 하고, 일간이 신강(身强) 하면 이를 통제하기 위해선 관성(官星)이 필요한데 식상이 득세하면 오히려 식상(食傷)이 탁하게 하는 것이다. 이상과 같이 그 소용(所用)대로 분류하여 그 명리의 득실(得失)과 육친(六親)의 길흉을 단정하면 맞지 않는 법이 없다.'라고 설명을 하고 있다.

이와 같은 내용을 숙지하고 이해하여 자유롭게 활용하여야 한다.

乾命　己丙己癸　　　癸甲乙丙丁戊
　　　丑午未亥　　　丑寅卯辰巳午

일간 丙火가 소서지절(小暑之節)에 태어나 일지에 午火를 두고 합을 하고 있으니 원래는 왕으로 논해야 하나, 때가 未月 계하(季夏)로 화기는 쇠퇴하여지고 상관이 중첩하여 설기하고 있어 신약으로 판명이 된다. 특히 丑은 습토(濕土)이므로 능히 불빛을 가리니 탁기(濁氣)가 당권(當權)하고 청기(淸氣)는 실세(失勢)하였다. 그러다 보니 火土운 30년은 기복이 다단하였지만, 乙卯, 甲寅운은 많은 土를 극하고 일주를 생부하게 되니 탁기가 해소(解消)되어서 하는 일에 큰 성취를 이루었다.

乾命　乙己甲辛　　　　大運　　戊己庚辛壬癸
　　　丑未午亥　　　　　　　　子丑寅卯辰巳

午월 丑시에 태어난 己土 일주다. 지지가 대부분 火土이고 午月 출생의 己土이므로 일간이 신왕(身旺)하다. 고로 관살이 용신이나 午火가 목기(木氣)를 누출시키고, 辛金이 파극(破剋)하여 사주가 탁하게 되었다. 그러나 년지의 亥水가 용신으로 辛金을 누출시키고 甲木을 생조하여 탁한 중에도 일점 청기가 남아 있다. 고로 辛卯 대운에 말단직으로 출사하여 庚寅 대운에 사무관까지 승진할 수 있었던 사주이다.

(2) 해역

명조 분석을 하면서 청탁(淸濁)을 쉽게 구분할 수가 있다면 상당한 실력자이다. 그러다 보니 사주 간명을 함에 있어 청탁을 구분하기가 모호하고 어렵다. 또 다른 방면으론 아예 구분할 필요도 없는 경우가 생긴다.

예를 들어 좋은 팔자를 타고 나서 특별한 삶을 사는 사람들도 삶의 굴곡이 있다. 이를 어떻게 행·불행으로 구분을 짓는가 하는 점이다. 즉 돈이 많아도 몸이 아파 고생을 하는 경우가 있고, 돈도 많고 몸도 건강한데 자식이 불효한 짓을 한다든지 또 돈과 명예와 건강을 다 가지고 있는요데도 스스로 사유(思惟)의 구속을 당하는 경우와 같이 세상을 다 가져도 불행하다고 느끼면 그런 경우에는 행복한 삶을 산다고 볼 수가 있을까 하는 점이다. 명조에는 이런 경우 어떻게 나타나는지 어떤 경우에 또 알 수가 있는지 등 쉽게 구분하기가 어렵다.

아래 사주를 간명하면서 먼저 누구의 사주라고 생각하지 말고 이런 여러 관련된 일들을 생각하면서 간명을 해 보기 바란다. 이 사주 주인공이 꼭 그렇다고 볼 수 있는 것은 아니고 명조 분석과정에서 엮었다.

| 乾命 | 乙丁丁壬 | 大運 | 乙甲癸壬辛庚己戊 |
| | 巳未未午 | | 卯寅丑子亥戌酉申 |

『사주실록(四柱實錄)』[133]에서 간명하기를 '巳午未 남방국을 모두 갖춘 丁火 일주니 염상격(炎上格)으로 간명을 하게 된다. 庚戌과 辛亥 대운은 화세(火勢)를 거슬리지 않아서 정조 임금 밑에서는 잘 나갔다가, 壬子, 癸亥 대운에는 화세(火勢)를 극하는 운세라 18년여를 유배 생활을 하였다. 유배 생활 중에서도 5백여 권이나 되는 방대한 저술을 한 것은 염상격으로 火는 문명(文明)이라 그런 것 같다'라는 설명을 하고 있다.

일반적 논법으로 약설하게 되면 소서(小暑)지절에 지지가 巳午未 화국(火局)을 하고 있으니 화기가 태왕하다. 이를 극하는 壬水를 용신으로 잡

---

133) 류래웅 著,『사주실록(實錄)』, 도서출판 태을, 2015.

　　　　　　　　　　　　　　　　　　　　　잡론요결

고, 火土가 기신(忌神)이 되며, 金水운에 발복을 한다. 고 설명을 할 수도 있고, 또 종왕격(從旺格)으로 정하여 火土운에 발복을 받고 金水운에 흉 운이 된다고도 간명을 할 수도 있을 것이다.

이같이 특별격으로 보면 많은 화기(火氣)가 오히려 청기(淸氣)가 되어 귀인이 될 명운을 가졌다고 볼 수가 있지만, 일반격으로 보면 화기가 태 왕한데 이를 제하는 년간 壬水가 巳중 庚金의 보호를 옳게 받지도 못하면 서 월간 丁火와 합탐망극(合貪亡剋)이 되어 천격(賤格)이 될 수가 있는 경 우이다.

＊＊＊＊＊＊

사주 주인공은 다산(茶山) 정약용(丁若鏞) 선생[134]의 명조다. 과연 정약 용 선생의 삶은 행복한 삶을 살았다고 할 수 있을까, 그렇지 않으면 불행 한 삶을 살았다고 할 수 있을까? 그 기준은 어디에 두며 가치를 어떻게 정 하고, 삶의 무게를 어떻게 볼 것인가 하는 점이다.

즉 개인의 성취감으로 볼 것인가, 사회에 봉사하고 국가에 충성하는 데 둘 것인가, 가문의 영광이나 이름을 후세에 남겨서 귀인의 삶을 살았다고 볼 것인가, 사주의 청탁을 정하는 기준을 어디에 둘 것인가? 일반적인 삶 을 사는 사람들이야 삶 자체에 무게를 두겠지만 종교인, 정치인, 사회사업 가, 철학자 등 특별한 삶을 사는 사람들의 삶의 기준을 정하기가 어려운

---

134) 丁若鏞(1762~1836년), 조선 후기의 문신이자 실학자, 본관은 나주, 아명은 귀농, 호
　　는 다산, 시호는 문도(文度), 많을 저서를 남겼고 천주교와 인연을 맺어 박 해를 당
　　하였다.

경우와 같이 청탁의 구분도 사실은 정하기가 어려운 것이다.

인생사 지나는 길에 나는 누구이며 무엇을 하고 살았는가? 삶의 목적은 어디에 두는가? 한 번쯤 생각도 들고 해서 적어 보았다.

3) 정신기(精神氣)

정신기(精神氣) 삼자도 간명에 앞서 중요하게 참조할 용법이라고 고서에서는 말하고 있다. 그러나 간명을 할 때 정신기 삼자(三字)를 등한시하는 경우가 많지 이를 일일이 논하는 경우는 드물다. 그 이유는 일반적으로 파격(破格)을 당한 사주를 간명하다 보니 굳이 정신기를 찾을 필요를 느끼지 못하기 때문이기도 할 것이다.

다만 명조를 간명(看命)하는 입장에서는 생극제화(生剋制化)도 중요하지만, 정신기를 일목요연하게 찾을 수 있다면 팔자의 등급을 쉽게 정할 수 있고 운세(運勢) 또한 정확히 간명할 수가 있기 때문이다. 그러므로 이를 소홀히 취급하지 말고 관심을 가져야 하고 학설을 이해할 필요는 분명 있다.

(1) 고전탐방

『적천수천미(滴天髓闡微)』에서는 정신기가 무엇인가에 대해 잘 설명을 하고 있다. 즉 '정(精)이란 나를 생(生) 하는 신이요, 신(神)이란 나를 극(極) 하는 물이며, 기(氣)는 본기(本氣)가 족함을 말한다. 정이 만족하면 기가 왕성하고 기가 왕성하면 신(日干)이 왕(旺) 한 것이다. 서로 유통하고 생화(生化)하여 득하고 손익이 적당하여 중화를 지키면 정신기(精神

氣) 세 가지가 모두 갖추어지는 것이다.'라고 설명을 하고 있다. 또 한 예를 들어 이해를 쉽게 하고 있다.

乾命　戊丙甲癸　　　　大運　　武己庚辛壬癸
　　　戊寅子酉　　　　　　　　午未申酉戌亥

甲木이 정(精)인데 약한 木이 水를 득하여 번성할 수 있게 되었고, 지지에 寅의 녹을 만났으니 정이 만족하다. 또 戊土가 신(神)인데 앉은 자리의 戌에 통근하고 있으며 寅戌로 반합하고 있으니 신왕하다. 관(官)은 인(印)을 생하고 인은 신(身)을 생하고 있으며, 일주가 좌하에 寅 장생을 놓고 있으니 기(氣)가 잘 유통하고 있다.

(2) 해역

① 간명의 허실

위의 설명을 공박하고자 하는 것은 결코 아니고 연구 차원에서 검토하여 보자. 첫째 '동지섣달에 태어난 丙火가 신약하니 木火가 용신이고 金水가 기신이다. 대운이 水金으로 왔는데 어찌 복록을 누렸는가 하는 점과 둘째는 동지섣달에 태어났으니 조후(調候)로 간명을 하면 그 또한 木火를 용신으로 삼아야 하는 것이 아닌가? 다만 년지에서 출발한 명조가 원원유장이 되고 있으니 청격(淸格)으로 간명을 할 수가 있다. 그러므로 복록을 받은 명조이다고 설명을 한다면 할 말은 없지만, 이같이 명조 설명의 진위를 두고 다른 논리를 주장할 수가 있다.

그러나 설명한 대로 받아들이면 되지 괜스레 간명에 의문을 두게 되면 설명한 내용을 숙지도 못하면서 비판하는 기술만 배우는 우(愚)를 범하게 되고, 그러다 보면 학문의 발전은 요원하게 된다는 논자(論者)도 있다.

그러나 그것은 그들만의 주장으로 간주하면 된다. 여러 방법을 채택하여 연구하는 자세를 가져야 한다. 그렇게 하다 보면 자기도 모르게 명조를 보는 순간 간명 방법이 스스로 선택되기 때문이다. 물론 세월이 흘러 일정한 경지에 오르게 되면 저절로 간명의 오류가 보이게 되는 것은 염두에 두고 한 말일 것이지만 다 그렇게 되지 않는다. 참고할 말이다.

② 정신기와 중화

명조를 간명함에 있어서 일주의 강약과 격국과 용신 그리고 체상(體相)을 중요하게 생각하게 된다. 다만 일간에게만 정신기가 있는 것은 아니고 오행의 각각에 체용(體用)을 적용하고 있으므로 많으면 덜어 내고 부족하면 더해 줘야 하는 것이 중용(中庸)의 이치이다.

그러므로 반드시 유통 생화를 득하고 손익이 적당하여 중화(中和)를 지키면 정·신·기 세 가지가 모두 갖추어지는 것이다. 가령 土가 사계절에 생하여 사주에 土가 많고 木이 없는데 천간에 庚辛金이고 지지에 申酉金이면 이는 이른바 속에서 발하여 겉으로 드러나는 것이니 정은 족하고 신은 안정될 것이다. 또 가령 토다금매(土多金埋)에서 혹 천간에 甲乙이 투출하고 지지의 寅卯에 통근하고 있으면 이는 이른바 겉으로는 드러나고 표현되는 것이니 신은 만족하고 정은 안정될 것이다. 다른 오행도 모두 이같이 설명할 수 있다.

乾命　己丙癸辛　　　　大運　　丁戊己庚辛壬
　　　亥寅巳酉　　　　　　　　亥子丑寅卯辰

丙火가 巳월에 태어나 월령을 얻었고, 寅이 亥와 癸水의 생을 받아 정 또한 왕하여 재관을 충분히 감당할 수가 있다. 월상의 癸水가 정관으로 시지에 亥수와 辛酉의 생을 받으니 신 또한 왕성하다. 정신기(精神氣)가 모두 건왕(健旺) 하니 귀명(貴命)임을 나타내고 있다. 독립운동가인 손병희 선생의 명조이다.

특히 '사주가 좋아지려면 정신기(精神氣) 삼자가 충족되어야 한다. 정 (精)이란 일간을 생(生) 하는 육신을 말하고, 신(神)이란 일간을 극(剋) 하거나 설하는 (식상, 재성, 관성) 육신을 말하며, 기(氣)란 일간과 동기인 비견 또는 겁재를 말한다. 이 정신기 삼자가 충족하면 자연히 사주도 중화되기 마련이다.'[135]라는 설명을 곁들이고 있다. 그리고 아래 사주를 예로 들고 있다.

乾命　庚己庚丁　　　　大運　　甲乙丙丁戊己
　　　午巳戌亥　　　　　　　　辰巳午未申酉

이 사주는 土金 상관격으로서 戌월의 여기는 辛金이고 중기는 丁火이고 정기는 戊土이다. 午戌이 삼합하여 火가 되고 일지가 巳火이므로 정

(精)이 극히 왕성하다. 그러나 戌월은 가을철이니 金이 왕성하며 戌의 여기가 辛金이다. 亥중 甲木이 장생지에 있으니 신(神) 또한 강하다.

戌의 정기가 戊土이고 巳午 지지의 장간(藏干)에 戊己土가 있어 기(氣) 또한 충족하다. 고로 정신기가 왕성하다. 이명조는 중국의 장개석 총통의 사주다.

4) 기(氣)와 정(情)

명조의 풀이를 이야기할 때마다 여러 논리와 논법 중에서 중요하게 설하고 있는 것 중의 하나가 유기(有氣)와 무기(無氣), 유정(有情)과 무정(無情)에 관련해서 간명(看命)을 정하는 일이다. 그러나 이런 중요한 사항을 가볍게 생각하거나 무시하고 지나치는 경우가 많다. 『옥정오결(玉井奧訣)』에서는 '조화의 이치를 살필 때는 일주로 하여 좌하의 지신을 살펴야 하는데 천간으로 지지를 배합하여 유기(有氣)와 무기(無氣)를 살펴야 한다'라고 했다. 유기(有氣)와 유정(有情)은 일반적으로 용신의 용법을 이야기할 때 인용을 하고 있지만, 사주에 나타난 오행과 연관을 지어 간명을 할 수가 있어야 한다.

(1) 유기와 유정

① 고전탐방

고가결(古歌訣)에서는 '유기(有氣)한 사주는 급(急)하고, 유정한 사주는 절(切)한다. 유기는 십이궁(十二宮)을 따라 논하고, 유정은 생극회합(生剋會合)에 따라 논한다. 예를 들어 甲乙木이 지지가 寅卯辰이나 亥卯未이면 유근(有根) 되었다 하고, 장생, 목욕, 관대, 임관, 왕(旺), 쇠(衰), 묘(墓)이면 유기(有氣)라 한다. 이것은 근(根)은 형(形)이 있는 것이고, 기(氣)는 형이 없는 것에 속하기 때문이다. 예를 들어, 甲子와 乙丑은 木이 목욕지(沐浴地)와 관대지에 이르니 비록 무근하나 유기라고 한다.' 대개 천간(天干)은 천간이 생해 주는 것을 기뻐하고, 지지(地支)는 지지가 생(生) 해 주는 것을 기뻐한다. 생을 기뻐하는데 생 되고, 극을 기뻐하는데 극이 되면 모두 유정(有情)이라 한다.

甲午는 木의 사지(死地) 이나 甲己가 상합(相合) 하면 유정하다. 壬辰은 수고(水庫)이니, 水의 근원을 거둬들여 강호(江湖)와 같고, 壬戌은 높은 산등성이에 있는 水이니 산골짜기의 시냇물과 같아 묘지에 앉아 있으나 유정하다. 壬午는 水가 남방에 들어가니 범람하지 않고, 壬丁이 상하로 합하니 쇠지에 있으나 유정하다. 희용(喜用)은 일원과 상합 하면 용신이 기뻐하니 유정(有情)이라 한다.

② 해역

위의 설명에서 유근(有根)은 쉽게 알 수가 있는데 유기나 유정은 이해하기가 쉬운 것 같아도 난해하여 이해하기가 어렵다. 유기(有氣)와 유정(有情) 등은 용신과 육친으로 구분하고 있지만, 유근(有根) 등을 넣어 설명하기 때문에 헷갈리는 수가 많다. 유기(有氣)는 일반적으로 육친(六親)이 12운성으로 생지(生地)나 욕대(浴帶)지, 관왕(官旺)과 쇠지(衰地)에 있으면 유기라 하고 하물며 묘(墓)지에 있어도 유기(有氣)하다 한다.

유정(有情)은 용신(用神)이 일주와 가까이 있으면서 형충파해(刑沖破害)를 당하지 않으면 유정하다고 하는데 이렇게 되면 관록과 명예를 얻을 수 있을 뿐만 아니라 육친(六親)과도 유대관계가 돈독하고 따뜻한 정을 나누고 있다고 본다.

乾命　丁己辛丁　　　大運　乙丙丁戊己庚

　　　卯未亥巳　　　　　　　巳午未申酉戌

亥月에 卯시에 태어난 己土가 신강한 것 같아도 亥卯未 목국으로 인해 신약(身弱)하게 되었고, 亥월이라 조후(調候)가 필요한데 다행히 천상의 丁火를 용신으로 삼으니 아름답다. 년간 丁火는 巳火의 왕지에 유근하고 시지 丁火는 卯의 생을 받고 있으니 호명이다. 더욱이 용신인 丁火가 일간 가까이서 돕고, 기신인 亥水가 亥卯로 합하고 巳중의 戊土의 제재를 받고 있으니 사주가 유정하다. 운 또한 장년기에 용신 운이 들어와 크게 발관(發官)한 김정열 국무총리의 명조이다.

(2) 무기와 무정

무기(無氣)와 무정(無情)도 일반적으로 일간의 용신(用神)의 용법을 이야기할 때 인용을 하고 있지만, 사주에 나타난 오행 모두를 두고도 충분히 설명되어야 한다.

① 고전탐방

계선편(繼善編)에서는 '천간(天干)은 천간이 생(生) 해 주는 것을 기뻐하고, 지지(地支)는 지지가 생해 주는 것을 기뻐한다. 그러나 생을 기뻐하는데 극이 되고, 극을 기뻐하는데 생이 되면 모두 무정(無情)이라 한다.

예를 들어 甲戌의 戌土는 火의 고장지(庫藏地)로 뿌리가 메마르니 가지와 잎이 시든다. 그러기 때문에 무정하다고 한다. 乙木이 오궁(午宮)에 앉아 있으면 장생지(長生地)로 기산지문(氣散之文)이라 한다, 또 무기(無氣)가 있으니 甲申, 乙酉는 모두 나를 극하기 때문에 무기에 속한다. 또 甲子는 비록 나를 생(生)하고 있으나 무정하다.' 이것은 북방의 한기가 심하고 생의 기미가 질식되어 막히기 때문으로 설명을 하고 있다.

② 해역

길신(吉神)이 유기(有氣)하면 발복을 받는 것이지만, 흉신(凶神)이 유기하면 화액(禍厄)이 따른다. 길신(吉神)이 와서 합하면 유정(有情)이라 하고, 기신(忌神)이 와서 합하면 무정(無情)이라고 한다.

원주에 있는 유·무정은 평생 그 영향을 받게 되지만, 그러나 행운에 의해 해소되거나 더욱 강한 길흉이 생겼다가 소멸(消滅)이 되는 경우가 있다. 특히 기(氣)와 정(情), 급과 절은 형체가 없다. 따라서 문자로는 모두 설명할 수 없으니 스스로 연구하고 터득해야 한다.

처음 사주를 배워서 한두 명조(命造)를 간명하고 정확한 답을 얻을 경우가 있는데 이럴 때는 천지를 다 얻은 것같이 희열이 온몸을 감싸기도 하지만, 시간이 지날수록 암담해지는 경우가 생긴다. 더욱이 머리가 아프고 심란해지는 것이 이런 유기와 무기 그리고 유·무정을 알 만할 때다. 알 것도 같은데 이해를 도통 못하게 되는 경우가 종종 있게 된다. 이것도 통변(通辯)을 잘하기 위한 한 방법인 만큼 노력이 필요하다.

乾命　乙辛庚甲　　　大運　　丙乙甲癸壬辛

　　　未巳午寅　　　　　　　子亥戌酉申未

　관다신약(官多身弱) 사주가 되어 있다. 칠살(七殺) 관이 왕성하게 일간을 극하고 있으나 인수(印綬)가 없어 관인상생이 되지 않고 상관성이 없어 관을 다스리지 못하니 무정하다.

　년주 甲寅은 정재로서 능력 있는 좋은 처(妻)로 일간을 돕는다는 것이 오히려 기신을 돕고 있으니 정처(正妻)의 역할을 하고자 하지만 무정하다. 그러다 보니 처와는 인연이 박하다. 시주 乙木이 재혼한 처로 巳午未 방합으로 인연이 있어 유정하나 그 또한 백호살에 돕다 보니 흉화를 걱정해야 하고, 더욱이 乙庚 합에다 午未로 합하고 있으니 처가 곁방에 잠자리 마련한다.

坤命　丁辛壬丙　　　大運　　丙丁戊己庚辛

　　　酉亥辰申　　　　　　　戌亥子丑寅卯

　일간 辛金에 丙火가 남편별이다. 辰월 봄날에 태어났으니 그 기운이 온 사방을 화사하게 비출 것이지만 월간 壬水와 충을 하고, 申金 병지(病支)에 앉아 있어 뿌리가 되지 못하고 있으므로 의지할 때가 없다 보니 무정하기 이를 데 없다. 그러다 보니 丙火가 수마(水魔)에 희생을 당하였고, 그 뒤 丁火와 재혼하였으나 그 또한 무정하여 이혼하는 아픔을 겪었다.

　　　　　　　　　　　　　　　　　　　　잡론요결

5) 유근(有根)과 무근(無根)

팔자 간명에 있어 일정한 논리와 논법이 적용된다. 그 어떤 것도 중요한 것이 아닌 것이 있겠는가만, 이 유근(有根)과 무근(無根)은 굉장히 중요하다. 그 이유는 부억(扶抑) 논리에서 일간의 신강(身强)과 신약을 판정하는 데 무엇보다도 기준으로 삼기도 하기 때문이다.

(1) 고전탐방

신강신약론(身强身弱論)에 유근(有根)과 무근의 효험에 관해 설명한 문구가 있어 참고로 한 대목을 예로 들었다.

陰水無根, 火鄕有貴, 陽水無根, 火鄕則畏, 丁酉陰柔, 不留多火,
음수무근　화향유귀　양수무근　화향칙외　정유음유　불유다화

比肩透露, 格中返忌, 戊寅日主, 何秋殺旺, 露火成名, 水來漂蕩.
비견투로　격중반기　무인일주　하추살왕　노화성명　수래표탕

陰水가 무근하면 火의 방향이 귀하게 되고, 陽水가 무근하면 火 방향을 두려워한다. 丁酉 일주는 음유한 것이니 火가 많이 머물지 말 것인데 비견이 격에 투출됨을 기피한다. 戊寅 일주는 어찌 살이 왕성함을 꺼리는가, 화신이 노출되면 이름을 얻을 것이지만 수기가 도래하면 방탕하고 떠돌이 인생이 될 것이다.

또 기명종살론(棄命從殺論)에도 유근(有根)과 무근(無根)의 효험에 관해 설명한 대목이 있다. 다음은 한 예를 들었으니 참조하면 도움이 될 것이다.

甲乙無根, 怕逢申酉, 殺合逢之, 雙目必朽, 甲木無根, 生於丑月,
갑 을 무 근　파 봉 신 유　살 합 봉 지　쌍 목 필 후　갑 목 무 근　생 어 축 월

水多轉貴, 金多則折, 乙木酉月, 見水爲奇, 有根丑絶, 無根寅危,
수 다 전 귀　금 다 칙 절　을 목 유 월　견 수 위 기　유 근 축 절　무 근 인 위

乙木坐酉, 庚丁透露, 二庫歸根, 孤神得失.
을 목 좌 유　경 정 투 로　이 고 귀 근　고 신 득 실

甲乙의 木이 무근하면 申酉의 金을 꺼리는데 칠살을 합하여 만나게 되면 쌍으로 못쓰게 될 것이다. 甲木이 무근하고 丑月에 생하면 水가 많으면 귀하고 金이 많게 되면 요절한다. 乙木이 酉月에 水를 보아야 기이하고, 유근하면 丑土가 끊어지고 무근하면 寅木이 위험하다. 乙木이 酉金에 앉아 있고 庚丁이 투출되었으면 두 고장지에 돌아온 것과 같으니 신(神)은 외롭고 실의에 빠질 것이다.

(2) 해역

『명리약언(命理約言)』에서도 일점 논한 바가 있다. 즉 '간명의 대법은 생극부억(生剋扶抑)에 불과할 뿐이다. 사주를 나열하면 먼저 일간이 어떠한 오행인가를 살펴보고 다시 월지가 혹 나를 생(生) 하는가 나를 극(剋)하는가 또 내가 생하고 있는지 내가 극하고 있는지를 살펴본다.'라고 한 말은 곧 억부를 알아보기 위한 논법이다.

유근(有根)과 무근을 알아보기 위한 것도 이같이 억부(抑扶) 논리와 깊은 연관성을 가지고 있는 것이고, 이의 영향은 일간뿐 아니라 천간에 투출(投出) 오행 모두에 적용되고 있는데 우선순위를 검토하여 보면, 먼저 아래와 같이 유·무근의 강약의 우선순위로 판정한다. 즉 양간(陽干)을 위주로 하되 방합(方合)과 삼합(三合)에는 유근하다. 다만 甲子와 같은 경우에는 甲木이 子水의 생의 도움은 받는 것이지 뿌리가 있는 것은 아니다. 그러므로 무근(無根)한 것이다.

◇ 강약의 우선순위

甲乙 木은 卯寅亥辰未에 유근하고

丙丁 火는 午巳寅未戌에 유근하고

戊己 土는 午巳未戌辰丑에 유근하고

庚辛 金은 酉申戌丑巳에 유근하고

壬癸 水는 子亥申丑辰에 유근하다.

둘째는 위와 같이 지지에 유근하더라도 사주의 위치에 따라 강약의 우선순위가 다르다는 것이다. 즉 월지(月支)에 유근하면 제강이라 하여 가장 왕하고, 일지, 시지, 년지 순으로 강약을 정하고 있다. 셋째는 12운성의 논리를 적절하게 적용하여야 한다. 즉 월지에 유근하였더라도 오행의 강약이 조금 달라진다는 것이다.

예를 들어 일간이 甲木이라면 월지에 寅卯가 있으면 건록(建祿)과 제왕지(帝旺地)에 적용을 받으니 왕하고, 亥는 장생지(長生地)이니 다음이고, 辰土는 쇠지(衰地)이니 그다음이다. 未 토가 있으면 유근하나 고장지(庫

藏地)에 들어가 활동이 멈추므로 약하다고 판정하는 것이다.

넷째는 삼합(三合)의 생왕고지(生旺庫地)를 참조한다. 예를 들어 甲木이라면 목국(木局)인 亥卯未 삼합의 왕지인 卯木이 가장 왕하고, 다음은 생지인 亥水이며, 다음은 고장지인 未土로 적용한다.

이외에도 진기(進氣)와 퇴기(退氣)를 말하고 있는데, 12운성으로 장생(長生)부터 건록(建祿)에 이르면 진기이고, 왕(旺)부터 묘(墓)에 이르면 퇴기가 된다.

←   進氣   → ←   退氣   → ← 藏 →

생 - 목욕 - 관대 - 건록 - 제왕 - 쇠 - 병 - 사 - 묘 - 절 - 태 - 양

사주 간명에는 중요한 사항인 만큼 이런 점도 참조할 필요가 있다. 더불어 일부 논자들은 다가오는 운은 진기고 지나간 운은 퇴기로도 보는 경향도 있으니 이런 점도 감안(勘案)하면 착오가 없을 것이다. 근간에는 사주 간명에 있어 시대의 변천에서 오는 관점의 차이와 방법의 선택 등으로 인해 해석의 오류로 많은 시행착오를 겪고 있는 형편이지만, 어떤 논리와 논법을 적용하더라도 사실에 부합해야 한다.

乾命　辛庚癸癸　　　大運　　乙丙丁戊己庚辛壬
　　　巳申亥巳　　　　　　　卯辰巳午未申酉戌

억부 논리에 적용하면 일간 庚金은 신약하므로 인비(印比)가 용신인데, 초운의 金土운은 부모덕으로 부귀한 가정에 태어나 풍족하게 살면서 호

강하였고, 외국 유학에다 유식하고 학식도 높아 박애주의로 민족을 지도할 집념이 있었다. 59세 丁運에 총리가 되었는데 이는 수기를 제한 공으로 가능하였고, 辰土운에 들어서는 한습(寒濕) 하다 보니 길운이 없어 부귀공명도 한순간의 춘몽(春夢)이었다. 장택상 총리의 명조이다.

6) 동정(動靜)

학문을 연구하는 학자들 간에는 자기만의 학문적 주관을 가지고 있다. 그러다 보니 외고집과 자존감이 많은 것은 물론 때론 근시안적 사고로 학술적으로 평가하려는 경향이 많은 것 같다. 특히 동양철학을 연구하는 일부 사람들에게는 이런 경우가 좀 심한 편에 들고 있는지도 모르겠다.

일례를 들어 주역(周易)을 말하면서 자기는 순수 동양철학을 하고, 명리학을 공부하는 사람들은 미신(迷信)을 신봉하는 얼치기 철학자라고, 경멸하듯이 하는 말을 들은 일이 있는데, 신문이나 방송을 통하여 논박하는 경우엔 설명할 기회도 없이 그대로 매도당하곤 한다. 이것은 일부 역학자들의 잘못된 행동에서 나타난 자업자득도 있겠지만, 그러나 실상 그렇게 말하는 사람들을 보면 소양(素養) 부족과 전문지식을 알지 못하면서 자기만 옳다는 외고집의 만용이랄 수 있는 것이다.

학문에는 높고 낮음이나 우선순위가 없다. 더욱이 철학(哲學)은 더욱 그렇다. 배우고 익혀 즐거움을 찾고 이를 인간 삶에 도움을 주고자 하는데, 무슨 제약이 필요하겠는가. 오직 정도를 걷는 학인들에게 해당하는 말이지만 말이다.

(1) 고전탐방

동정(動靜)의 어원을 찾아보면『주역(周易)』「계사전(繫辭傳)」을 참고할 수 있는데 그 기에는 다음과 같이 설명을 하고 있다.

天尊地卑, 乾坤定矣, 卑高以陣, 貴賤位矣, 動靜有常, 剛柔斷矣,
천존지비   건곤정의   비고이진   귀천위의   동정유상   강유단의

方以類聚, 物以羣分, 吉凶生矣, 在天成象, 在地成形, 變化見矣.
방이류취   물이군분   길흉생의   재천성상   재지성형   변화견의

'하늘은 높고 땅은 낮으니 건곤(乾坤)이 정하고, 낮고 높음으로써 베풀어지니 귀천(貴賤)이 자리하고, 움직이고(動) 고요함(靜)이 행하게 되면 강하고 부드러움이 판단되고, 사물의 성질별로 모으고 물건으로써 무리를 나누니 길흉(吉凶)이 생하고, 하늘에서는 상(象)을 이루고 땅에서는 형(形)을 이루니 변화가 나타나는 것이다.'

위 설명은 "공자의 우주관과 사물을 판단하고 있는데, 이는 천지자연의 이치를 설명한 것이다. 곧 '천존지비(天尊之卑) 건곤정의(乾坤定矣)'를 설명한 대목은 하늘과 땅 사이에는 인간이 존재하는데 건(乾)은 남자요 양(陽)이고, 곤(坤)은 여자요 음(陰)이라는 설명이다. '비고이진(卑高以陣) 귀천위의(貴賤位矣)' 라 그 음양의 높고 낮음에 따라 귀천이 정하여진다. '동정유상(動靜有常) 강유단의(剛柔斷矣)'는 우주에 존재하는 모든 물체는 움직이고 있으면서 정지하고, 정지하고 있으면서 움직이는 활동을 하고 있다."라는 것이다.

그 강하고 부드러움을 판별하는데 어떻게 '방이유취(方以類聚) 물이군
분(物以羣分)'이라 하니 즉 모이고 흩어지는 활동을 하는 것에서 길흉이
생기는 것이다. 그러므로 '재천성상(在天成象) 재지성형(在地成形)'이라,
즉 하늘에는 형이상학으로 상을 이루고 땅에는 형이하학으로 형을 이루
고 있다. '변화견의(變化見矣)'라, 즉 이런 일들이 반복 윤회함으로써 변화
가 이루어지며 인간의 조화가 나타난다고 하고 있다.

이것이 곧『주역(周易)』에서의 동정(動靜)에 관한 논리적 설명이다.

(2) 해역

사주 구성의 근거와 변화의 사유(事由)에는『주역(周易)』의 논리가 많
이 함축된 것을 볼 수 있다. 즉 동정론(動靜論)에서도 관련된 내용이 위
의 논리가 인용되어 나타나고 있다. 일례로『자평진전(子平眞詮)』에서는
'천지에는 하나의 기(氣)가 있을 따름이다. 하나의 기가 동(動)과 정(靜)이
있어서 음양(陰陽)으로 나뉘는 것이다.'라고 하고 있다.

명(命)을 말하면서도 '명에는 천간(天干)과 지지에 희신과 기신이 있는
데 천간은 하늘을 대표하니 동적이고, 지지는 땅을 대표하니 정적이라 천
간에 의해 쓰일 때를 기다린다.' 하여 동정에 관해 설명하는 것을 참조하
여 보게 되면 위의 내용이 역에 접목이 되고 있음을 알 수가 있다.

이런 내용이 사주에 구체적으로 접목되어서는 더욱 전문화되어 인용되
고 있는데 예를 들어 '천간은 오행이 한가지로 일정하게 지정되어 있지만,
지지는 지장간(地藏干)에 여러 천간 지지가 포함되어 있어 어떤 지장간은
복(福)이 되고 어떤 지장간은 화(禍)가 되니 천간과 지지는 이렇게 다른
점이 있다. 즉 甲 일주에 酉의 정관을 쓰는데 庚과 辛을 만나면 곧 관살혼

잡(官殺混雜)이 된다. 그러나 지지에 申은 辛이 왕(旺) 해지는 지지이니 辛이 申酉를 지지에 깔고 있으면 이것은 부(府)의 관리가 임명장을 가진 것과 같다. 두 개의 辛을 만나면 중관(重官)을 범한 것이 된다. 그러나 두 개의 酉를 만난 것은 하나의 부에서 두 곳의 군(群)을 다스림과 같으니 중관으로 보지 않는다. 이때 丁이 투출하면 상관(傷官)이 되지만, 지지에 午가 있는 것은 상관으로 논하지 않는다. 이는 丁은 동적(動的)이고 午는 정적(靜的)인 까닭이다. 또 午는 그 안에 丁火와 己土를 지니고 있는데, 己土가 재성이라서 정관을 생(生) 하는 점도 있겠다.'라는 내용으로 사주에 인용되고 있다.

특히 이런 원리를 분명히 설명한 대목도 참고해 볼 수가 있는데『명리요강(命理要綱)』에서는 고서를 인용하여 '역에서 말하기를 근본이 하늘에 있는 천간은 천간끼리 친정하고 땅에 있는 지지는 지지끼리 친정하니 각각 좇아야 한다.'[136)]라는 설명이다. 즉 사주 천간에 투출한 자는 동(動)으로 보고 지지는 정(靜)으로 보며 지장간에 있는 인원도 정이 된다. 천간 지지 사이의 상극관계도 이 동정의 상태를 따라 강약의 차이와 상극관계를 나타내고 있다.

재론하면 주중 천간(天干)에 있는 甲木은 천간에 있는 戊土나 운로(運路)에 나타나 있는 戊土는 쉽게 극제 할 수 있지만, 지지(地支)의 辰이나 戌 중에 숨어 있는 戊土는 극할 수 없다. 또 사주 지지에 암장된 庚金은 지지에 암장된 甲木을 극할 수 있지만, 천간에 투출해 있는 甲木이나 운로(運路)에 있는 천간 甲木을 극할 수 없다.

---

136) '易曰 本乎天者는 親上하고, 本乎地者는 親下하니 皆各從其類也.'

이런 내용은 동정의 이론이 실관(實官)을 함에 있어 천간과 지지와 지장간(支藏干)의 역할 구분을 확실하게 만들고 있다. 『자평진전평주(子平眞詮評註)』에서는 '지지는 충(沖)해도 동하고 회(會) 해도 동한다. 동하면 화복(禍福)이 나타난다. 예를 들면 甲이 酉의 정관을 쓰고 천간에 辛金이 투출 했다면 비록 지지에 午火가 있을지라도 정관을 상하게 하기에는 역부족이다. 그런데 운에서 寅戌이 와서 화국(火局)이 되면 火가 동하여 정관을 상하게 할 수 있다. 甲이 申의 칠살을 격으로 하는데 천간에 庚이 투출하고 지지에 午가 있다면 제살(制殺) 하는 역량이 부족하다. 운에서 寅이나 戌이 와서 火가 회국(會局) 하면 火가 동하여 능히 제살을 할 수 있다. 그러나 이상의 설명은 천간과 지지가 멀리 떨어져 있는 경우이고, 만약 辛金이 천간에 투출하지 않고 酉와 午가 바짝 붙어 있다면 정관은 상하게 된다. 지지는 각자 자기의 범위를 지키고 있으므로 동하지 않으면 힘을 드러내지 못한다. 이것은 천간이 동하는 속성이 있어서 역량을 드러내는 것과 다른 점이다.'라는 설명이다.

乾命	甲丁乙丁	大運	己庚辛壬癸甲
	辰酉巳亥		亥子丑寅卯辰

재격패인(財格佩印)이다. 巳酉가 합하여 재로 화하고 甲乙이 천간에 투출했다. 재와 인수가 서로 장애가 되지 않는다. 辛丑운에 酉의 辛金이 투출 하는데 辛金은 유약한 金이므로 甲木을 상하지 못하고, 巳酉丑 삼합으로 金局이 되니 재무관의 벼슬을 했다. 이것은 회국하여 동한 것으로 동하면 화복이 드러나는 것이다. 庚운에 甲木을 극하고 乙木을 합거하니 두

개의 인성이 모두 사라져 암살당했다.

『적천수(滴天髓)』에서도 위의 논리를 많이 활용하고 있는데, 감리(坎離) 편을 보면『주역(周易)』에서 말하는 수화기제(水火既濟)와 수화미제(水火未濟)를 설명한 대목이 다음과 같이 있다.

'天干透壬癸, 地支屬離者, 乃爲既濟, 要天氣下降, 天干透丙丁,
천간 투 임 계　지 지 속 리 자　내 위 기 제　요 천 기 하 강　천 간 투 병 정

地支屬坎者, 乃爲未濟, 要地氣上昇. 天干皆水, 地支皆火, 爲交媾,
지 지 속 감 자　내 위 미 제　요 지 기 상 승　천 간 개 수　지 지 개 화　위 교 구

交媾身强則富貴, 天干皆火, 地支皆水, 爲交戰, 交戰身弱, 豈能富貴'
교 구 신 강 칙 부 귀　천 간 개 화　지 지 개 수　위 교 전　교 전 신 약　개 능 부 귀

'천간에 壬癸가 투출하고 지지는 남방에 속하는 것은 기제(既濟)를 이룬 것이니 천기가 하강하는 것이 중요하고, 천간에 丙丁이 투출하고 지지에 북방인 것은 이른바 미제(未濟)이니 지기가 상승함이 필요하다. 천간이 모두 水이고 지지는 모두 火인 것은 짝짓기가 되니 신강(身强) 하면 부귀하고, 천간이 모두 火인데 지지는 모두 水이면 짝짓기를 하더라도 신약하니 어찌 부귀가 있겠는가?'

위의 설명은 '壬癸 일주가 巳午未 월에 되면 더운 여름철이라 수기(水氣)가 마르게 된다. 그러나 수기는 하강하는 습성이 있고, 화기(火氣)는 상승하려는 습성이 있으므로 쉽게 고갈되지는 않는다. 그래서 기제(既

濟)라 하는 것이다. 그러나 천간에 丙丁 일주가 亥子 월에 생하면 丙丁 화기는 상승하고 亥子 수기는 하강하는 습성이 있으니 각자 제 갈 길을 가는 형국이므로 이를 미제(未濟)라 하여 빈곤이나 어려움에서 어떻게 구제(救濟)되겠는가' 하고 묻고 있다. 예를 들어 설명한 것을 참조하여 보도록 한다.

乾命　庚壬壬壬　　　　大運　　庚己戊丁丙乙甲癸
　　　戌戌寅午　　　　　　　　戌酉申未午巳辰卯

일주가 寅月 춘절에 태어나고 지지가 寅午戌 화국을 모두 만들었으니 비록 연월에 비견이 2개나 투출 하였으나 모두 뿌리가 없으니 천간의 일주는 쇠약하고, 지지(地支)는 화기가 왕성하니 庚金으로 용신(用神)을 정하고 이를 굴복시켜야 한다. 아까운 것은 운로가 동남으로 가니 외지에서 분주하게 40년을 보냈으나 한 가지도 이루어낸 것이 없다. 50대 이후 戊申 대운에 庚金이 申에 녹으로 생왕 하여지니 많은 재물을 얻었다. 3명의 처를 얻었고 예순의 나이에 세 아들을 두었으나 戌운에 들어와 세상과 이별했다.

乾命　丙丙丙丙　　　　大運　　癸壬辛庚己戊丁
　　　申子申子　　　　　　　　卯寅丑子亥戌酉

申월에 丙火 일간이다. 지지에 년월과 일시가 子申으로 수국을 이루고 있다. 그러다 보니 천간의 丙火는 지지에 뿌리가 없다. 火는 약하고 水는 강하다. 그러므로 木이 와서 통관을 시켜서 화(和)해 주어야 한다. 아까운 것은 대운이 불순한 서북 金水로 진행하니 험한 일이 많았고, 어렵고 힘들었다. 壬寅 대운부터 동방 운에 이르러 사업이 번창하고 심신이 편해지며 많은 재물을 얻었다.

『적천수천미(滴天髓闡微)』에서도 이를 보다 구체적으로 설명하고 있다. '감(坎)은 陽이며 선천 팔괘의 자리는 오른쪽 일곱 번째의 수이다. 그러므로 陽이 된 것이다. 이(離)는 陰이며 선천 팔괘의 위치로는 왼쪽 세 번째의 수이다. 그러므로 陰이다. 감은 중남(中男)이니 천도가 하제(下濟)하는 자리이므로 일양(一陽)은 북에서 생한다. 이(離)는 중여(中女)이니 지도가 상행하는 자리이므로 이음(二陰)은 남에서 생한다. 이는 태양의 체요, 감(坎)은 달(月)의 체이니 상호작용으로 수화가 상제(相制)하게 되고 음양이 짝짓기하여 만물을 생화시키는 것이다. 이같이 서로 상생(相生)하는 이치에는 승(升), 강(降), 화(和), 해(解), 제(制) 다섯 가지가 있다.

승(升)이란 천간의 이가 쇠약하고 지지의 감(坎)은 왕하면 반드시 지지에 木이 있어, 지기를 상승시키는 것을 말하고, 강(降)이란 천간의 감은 쇠약한데 지지의 이(離)는 왕(旺) 하면 반드시 천간에 金이 있어야 천기를 하강(下降)시킬 수가 있고, 화(和)란 천간이 모두 火이고, 지지가 모두 水이면 반드시 木운이 있어야 화해시킬 수 있고, 해(解)란 천간이 모두 水이고, 지지가 모두 火라면 반드시 金이나 운이 와야 해결이 되고, 제(制)란 水火가 간지에서 교전하고 있으면 반드시 세운에서 그 강자를 제압해 주는 것이다.

이상 다섯 가지는 감리의 작용이 이러하니 홀로 이루는 세는 없고 음양의 성으로 상지(相智)하여야 이룰 수 있다.'라는 내용으로 설명하고 있다.

『명리정종(命理正宗)』에서는 '어떤 것을 동(動)이라 하는가 그 본체의 양(陽)이 동에 속하여 있고 천운이 건강하게 행함에 모든 것은 순환불휴(循環不休)하여 동하지 않음이 없는 것이다. 인명이 팔자가 또한 이와 같아서 천간에 상투(上透)하고 정로(呈露)하여 튀어나온 자는 동하게 된다.

예를 들어 팔자 중 천간에 있는 甲木은 운로 중 천간에 있는 戊土를 극제 할 수 있으나 巳중에 암장(暗葬)되어 있는 戊土는 극하거나 제할 수 없다.

또 정(靜)이란 그 본체의 음이 음정에 속해 있어서 지도(地道)에 순응하고 부동하며 정재(靜在) 하는 성격을 본받아서 고지식하다. 그러므로 팔자 중에 지지에 암장해 있는 오행을 정으로 보는 것이다. 예를 들어 팔자 중에 지지에 암장되어 있는 庚金은 운로 중에 지지에 있는 甲木은 공극 할 수 있어도 운상의 천간에 투출되어 있는 甲木은 공극할 수 없는 것이다.'라고 설명을 하고 있다. 이를 정리하면 팔자의 지지 중에 辰土는 乙木과 癸水와 戊土가 숨어 있다.

대운이 寅木 운에 행하더라도 寅중에 있는 甲木이 辰중의 戊土를 파극하지 못하며, 또 대운이 酉운에 행하여 酉중에 辛金이 있어도 乙木을 파극 할 수 없으며 또 午 대운에 행하여 午중 己土가 있지만, 癸水를 파극 하지 못한다. 다만 戌토가 와서 辰土 월령을 충래(沖來) 하면 좋다. 그러면 고장지에 암장되어 있는 戊土와 乙木과 癸水가 방출하게 되는 것이기 때문이다.

7) 개두(蓋頭) · 절각(截脚)

개두(蓋頭) · 절각(截脚) 논리는 사주 원명에서도 중요하게 적용되고 있지만, 행운에서도 많이 활용되고 있다. 사주가 주류무체(周流無滯)나 원원유장(遠源流長)이 되면 개두나 절각의 영향을 덜 받지만, 보통 일반 격국의 사주에 있어서는 중요하게 적용되고 있으며, 통변에 있어서도 활용이 되고 있어 참고하고자 아래와 같이 실었다.

(1) 개두설(蓋頭說)

장남의 『명리정종(命理正宗)』의 특징은 사병사약설(四病四藥說)에 무게를 두고 있으나 동정설(動靜說)과 더불어 개두(蓋頭) · 절각(截脚)에 관한 설명도 많이 인용되고 있으며 설명내용이 참신하고 신선한 감을 주고 있다.

개두란 어떤 의미를 두고 있는가? '대체로 보아서 사람의 팔자류(八字類)에 천간의 사개자(四個字)를 머리로 하고, 지지의 사개자(四個字)는 배(腹)와 사지(四肢)로 보고, 지지에 암장된 지장간은 오장육부에 배치한다. 예를 들어 배의 수기(秀氣)가 발출(發出)하여 머리에 있으면 좋은 것과 같이 지지에 수기가 천간에 투출(投出) 하면 이는 영광을 얻는 것과 같은 것으로서 일생의 부귀빈천(富貴貧賤)이 천간으로부터 출소한다고 하여도 과언이 아니다.'[137]라는 내용이다. 또 다음과 같이 실례를 들어서 설

---

137) 大抵人之八字類, 此如八字中上四個字是頭也 下地支四字是肚腹四肢也 支中所臟之
物 是五臟六腑也, 如肚腹秀氣發出, 在頭而上來, 便是英華發出, 外來一生富貴貧賤,
只從頭面上.

명을 하고 있다.

  '무릇 행운이나 원명인 팔자에 상관이 있으면 꺼리는데 乙 일간은 丙丁 火가 상관인데 상관이 중하다면 이때 庚金 관성이 있으면 병이 된다. 만 약에 팔자 중에서도 庚金을 보게 되면 丙丁 상관이 병이 된다. 같은 이치 로 행운이 조년에 壬申·癸酉로 행한다면 이는 좋지 못한 행로이니 壬·癸 水가 申酉 두상에 개두(蓋頭) 되어 丙·丁火를 상하게 하기 때문이며, 甲 戌·乙亥의 양대운(兩大運)에는 호운이니, 甲乙木이 개두한 때문이며 또 丙子·丁丑으로 운행하여서도 호운이니 丙·丁火가 개두하여 庚金을 극 해 주기 때문이다.

  요컨대 지지에 亥子丑의 水운이 기신의 역할을 하고 있으나, 그 기에는 丙·丁火의 개두를 받는 까닭에 해할 수 없는 것임을 알아야 한다.'[138]고 개두에 대해 논하고 있다.

乾命　丁乙戊庚　　　　　大運　　甲癸壬辛庚己
　　　丑酉子子　　　　　　　　　午巳辰卯寅丑

  木土 일간은 동지섣달에 태어나면 가장 중요한 것은 조후로서 丙丁火 가 필요하다. 子월에 태어난 乙木이 丁火를 보고 있으나 뿌리가 없는 것 이 흠이다. 壬癸 대운에 丁火를 극·충하고 辰酉 합과 巳酉丑 합하고 있어

---

138) 凡行運如原八字, 是乙日干用丙丁火爲傷官, 乙日干傷官重者, 便以庚金官星爲病, 若
　　八字上見了庚金, 便要丙丁爲疾病之神, 如早年行壬申癸酉運, 便是不好運, 盖因壬癸
　　水, 盖在申酉頭上, 是壬癸水盖了頭, 便不好也, 後行甲戌乙亥運, 便好也, 是甲乙木盖
　　了頭也, 又行丙子丁丑運又好, 盖得丙丁火, 盖了頭來剋庚也, 雖下面地支有亥子丑水,
　　其水被丙丁盖了頭, 亦不能爲害.

토기(土氣)를 무너뜨리고 동시 수기(水氣)가 왕성하여지니 재화(災禍)와 子子 복음의 흉화를 입을 것이다. 통닭집을 하는 등 개인사업자였으나 하는 일마다 어려움을 겪더니 결국엔 부도를 내고 영업용 운전으로 근근이 살아가고 있다.

<pre>
乾命   甲己己癸   大運   癸甲乙丙丁戊
      子卯未巳   丑寅卯辰巳午
</pre>

未월에 己土가 子시에 태어났다. 월주가 己未에다 巳火의 도움을 받고 있으니 신왕(身旺)하다. 당연히 강한 일간을 극(剋) 하거나 설(洩)하여야 한다. 시간에 투출 되어있는 甲木은 정관으로 卯未에 뿌리를 두고 있는데다 염천에 子水의 생을 받고 있으니 가히 아름답다.

일주가 신왕하고 관왕(官旺) 하니 벼슬할 팔자다. 丁巳 丙辰대운에서는 일간을 돕는 운기가 오히려 고달프게 하였지만, 甲寅 대운에 정계에 진출하여 국회의원이 되었다. 이는 개두된 甲木이 寅에 뿌리를 두고 강하게 작용하였기에 관록이 빛을 발하게 된 것이다.

(2) 절각(截脚)

절각은 위에서 설명한 개두의 반대 개념으로 인식하면 된다. 즉 절각은 다리가 잘린다는 의미가 있으니, 천간이 지지의 극을 받거나 제재를 받는 것을 말한다. 육십갑자에서 절각 된 것은 甲申, 乙酉, 丙子, 丁亥, 戊寅, 己卯, 庚午, 辛巳, 壬戌, 癸丑 등이다.

　잡론요결

乾命　丁丙庚己　　　　大運　　甲乙丙丁戊己

　　　　酉申午卯　　　　　　　　子丑寅卯辰巳

고서에 재명유기(財命有氣)에 '치부지인(治富之人)이면 수억금(手億金)의 재산을 얻을 팔자라' 한 말이 있다. 즉 재성과 일간이 왕성하면 부자의 명이라 하여 능히 재운에 임하면 수만금을 얻는다는 뜻이다. 위 사주를 간명하여 보면 丙火가 午月 제강에다 뿌리를 두고 丁火와 卯木의 생을 받고 있으니 신왕하고, 재운 또한 庚金이 申酉의 지지를 받으니 왕성하여 재가 왕이 되었다. 일약 재벌의 반열에 올랐으나 甲子 대운에 절각이 되는 월주의 庚金 재신과 일간의 근기인 午火를 충동하여 재화의 고통을 겪기도 하였다.

(3) 해역

사주에서 용신(用神)이 개두·절각을 당하고 있으면 흉하고 행운에서 들어와 용신을 극하게 되어도 발복이 되지 않을 뿐 아니라 심하면 흉화가 도래한다는 것이 개두·절각의 논리다.

참고로 '개두라 하는 것은 천간을 말함이니 인신에 비하면 천간은 두면(頭面)과 같고 지지는 수족(手足)과 같으며 지장간인 인원은 오장육부(五臟六腑)에 비교한다. 가령 甲申에 있어서 甲은 개두요 申은 사수족(四手足)이요, 申중의 戊壬庚은 오장육부와 같은 것이다. 사주팔자에 甲乙이 복신(福神)이라면 庚辛은 병신(病神)이 되는데 운로에서 甲乙이 개두가 되고 지지로 木운을 만난다면 호운이지만 庚辛이 개두되면 운이 비록 동방(東邦)운인 寅卯辰으로 흘러간다 해도 감복(減福)하게 된다. 반대로 길한 운

지에 흉한 천간이 개두가 되면 길한 정도가 삭감되는 것은 물론이다.'[139]

육십갑자에서 개두 된 것은 甲辰, 乙丑, 丙申, 丁酉, 戊子, 己亥, 庚寅, 辛卯, 壬午, 癸巳 등을 말하고 있는데, 이같이 일반적 논법의 개두는 '천간이 지지를 극하거나 제함으로써 지지가 제 역할을 하는데 못하게 하거나 지장을 주는 것을 말한다'라고 설명이 되고 있다.

개두에 관한 논법의 이치를 이해하고 참조할 필요가 있다. 지지에 길신이 천간에 투출하면 그것은 부귀가 영화롭게 출발한다고 보는 것이다. 즉 길신태로(吉神太露)라 하여 천간이 지지에 유근하지 못하고 약하다면 쟁탈을 당할 염려가 있으므로 심장되어 있는 것이 좋고 흉신은 투출(投出)되어 제재를 받는 것이 좋다.

절각(截脚) 논리 또한 같은 원리로 이해하면 실수가 없을 것이다.

8) 신살(神殺)

명리학에서 약방의 감초(甘草)같이 많이 인용되고 있는 신살(神殺)에 관해 학술적 고증을 찾아보는 것은 어쩌면 당연한 일이라 할 수 있을 것이다. 그것은 오랜 세월 그렇게 해왔고 지금도 하고 있기 때문이다. 그러나 발생의 근거나 근원을 꼭 집어 제시하기가 불명확하다.

(1) 시대적 영향과 변천

태초 인간이 이 세상에 태어나 삶과 죽음을 맞게 되고 삶을 살면서 겪게

---

139) 朴在玩 原著, 『명리요강(命理要綱)』, 역문관서우회, 1999, 98쪽. 참조

                                        잡론요결

되는 온갖 일들로 인한 불안과 공포, 꿈과 희망 등 불확실성에서 오는 여러 가지 사건 사유의 간증(看證)이 필요하였을 것으로 판단해 볼 수 있다.

신살은 역사의 변천[140]과 시대적 상황에 따라 새로 생겨나고 소멸(消滅)되는 과정을 겪을 것으로 추정하여 볼 수가 있을 것이다. 현대에 들어와선 190여종의 신살이 존재하는 것으로 추정이 되고 있다.

① 고대

당대(唐代) 초기의 여재(呂才)『서록명(敍祿命)』에서는 일련의 신살(神殺)은 '고대의 선택술(選擇術)[141]을 기초로 하여 오행술(五行術)과 자미두수(紫微斗數)의 별자리에 관련된 내용의 영향을 받았다.'라고 하고 있다.

『신살탐원(神殺探原)』에서는 '녹명법(祿命法)의 신살은 십중팔구 택일법(擇日法)에 원래 있던 신살을 사용한 것이다.'라고 한다. 이런 일련의 일들을 참고하면 당시에는 신살(神殺)이 명(命)을 논하는 중요한 수단으로 사용하고 있었다는 것을 알 수 있으며, 즉 신살은 먼저 택일법(擇日法) - 녹명법(祿命法) - 자평법(子平法)으로 이어져 변천(變遷)하여 왔다고 볼 수가 있다. 현재 사용되고 있는 여러 신살은 옛날 택일법을 근원으로 하

---

140) 삼황·오제 - 설화의 탄생, 하은주 - 신화시대, 춘추전국(春秋戰國)시대 - 제자백가(諸子百家), 백가쟁명(百家爭鳴) 시대, 진(秦)대 - 분서갱유(焚書坑儒), 한(漢)대 - 구류십가(九流十家), 수(隋)대 - 음양오행의 정착, 당(唐)대 - 역학의 구성, 송(宋)대 - 자평학(淵海子平) 탄생.

141) 선택법(擇日法)은 명리학에 관한 최초의 연구는 연월일시 간지 사이의 대응 관계를 찾는 것으로부터 시작되었다. 이러한 탐색 이전인 초기에 이와 유사한 작업이 있었는데 바로 민간에서의 선택이다. 즉 시와 일을 선택하는 것을 주요 내용으로 하는 일종의 술수(術數) 방법으로서 속칭 택일(擇日. 看日子)이다.

여 시대의 변천에 따라 가감되면서 오늘날까지 전래(傳來)되어 왔다고 볼 수가 있다.

② 근·현대

근대(近代) 명리학자들은 신살(神殺)이 미신(迷信)을 조장한다 하여 남들의 눈치를 보고, 말하기를 꺼리는 추세(趨勢)이나 그러나 일선 현장에서는 다수의 역술가가 신살을 접목하여 간명을 하고들 있다. 더욱이 고전의 학설보다 진일보하여 새로운 신살을 제시하기도 한다. 일례로『명인재(命人財)』[142]라는 서책에서는 제2의 12지신살을 제시하고도 있다.

(2) 신살의 구분과 분류

『명리신론(命理新論)』에서는 고대로부터 전해 오던 190여 종류의 신살(神殺)을 아래와 같이 네 가지 부류로 나누었다.

첫째 - 남녀혼인의 측면
둘째 - 소아관살(小兒關煞)의 측면
셋째 - 길성(吉星)의 측면
넷째 - 흉성(凶星)의 측면

신살의 분류는 길신(吉神)과 흉신(凶神)으로 구분하고, 특히 천간과 지지, 일간과 일주, 월주, 시주와 각지지 등 구분을 확실히 하여 천간과 지지

---

142) 신기한 사주판단비법,『命人財』원공선사 지음, 삼한출판사, 2002.

에 어떤 신살이 적용되고 어떤 작용을 하는지 등을 확실히 알고 인용하여야 한다.

일명 신살(神殺)을 논하기를 신(神)은 길신(吉神)을 말하고 살(殺)은 흉신(凶神)으로 구분하고 있다.

① 神 - 길신
*천간 - 삼기귀인
*일간 - 천을귀인. 문창귀인. 학당귀인. 문곡귀인. 관귀학관. 금여록. 암록 등

② 殺 - 흉신
*일간 - 양인. 백호대살. 고란살. 탕화살. 홍염살. 함지살. 낙정관살. 음양착살. 현침살 등
*일주 - 일귀, 녹마, 괴강, 현침살 등
*지지 - 년일지 - 형살(삼형, 형살, 자형), 12신살, 파, 해, 원진살. 귀문관살. 고과살. 복음살 등
*월지 - 천덕귀인. 월덕귀인. 단교관살. 급각살 등
*기타 - 천라지망 등

③ 12지신살
신살이 다 그렇듯 12지신살(支神殺)의 순환과정은 어떤 근거에 연유하는지 정확히 판단하기가 모호하다. 다만 인간사 삶의 쾌적(快適)을 연관 지어서 나타내고 있는 것으로 추정할 뿐이다. 명리서(命理書)에는 일반적

으로 가항의 신살(神殺)만을 기록되어 있다. 그러나 나항의 신살도 간명에 적용하고 있어서 이를 참고하고자 실었다.

가. 제1의 12지신살

제1의 12지신살(支神殺)은 절기와 하루(日) 등으로 비교하여 장생(長生) - 목욕(沐浴) - 관대(官帶) - 건록(建祿) - 제왕(帝旺) - 쇠(衰) - 병(病) - 사(死) - 묘(墓) - 절(絶) - 태(胎) - 양(養) 다시 장생(長生)으로 순환하는 과정을 설명하고 있다. 이보다 깊은 내용은 『팔자역해(八字易解)』를 참조.

나. 제2의 12지신살

순환과정으로 첫째 태세(太歲)부터 시작하여 태양(太陽), 상문(喪門), 태음(太陰), 관부(官府), 사부(死府), 세파(歲破), 용덕(龍德), 음부(陰府), 복덕(福德), 조객(弔客), 병부(病府) 순으로 순환하는 과정이다. 적용하는 방법은 지지가 寅이면 寅부터 시작하여 태세(太歲), 태양(太陽), 상문(喪門)의 순서대로 붙인다. 어떤 역할을 할 것인가?

첫째, 태세(太歲)란 평범한 운이라 해설의 의미가 없다. 둘째, 태양(太陽)은 평범한 운이라 해설의 의미가 없다. 셋째, 상문(喪門) 살은 상가(喪家)를 조심하라. 상문(喪門) 살이 명궁에 들면 건강에 문제가 발생하는 운이다. 인덕궁에 들면 가까운 사람을 잃을 운이다. 재물궁에 들면 재물을 잃거나 부부의 이별이나 근심이 있는 운이다. 총운에 들면 자식의 근심이 있다.[143]

이외에도 많은 신살이 있다. 관심이 있으면 『신살백과(神殺百科)』, 『사

---

143) 위 책 참조, 이하 내용과 통변(通辯) 방법 등은 명인재를 참조하면 상세히 알 수가 있다.

주신살(神殺)약인가, 독(毒)인가』, 『신살탐원(神殺探原)』 등을 참고하면 많은 도움이 될 것이다.

③ 신살의 적용

택일법은 연(年)과 일(日) 사이의 연관을 중시하지 않았다. 고법의 녹명신(祿命神)은 대부분 연(年)의 간지에서 출발하여 일주와 시주의 지지를 대조하여 신살을 취했다. 송대(宋代)에는 일간을 위주(新法 - 子平法)로 하는 팔자의 모형이 나타난 후에는 중점적으로 일(日의) 간지를 써서 신살(神殺)을 찾았다.

시 일 월 년

○ ○ ○ ○ 天干

○ ○ ○ ○ 地支

*연과 월의 연관

*월과 일의 연관

*일과 시의 연관

*연과 일의 연관

*월과 시의 연관 등

*일간위주 - 천을귀인, 문창귀인, 간록(干祿), 양인.

*일지위주 - 12신살.

*연지위주 - 12신살, 고진, 과숙.

*월지위주 - 천덕귀인, 월덕귀인.

*연월일시의 천간 - 삼기(천상, 지상, 인중).

*일주간지 - 괴강.

*육십갑자 - 공망 등.

(3) 신살 형성 8원칙(神殺探原)

고인들은 아무 형식도 없이 무턱대고 신살(神殺)을 만들지 않았다. 일정한 사유로 형성된 것으로 나타나고 있다. 첫째 괘리(卦理), 둘째 일월행도(日月行度), 셋째 기우방원(奇偶方圓), 넷째 계의 누적, 다섯째 상형자의(象形字意), 여섯째 선천수리(先天數理), 일곱째 특수배열조합, 여덟째 기타 등으로 이의 논리를 알아야 한다.

9) 감리상지오리법(坎離相持五里法)

감리상지오리법(坎離相持五里法)은 감리(坎離) 즉 水火가 비록 상극이나 제도물(制度物)이 있으면 통관 작용이 되어 서로 지속할 수 있다. 재론하면 감(坎)은 水요 북쪽이며 이(離)는 火요 남쪽으로서 천간의 경도(經道)이다. 경도는 날(세로) 이요 위도(緯道)는 씨(가로)줄이다. 그러므로 경위(經緯)는 씨와 날이 되는 것이다.

午未가 상회(相會) 하는 곳이 천정지중(天頂之中)이 되는 것이며 경도(經度)도 역시 남북극에서 시작되는바 남극(南極)은 午未 회처(會處)요, 북극은 子丑이 합하는 곳이다.

고로 천지의 중기(中氣)가 되는 곳으로써 감리수화(坎離水火)의 극이 되는 것이다. 그러나 그와 같이 또 극이 되면서도 상지(相持) 즉 서로 지속하여 공존(共存)할 수 있는 이 법이 다섯 가지가 있는 것이다. 이를 오리법이라 하는데 일왈(一曰) 승(升)이요, 이왈(二曰) 강(降)이요, 삼왈(三曰) 화(和)요, 사왈(四曰) 해(解)요. 오왈(五曰) 제(制)를 말한다.

첫째 천간 火가 쇠하고 지지 水가 왕(旺) 할 때는 지지의 木을 얻어서 지기가 상승(上升·上昇)하는 법이다.

◇ 예시. (升理法)

乾命　戊丙己丙　　　　大運　　甲癸壬辛庚

　　　子寅亥子　　　　　　　　辰卯寅丑子

이 사주는 丙火가 생어맹동(生於盟冬)하고 지지 좌우에 양 子水가 있으므로 천간 火가 衰하고 지지 水가 旺하다. 이러할 때는 반드시 지지의 木을 얻어서 지기가 상승하는 이법(理法)을 쓰게 되는 것인데 다행히 일지의 寅木을 얻어 상승(上昇)하게 된다. 고로 壬寅 癸卯 동방(東方) 지지운에 과거에 출사하였고, 火운에는 벼슬이 관찰사까지 이르렀던 사주이다.

둘째 천간에 水가 쇠하고 지지의 火가 왕하였을 때에는 반드시 천간 庚金을 얻어 천기(天氣)가 하강(下降)하는 이법(理法)이다.

◇ 예시. (降理法)

乾命　庚壬壬壬　　　大運　　庚己戊丁丙乙甲癸

　　　戌戌寅午　　　　　　　戌酉申未午巳辰卯

50까지 하나도 성취되는 것이 없다가 戊申운에 생왕하여 일약 거부가
되어 취처생자(娶妻生子)하여 잘살다가 戌운에 들어 죽고 말았다.

셋째 천간에 모두 火로 되고 지지에 모두 水로 되었을 경우에는 반드시
木운을 얻어 화(和)하는 이법이요.

乾命　丙丙丙丙　　　　大運　　　甲癸壬辛庚己戊丁
　　　　申子申子　　　　　　　　　辰卯寅丑子亥戌酉

이 사주는 천간이 모두 火요 지지가 모두 水가 되어 그 세가 균등하게
보이나 그 강약을 추리하여 보면 화쇠수왕(火衰水旺)이 되는 것이다. 이
러할 때는 반드시 木運을 얻어 화(和)하는 법이라 하였는데 그만 그 木運
이 50대운 전에는 없었으므로 고생이 이루 헤아릴 수 없이 많았다가 壬
寅·癸卯·甲辰 동방운이 행하자 억만장자가 된 사주이다. 이 법식을 모르
면 이런 격을 종살(從殺)로 보기 쉬운 사주이니 그 추리에 신묘한 법이 다
단한 것이다. 이 격은 종살이라도 火가 없는 종살은 불길하다는 것을 가
리킨 것이다.

넷째 천간이 모두 水로 되고 지지가 모두 火로 된 경우는 반드시 金運을
만나 해(解)하는 이법이다.

◇ 예시. (解理法)
乾命　壬壬壬癸　　　　大運　　　乙丙丁戊己庚辛
　　　　寅午戌巳　　　　　　　　　卯辰巳午未申酉

　　　　　　　　　　　　　　　　　　　　　　　잡론요결

이 사주는 천간이 金水요 지지가 전부 火다. 경중을 교량(較量)할 때에 천간 水는 무근(無根)하고 지지 火는 木火가 상생하여 왕하고 있다. 이런 경우에는 반드시 金運을 만나 해(解)하는 이법이라 하였는데 다행히 초년에 辛酉·庚申 金運을 만나 재살지세(財殺之勢)를 풀어(解) 기제지공(旣濟之功)을 이루어 의식이 매우 풍족하게 잘 살다가 그만 己未運에 들어오면서 재살(財殺)이 병왕(並旺)하여 객지에 나가서 도적을 만나 맞아 죽었다.

다섯째 水火가 간지에서 난투극이 벌어졌을 때는 세운에서 약자를 보하고 강자를 제하는 법칙으로 제(制)하는 이법인 것이다.

◇ 예시. (制理法)

乾命	丙壬丙壬	大運	癸壬辛庚己戊丁
	午子午子		丑子亥戌酉申未

水火가 이인동심으로 간지 서로 간에 난투극이 벌어져 있다. 丁未운은 강자를 보완한 까닭에 戊午年 7살 때 천극지충(天剋地冲)으로 재살이 병왕하여 당년에 부모를 모두 잃고 유리걸식하며 다니다가 申運이 교체되어 들어오면서 때를 만나 일어나기 시작하여 己酉運중엔 수억금을 모아 처를 얻고 자식을 낳아 행복하게 산 사주이다.

2. 비법(秘法) 논리

역학계에는 일명 삼통(三通)[144]이라 하여 신비적 현상을 행한 자를 일컬어 도사(道士)라 칭하기도 한다. 근대 명리학계에 약칭 기인(奇人) 달사(達師)로 공경(恭敬) 되며 고수(高手) 반열에 들고 있는 이들의 기행(奇行)이 전해지고 있다. 이런 일련의 일은 극히 드문 일이고, 학인들은 흉내 내기도 어렵고 흉내를 내어서도 아니 된다.

명리에 비법(秘法)은 있는 것인가? 일반인들은 말할 것도 없고, 하물며 상당한 이론지식을 가지고 있는 명리 학인까지 공개된 학설 뒤에는 무언가 숨은 특별한 술법이 있을 것 같은 호기심과 기대로 고수들이라 칭하는 이들에게 한 수 배우기를 고대하고 있는 것도 사실일 것이다.

필자 또한 비법을 찾아 세월을 보낸 경험이 있다. 지나고 보니 그 부끄러움에 고개를 들 수가 없다. 어찌하여 노력도 하지 않고 결실을 바랐는가 하는 자책감일 것이다.

오늘 이 학문을 배우는 학인들은 나와 같은 전철을 밟아서는 곤란하다. 시간과 돈을 허비하는 것은 바보 같다는 의미다. 단언컨대 비법은 없다고 할 수가 있다. 다만 반 도사 소리라도 듣고 싶다면 배움의 기회를 제공하고자 한다. 도움이 될 것인지는 각자의 견해(見解)에 달렸다.

각설(却說)하고 현 학인들은 신통(神通)·도통(道通)은 안될 것 아닌가? 그럼 남은 법통(法通)을 할 수밖에 없다. 그 방법은 딱 한 가지 학문의 습득으로 승부를 걸어야 한다. 그러기 위해선 고서(古書)들을 많이 읽고 습

---

144) 三通;(道通.,神通,法通)

 잡론요결

득(習得)하고 이해하여야 한다.

고서에『연해자평(淵海子平)』을 추천한다. 왜냐하면 거기엔 비법현담편(秘法玄談編)을 두어 비법을 말하고 있기 때문이다. 이들 내용을 인식하고 원리를 이해한다면 고대한 학설을 전수(傳受)받을 수 있을 것이기 때문이다.

1) 비법현담(秘法玄談)

비법현담편은 금옥부(金玉賦)를 시작으로 총 12개의 현담으로 구성되어 있다. 이것은 일종의 하지장(何知章)인데 한자로 되어있고 번역의 난이도(難易度)가 상당하여 내용이 다소 어렵다. 그러나 고명한 역학자가 되기 위해서라도 이를 답습(踏襲)하고 익혀야만 할 것이다. 금옥부(金玉賦)의 한 문구(文句)를 예로 들었다.

(1) 금옥부(金玉賦)

홍범(洪範) 대연수인 오십(五十)의 수체(數體)를 자평이 해득하고 법을 본받았으며 천지의 오묘한 이치를 비밀히 청수(聽受)한 것이다. 일기가 유행하여 겨울에는 춥고 여름에는 더운 것과 삼양(三陽)이 발생하므로 봄에 장양(長養)하고 가을에 성수(成收) 되는 것인바 생(生)함이 있으면 멸(滅)함이 있고 이지러짐이 있으면 영만(盈滿)할 때가 있을 것이니 일절(一切)의 조화(造化)는 마침내 그 근원(根源)으로 돌아가는 것이다. 寅申巳亥는 사계절의 맹초(孟初)요, 오행이 소장되는 곳은 辰戌丑未의 사계(四季) 말인바 만물이 생장함에 때가 있어서 춘하추동의 절후 상 원리는 일절 사물의 전개 차제 적용되니 부귀빈천(富貴貧賤)의 기선을 살펴야 한다.

팔자의 이치를 분석하는 데는 재관(財官)을 중시해야 하고 팔자의 오행 관계를 다음으로 살펴야 하며 또한 모름지기 기후 관계를 주찰(主察)해야 한다. 곧 재관의 경중을 판변(判辯)하고 기후의 천심(淺深)을 살펴서 재관의 향배와 득실을 결정할 것인바 이로서 다시 격국(格局)의 고귀하고 저속한 여부를 논단한다. 아(我)를 극래(剋來) 해 오는 자는 관귀(官鬼)이니 신왕(身旺)하여야 당권하게 되고 아신이 거극(去剋) 하는 자가 재성이니 일주가 또한 강건하여야 부(富)하게 된다.[145]

(2) 벽연부(碧淵賦)

(3) 조미론(造微論)

(4) 인감론(人鑑論)

(5) 애증부(愛憎賦)

(6) 만금부(萬金賦)

(7) 제구가담(諸口家談)

(8) 연원집설(淵源集說)

(9) 자아백장가(子我百章歌)

(10) 사언독보(四言獨步)

(11) 신약론(身弱論)

---

145) 數體洪範, 法遵子平, 命天地之奧妙, 聽空谷之傳聲, 一氣流行, 則冬寒而夏暑, 三陽生發, 自春長以秋成, 竊聞旣生有歲, 若虧則盈造化歸源, 盡返寅申巳亥, 五行歲畜, 各居四季邱陵, 生長有時, 自春夏秋冬之屬, 旺衰有數, 察富貴貧賤之機, 搜尋入字. 專論則官次究五行, 須求氣候, 論財官之輕重, 察氣候之淺深, 推向背財官之得失, 論常生格局之高低, 他來剋我爲官鬼, 身旺當權 我去剋他爲妻財, 官强則貴.

(12) 기명종살론(棄命從殺論)

(13) 오언독보(五言獨步)

근대 들어와 고전인『자평진전(子平眞詮)』·『적천수(滴天髓)』·『궁통보감(窮通寶鑑)』은 명리학에 꼭 필요한 양서로 3대 보서(寶書)라 하고 있다. 이는 간명의 학술에 기인한 것이겠지만, 그러나 이들 서책은 술수(術手) 방법을 주로 다루고 있다. 재삼 말하지만 명징(明徵)한 명리학자가 되기 위해선 먼저『연해자평(淵海子平)』을 탐독(耽讀)하기를 추천한다. 특히 위 비법을 익혀 이해한다면 고수(高手)의 반열에도 들어갈 수 있을 것이다.

2) 통설(通說)

아래 내용은 근래 일반 명리서에서 간명의 방법론 등으로 통용되고 있는 것을 한 예로 들어 본 것이다. 사실 이런 논리는 고서에서 차입 변질(變質)된 것으로 볼 수 있으며, 일부는 지난 세월이 지나오면서 경험이나 일반적 사설이 첨가된 것으로 볼 수가 있겠다. 다만 그 정확성은 경험에서 사실적 판단이 될 것이다.

(1) 인연법(因緣法)

사주(四柱) 분석에는 필연적으로 인연을 맺는다고 결정짓는 일들이 있다. 어떠한 경우인가 하는 것이 인연법이다.

사주에 동주(同柱) 하는 육친은 전생의 인연(因緣)으로 반드시 인연을 맺게 된다. 그리고 합(合)하는 육신과는 반드시 인연이 된다. 년주의 육친과는 무정하여 대체로 좋은 인연이 되지 못한다. 12운성의 묘지와 절지에 놓인 육신과는 생사별이 일어난다. 도화(桃花)지에 놓여 있는 육신은 인물이 좋고 바람기가 있다. 등.

이와 같이 사주 여덟 자가 뜻하는 바는 한자의 의미가 다양하게 나타난다. 귀격(貴格)과 천격(賤格)의 구분 등을 알고자 하면 사주에 숨어 있는 운기(運氣)를 찾아내야 한다.

다만 일간의 강약과 주위 오행의 역할에 따라 이 또한 길흉이 갈릴 수 있다는 것은 불문가지다. 즉 子·午·卯·酉는 12 운성(運星)의 목욕궁(沐浴宮)이라 하여 일설에서는 도화(桃花) 성으로 끼를 말하기도 하지만 격국이 잘 구성되어 있으면 크게 귀히 된다는 것을 알아야 한다.

또한 합충(合沖)의 묘리를 알아야 한다. 사주와 대운과 세운의 관계를 습득한다. 또 조후(調喉)의 의미를 알아야 한다. 재삼 거론하지만 여기서 나열한 부분은 빙산의 일각이다. 그러므로 양서를 취하여 보고 또 익히고 이해하여야 한다.

(2) 간명 방점

간명에 앞서 팔자 구성을 먼저 파악해야 한다. 즉 음(陰)이나 혹은 양(陽)만으로 구성된 팔자인지, 조후(調候) 관계는 적절한지, 무자(無字), 다자(多字)와 결손자(缺損字) 등 사주가 일반적으로 왜곡되어 있는지 등 여러 사항을 관찰한다. 그리고 명조(命造)로 귀천(貴賤)을 보고, 대운(大運)으로 길흉(吉凶)을 보며, 유년(流年)으로 응기(應氣)를 대조하여 신중히 간명을 하여야 한다.

(3) 인연을 결정짓는 요소

앞서 설명한 부분 이외에도 여러 가지가 있을 것이다. 예를 들어 합궁(入胎日)을 감안해 볼 때 부부의 건강과 시간, 장소, 기분 상태 등 여러 조건이 존재할 것이고, 반대로 출태일(出胎日) 즉 태어날 때도 생길 수 있는데 언제, 어디서, 어떻게, 누구의 도움으로 받을 것인지와 같은 그 또한 많은 요인이 대두될 것이다.

이와 같은 환경적 요인과 물리적 요인 등이 가미될 때 처방을 할 수 있는 것과 없는 것 등이 운명을 결정짓는 요소로 존재할 수가 있다. 즉 이 세상에 태어날 때 부모를 선택한다든지 남녀를 택하는 일 등은 할 수가 없을 것이다. 그러나 처방을 할 수도 있는 방법도 있다.

예를 들어 부모(父母)의 사주에 火가 많은데도 불구하고 여름날 합궁을 하게 되면 태어나는 후손은 화기(火氣)가 많은 사주로 태어나 고초를 겪을 확률이 높다는 것이다. 이럴 때 처방 방법으로 亥子丑 수기(水氣)가 많은 연월일에 합방하고, 물 많고 시원한 냉방(冷房) 등에서 합궁을 할 일이다.

또 환경적 방법으로 산모(産母)가 될 여인이 사전 태아교육과 인성(人性)교육을 행한다든지, 맹자 삼천지교(三遷之敎)와 같이 거주지를 선택하는 방법 등이 있을 수 있다.

출태일(出胎日)도 마찬가지로 물리적 방법과 환경적 처방을 할 수 있다는 것이다.[146] 한 방법으로 근래에는 긍정적 사고로 평가되는 제왕절개(帝王切開)의 효능이 이와 같다고 볼 수 있겠다.

---

146) 성삼문(成三問)에 얽힌 이야기《세번을 물었다 하여 이름을 삼문(三問)이라 지었다》를 참조한다.

(4) 형상적 의미

약칭 도사(道士)라 지칭되는 이들은 명조(命造)를 보는 순간 일도양단
(一刀兩斷)으로 결론을 내리는 경우일 것이다.[147] 이는 형상으로 명조를
관찰하는 것일 것인데, 예가 될는지 모르겠지만 아래 명조는 참고용으로
이해하고, 과연 이런 사주를 맞이하였을 때 일반명리학자들은 어떻게 간
명할 것인가 하는 점이다. 각자 간명을 하여 보고 좋은 결론이 나오길 기
대한다.

◇ 사주

戊己戊己
辰巳辰巳

0. 이기(二氣) 동심격

0. 지지 巳辰巳辰

0. 천간 己戊己戊

0. 辰巳년 출생 - 성인(聖人)

0. 미륵(彌勒)사상 - 역성혁명 - 홍경래와 정봉준 난 등

0. 왜 정(鄭) 도령인가?

◇ 간명

일간 己土가 辰월 辰시에 태어났다. 사주팔자가 火土의 이기동심격(二

---

147) 형상사주학, 참조.

氣同心格)으로 특별격(特別格)의 명조이다. 즉 천간의 戊己는 음양(陰陽)으로 천상(天象)을 주관하고, 지지는 辰巳로서 뱀이 용으로 진화하는 지상(地象)의 형상적 의미를 담고 있고, 성인 출년(出年)이라 하는 巳년에 태어났다. 이는 천상과 지상과 인성인 삼재(三才)로 구성되어 세상을 구원할 선택된 미륵의 명을 타고난 정(鄭) 도령이란 인물의 사주다.

즉 고려(高麗)가 망하고 당취(黨聚)[148]들이 금강산 등 지하에 숨어들어 불교의 재기를 노리던 시절의 이야기다.

조선의 건국 또한 역성(逆成)혁명으로 이루어졌다면 망한 고려를 재건하고자 한 세력도 있었을 것이니 그 주체가 미륵(彌勒)[149]사상을 신봉한 스님들이며 오직 세상을 구할 수 있는 그 주인공이 정(鄭) 도령이라는 것이다. 왜 정(鄭) 도령인가 하는 형상의 의미가 사주에 담겨 있다는 것이다.

일설에 의하면 홍경래(洪景來)의 난과 전봉준(全琫準)난 등이 이와 같은 미륵 사상으로 야기된 것으로 설명이 되고 있다. 즉 역사적으로 민란(民亂)과 같은 행위들은 맹자의 민본주의(民本主義)가 그 단초가 되고 시발이 되었으며 그리고 역성혁명의 연유가 된 것으로 이후 많은 혁명사가 이루어졌다.

여기서 우리가 배울 것은 과연 이런 역사적 일을 명조를 보고 판단한다는 것은 도사(道士)의 능력이 아니고는 알 수가 없다는 것이다. 그래서 도사가 되려 하는지도 모를 일이다.

---

148) 조선 초 금강산에 숨어들어 고려 재기(再起) 운동을 하던 승려들을 일컫는다.

149) 미륵(彌勒을 파자하면 弓+爾+革+力로서'네가 활로서 힘을 길러 세상을 바꾸어야 한다.'는 의미가 된다.

◇ 참고도서

정감록(鄭鑑錄)·송하비결(松下秘決)·격암유록(格庵遺錄)·조선실록(朝鮮實錄) 등

◇

제5장

점사(占辭)의 이해

점(占)은 과거와 현재와 미래 관계없이 미지(未知)의 일들을 알아보는 한 방법으로서 일종의 술법(術法)이다. 이를 학술적으로 연구하는 것이 점학(占學)이라고 할 수 있겠다. 사실 사주학을 열심히 하면 할수록 궁금증이 드는 것은 사주가 점학의 부류인지 헷갈릴 때가 종종 있다.

특히 집이 팔리겠습니까? 아이가 집을 나갔는데 어디 가면 찾을 수 있겠습니까? 혹시 죽지는 않았겠지요? 하고 물어올 때 사주팔자로서 알아보기는 사실은 어려운데도 부득이 답을 하여야 할 때가 있다. 이런 경우에는 확실한 답을 전할 수가 없다 보니 심각한 오류가 발생됨으로써 상호 불신을 가지게 되는 원인으로 발생하게 되는 것이다.

명리학자들은 이런 문제를 해결하기 위해서 많은 연구와 노력을 하고 있지만 큰 성과를 내지 못하고 있어 부득이 점학(占學)을 연구할 수밖에 없는 경우가 생기기도 한다. 그러므로 단시점(短蓍占)을 위시해서 육임, 육효, 기문둔갑 등 여러 방법을 연구하고 있지만 배우기도 어렵고 시간도 많이 소요될 뿐 아니라 정확성도 떨어져 노력에 비해 큰 효과가 나지 않아 여간 고심이 되지 않고 있다.

1. 점학(占學)의 구분

점학으로 분류되는 술법은 그 가짓수와 내용을 산출하기가 어렵고 실체적으로 알고자 해도 어디서 어떤 점학이 알게 모르게 운영되고 있는지를 알 수 없는 애매한 부분이 많다. 일반적으로 통용되고 그나마 접할 수 있는 것을 찾아보면 대략 다음과 같이 구분할 수도 있다.

*운명학 - 점학 -　　주역(周易)

　　　　　　　　　　육임(六壬)

　　　　　　　　　　육효(六爻)

　　　　　　　　　　천문(天文)

　　　　　　　　　　기문둔갑

　　　　　　　　　　매화역수

　　　　　　　　　　하락이수

　　　　　　　　　　오주괘

　　　　　　　　　　구성학

　　　　　　　　　　타로

　　　　　　　　　　오성학 등

　　　　명리학 - 자평명리

　　　　　　　　　　자미두수

　　　　　　　　　　맹파명리 등

2. 점학의 관법

위에 열거하고 있는 점학(占學)만 해도 수가지인데 이를 논하는 자체가 힘들 뿐 아니라 굳이 설명할 필요도 없다. 왜냐면 점학은 바로 점(占)이기 때문이다. 말이 좋아 학(學)을 붙이고 있지만, 기실은 점일 뿐이다.

명리학의 가장 큰 문제점이 몇 가지 있지만, 그 하나도 바로 점사(占辭)를 단행(端行)하여야 할 경우이다. 이럴 때 가장 난감한 것이 명리학을 두고 천문 등 우주 과학을 논하고 있지만 아무리 변명한다 해도 바로 점학의 범주에 묻히어 들 수밖에 없다는 것이 현실적 문제이다.

연구 논리로 그나마 오주·열자(五柱·十字)를 두고 간명을 하게 된 것만 해도 얼마나 다행한 일인지 모르겠다.

다음 설명하는 오주괘(五柱卦)도 점학으로 분류가 될 것이다. 그러나 위 점학(占學)과는 그 본이 다르다. 그것은 사주 논리에다 분주(分柱)하나를 첨부한 것은 좀 더 세밀한 논리가 필요할 뿐 아니라 명철한 예지로 사물을 꿰뚫어 보고 깊이 관찰하는 효과를 두고 있기 때문이다.

1) 오주괘

오주괘(五柱卦)라 하니 단번에 점이라는 생각이 들 것이다. 기실은 오주(五柱) 열자(十字)는 점학(占學)이다. 년주·월주·일주·시주의 사주에다 분주를 하나 더 첨부하여 오주(五柱)로서 음양오행의 생극(生剋) 논리를 접목하고 사주의 간명 방법으로서 점사(占辭)를 예단하고 추리하게 된 것이다.

필자도 여러 점학과 관련한 여러 논법을 연구해 보았지만, 복잡하고 난해하여 이해하기가 어렵기도 하였다. 특히 손에 익지도 않을뿐더러 고민하고 회의에 젖어 중간에 관두는 일이 여러 차례 있었다. 그러다가『오주괘관법(五柱卦觀法)』을 접하고 연구하였던바. 오주괘는 어느 점학(占學)보다도 정확하고 효과가 검증된 것으로 나타나고 있다.

특히 사주 간명에 필요한 육신설(六神說)과 간지론 등 팔자를 해석하는 식으로 점사(占辭)를 연구하고 검토하여 결과를 얻는 행위이니 명리학의 관련 내용을 익히는데도 많은 도움이 되고 또 명학을 잘하게 되면 저절로 잘하게 되니 일석이조(一石二鳥)로 이득을 보는 일이다. 그러므로 명학을 배우는 학도들은 이 오주괘를 익히고 알게 되면 실전에서 많은 도움을 얻을 수가 있을 것이다.

(1) 오주 10자

오주 10자는 사주팔자에다 분주를 하나 더 넣어서 아래와 같이 오주(五柱)로 현재와 미래에 일어날 일 등을 알아보는 방법이다. 이것은 음양오행의 원리를 접목하고 사주에서 취하고 있는 간법을 적용하게 된다. (예시)

*시점 甲子년 ○월 ○일 ○시 ○분

*작괘 **분**시일월년

　　　　주주주주주

*오주 **丁**辛丙己甲

　　　　酉卯子○子

*간명 **조**미현근과

　　　　짐래재래거

(2) 간법의 묘용

『오주괘관법(五柱卦觀法)』에서는 '음양오행을 알면 사주팔자가 보이고, 사주팔자를 알면 오주 괘가 보이며, 오주괘를 알면 천기의 조짐이 보이니, 오주괘관법은 간지 점술의 정수이다.'[150]고 한다. 분주 세우는 법 등 간법의 묘용에 관해서는 기회가 되면 상세히 설명토록 할 것이다.

2) 실증적 실험

학술적 논리와 오주괘 관법(觀法) 방법은 차후에 설명하기로 하고, 현존하는 정치적 문제를 실험해봄으로써 오주괘의 정확성을 알아보기 위해 채택한 예문이다.

작괘(作卦) 일시를 위조하거나 내용 등을 꾸미지 않았으며 누구를 비난하고 비판하고자 하는 것은 절대 아니다. 점괘에 관심을 가지거나 공부하고자 하는 학인들을 위한 자료로 제시하는 만큼 학문적 발전을 위한 충정으로 봐주면 되겠다. 오행의 적용방법과 간명에 대한 설명은 각인에 따라 차이는 있을 수 있으므로 이를 참작해서 보면 된다.

(1) 간증 내역

근간 일간신문 1면에 도배가 되다시피 실리고 있는 뉴스가 법원과 검찰청과의 사이에 벌어지고 있는 사건들이다. 그중에 압권이 추미애 법무장관이 윤석열 검찰총장의 업무를 중지시킨 일이다. 윤석열 총장은 이점이

---

150) 낭월,박주현,『오주괘관법(五柱卦觀法)』삼명사, 참조

 잡론요결

부당하다 하여 법원에 가처분 신청을 하여 정상업무를 수행할 수 있도록 요청하였는데 법원의 판단은 어떻게 나올 것인가? 이에 오주괘로 점을 쳐보기로 한다. 우선 오주괘를 뽑는 것이 중요한 것인 만큼 아래와 같이 동하는 일시를 적어두고 작괘를 한다.

◇ **1차 看證**

*문점내용 : 윤석열 검찰총장이 업무에 복귀할 것인가?

*작괘일시 : 2020. 11. 30. 09시 26분

*오주괘   : 丙甲丁丁庚

　　　　　　寅辰丑亥子

점괘의 답은 업무복귀가 가능하다는 결론이다. 왜 그런 해답이 나온 것인지를 검토하여 보자. 먼저 일간 丁火를 당사자로 두고 일반사주 간명과 같은 방법으로 통변을 한다.

먼저 일간은 년주와 월주의 관계와 주위환경을 살펴보게 된다. 일간 丁火는 동지섣달에 태어나고 지지가 亥子丑 방합을 이룬 수기(水氣)로 강하게 극을 당하고 있다. 이는 과거와 현재의 처한 형편을 나타내고 있다. 다만 오직 월간 丁火가 우호세력이지만 그 또한 지지 亥水에 극을 받고 있으며 암합(暗合)을 하고 있어 크게 도움이 되지 않고 걱정스러운 마음만 전달될 뿐이다. 그러다 보니 현재의 입장은 고립무원인데 관련자 등으로부터 강한 압박과 위협 속에서 고달픈 환경에 처하여 있다는 것을 단적으로 알 수가 있다.

그럼 앞으로는 어떤 결론이 날 것인가 하는 점이다. 미래사를 알 수가 있는 것은 시주와 분주의 동태인데 이를 검토하여 보면 시주는 미래를 나타내고 분주는 조짐(兆朕)과 영향을 나타내므로 이에 동향을 주의 깊게 관찰하여 보는 것이다. 먼저 시주가 甲辰이다.

甲木이 가장 좋아하는 것이 辰土인데 이는 절기상 봄이고 水의 성분과 같이 자양분을 듬뿍 가지고 있기 때문이다. 그런 木이 일간 丁火를 돕고 있으니 미래의 운은 좋다고 보는 것이다. 분주는 조짐이라 하였으니 이 또한 동지섣달에 丙火 태양이 寅에 장생으로 밝은 기운을 나타내고 있어 좋은 조짐을 나타낸다고 볼 수가 있겠다.

특히 亥子丑 귀살이 일간을 무정하게 극하고 있으나 시주와 분주의 甲木과 寅辰 목국이 관인상생(官印相生)으로 통관시키고 있으니 이는 많은 사람이 돕는 형국이다. 이런 사정을 감안(勘案)하면 업무복귀가 무난할 것으로 판단한다.

◇ **2차 看證**

*문점내용 : 윤석열 전 검찰총장이 국민의 힘 대통령 후보 경선에 당선
　　　　　 되겠는가? 하고 물었다.

*작괘일시 : 2021. 11. 01. 19 : 07

*오주괘　 : 戊辛癸戊辛
　　　　　　子酉丑戌丑

결론부터 말하면 답은 당선이 된다고 본다. 어떤 이유로 가능하다고 판단하였을까? 일간 癸水를 당사자로 보고 타 육신(六神)과의 연관성을 관련지어 그 하나하나를 관찰하고 분석하여 보도록 한다.

먼저 월주(月柱)가 戊戌이요, 년지가 丑土이고 일지 또한 丑土로 월지와 삼형(三刑)을 하고 있다. 土는 무정한 귀살(鬼殺)의 모습으로 나타나고 있다. 이 문제를 해결하고자 년간(年干)의 辛金이 투출(投出) 되어 자비로운 모성의 역할을 하고자 한다. 그러나 그 인성(母) 토다급매(土多急埋)로 土에 파묻혀 있는 형국이다. 마음은 토살(土殺)을 통관시켜 일간을 돕고 싶으나 몸이 따라 주지 못하니 빛 좋은 개살구에 불과하다.

다음 시주(時柱)가 辛酉로 일간 癸水를 돕는 인성이다. 이 또한 일주와 酉丑으로 합을 하고 일간 癸水를 돕는 인성의 역할을 다하고 있다. 다만 다정하면서도 실속을 차리는 계모의 상이다. 어떻든 아름다운 상으로 어미의 역할을 다하고자 한다. 그리고 분주(分柱)가 戊子이다.

이는 조짐의 별로 앞으로 일어날 일에 대한 예고성을 띠고 있다. 앞에서 설명한 바와 같이 戊土는 정관으로 정당한 관성이니 앞으로 감투를 쓰게 된다는 암시를 주고 있다. 그것도 子丑으로 합을 하고 있어 인연을 맺고 있으니 틀림없이 성공할 것을 말하고 있다.

이렇게 서로 얽혀 있는 관계를 정리해 놓고 좀 더 확실한 방법을 찾아 검토해 보면 된다. 먼저 일간을 기준으로 하여 전반기와 후반기를 나누어 보는 방법이다.

즉 전반기(前半期)를 인사물(人事物)로 나누어 분석하여 보면 곧 인(人)은 사람이요 사(事)는 사건이며 행위이다. 물(物은) 형상이며 사유이다. 먼저 인(人)을 검토하여 보자, 월간은 정관(正官)으로 일간을 적극적으로 합을 하는 형국임을 알 수가 있다. 이는 일간이 여러 사람과 끈끈한 인간관계를 형성하고 있다는 것과 동시에 또 여러 사람으로부터 견제와 통제를 받고 있다는 것을 나타내고 있는 형국인데 이것은 합법적으로 이루어지는 행위임을 말하고 있다.

다음 사(事)는 지세지형(持勢之形)으로 강한 힘을 가지고 있다는 것을 보여주고 있다. 이는 힘을 얻고 강한 행위를 할 수 있다는 것을 나타내는데 그것이 내가 그렇게 할 수도 있고, 다른 사람들로부터 통제와 견제를 당하는 경우로 이런 일들이 동시에 일어날 수가 있다.

특히 물(物)은 결과론으로 인사(人事)의 일들이 사실적으로 나타날 수 있는 여건이 성숙 될 수가 있다는 것이다. 다만 월주가 戊戌로 귀살(鬼殺)의 역할을 할 수가 있고 더욱 지지가 丑戌로 삼형을 취하고 있어 많은 土가 일간을 무정하게 극하고 있다는 것을 나타내고 있다.

다음 후반기(後半期)로 관살(官殺)인 土를 분주 辛酉가 土생 金으로 통관시키는 별로서 일간이 도움을 받게 되어 귀살로부터 해방이 됨을 알 수가 있다. 이는 하늘의 도움이 있다는 것을 의미하기도 해석할 수가 있을 것이다. 실체적으로 일간이 도움을 받게 됨을 알 수가 있다.

총론으로 설명할 수 있는 것은 '일간의 癸水는 음수로서 총명하고 지혜롭고 생각이 깊은 별이다. 戊土와 합을 하는 것은 무정지합(無情之合)이라 하나 이 또한 정이 없을 수도 있지만, 대의로서 조정이 가능할 것이고, 정관으로서 바른 행위를 하고자 하는 마음과 행동이 따르고 있음을 나타내고 있다.

분주가 戊子이다. 분간이 戊土 정관이고 분지가 비겁인 子水이다. 이는 뭘 말하고 있는가, 즉 동기(動機)가 분명한 우인들이 감투를 씌워 주는 형상이다. 이 감투는 조짐으로 조상과 하늘의 음덕과 공덕으로 이루어지는 상이니 받아들임은 당연한 것으로 볼 수가 있지만, 오직 감사한 마음을 가지는 것은 인간의 도리일 것이다.

 잡론요결

간단하나마 위와 같은 일들이 자연스레 전개될 거로 판단할 수가 있다. 옛말에 이르길 '군왕과 군주는 하늘의 뜻으로 이루어진다.'라고 한다면 대통령 또한 같은 원리로 탄생하지 않을까? 두고 볼 일이다.

◇ 3차 看證

일전에 늘 가는 공원에 산책갔다가 안면이 있는 사람이 금번에 치러지는 대통령선거에 '누가 당선될 것인가 하고 물어 왔다.' 가벼운 농담 정도의 질문일 수도 있겠지만 받아들이는 쪽에서는 적지 않은 부담이 되는 것이다. '그건 나도 모른다. 오직 하늘만이 알겠지요!' 하였더니 아니나 다를까 당신은 역학자라 하면서 그것도 모르느냐고 책망을 주기에 은근히 화가 났지만 왈가왈부하기가 싫어서 그냥 무시하였는데 같이 있던 주위 사람들이 호기심을 가지고 계속 재촉하기에 물러서기도 그렇고 해서 오주괘(五柱卦)라는 점괘를 작성하여 결과를 점쳐보기로 하였는데 결과는 다음과 같이 나타나는 것이다.

*문점내용 : 2022년 3월 대통령선거에 이재명 경기도지사가 당선이 될 것인가?

*작괘일시 : 2021. 10. 21. 07 : 28

*오주괘　 : 甲癸丁戊辛

　　　　　　寅卯未戌丑

일간 丁火를 이재명 경기도지사로 보고 간명을 하게 된다. 일단 연월일을 보면 일간 丁火는 년지와 일지와 월주가 土로서 상관성(傷官星)이 강하게 작용하고 있음을 알 수 있다. 상관은 능력과 표현력으로서 본인의 뜻과 말이 남들에게 잘 전달된다는 의미이다. 그것 또한 배설의 창구로 4개나 있으니 임기응변이 뛰어남을 알 수가 있다.

다만 많은 토가 丑戌未 삼형살(三刑殺)을 이루고 있으니 자기가 한 말이 씨가 되어 부면(負面)의 일들이 일어나는 경우가 많게 된다. 즉 이는 지세지형(持勢知刑)의 삼형살(三刑殺)로 자기 힘과 재주로서 능력과 활동성을 인정을 받게 되지만 남의 사정을 감안 하지 않고 지나치게 자기 위주로 말과 행동을 하게 되어 타인들로부터 불평과 불신을 초래케 하고 그로 인한 일들이 과오(過誤)로서 돌아오는 것이다. 특히 편관 칠살이 시간에 투출되어 일간을 공박하고 억압하는 것은 미래가 지속적으로 편안하지 않음을 알 수가 있다. 또 丁火가 모자멸자(母慈滅子)의 형국을 당하고 있음을 알 수가 있다.

특이한 것은 분주가 인수로서 강하다. 이는 많은 이들이 일간을 도운다는 의미가 있다. 다만 과유불급이라 도움이 지나쳐 그것이 오히려 화가 되는 경우이다.

즉 분간의 甲木에다 분지의 寅木이 시지의 卯와 방국을 이루고 있고 또 卯는 일지의 未토와 삼합을 하여 목다화식(木多火熄)의 형국을 이루고 있다. 특히 시간 癸水가 이들을 돕고 있어 '지나침은 모자람만 못하다'라는 격언이 적용되는 형국인데 그러므로 조심스러운 일이지만 위 간명으로 봐서는 이재명 경기도지사가 금번 대통령에 선거에 당선되기가 어렵다는 것을 짐작할 수가 있다.

잡론요결

◇ **4차 看證**

작금에 일어나고 있는 정치사 중 중요한 한두 대목을 오주괘(五柱卦)의 간법으로 간명하여 보고자 한다.

*문점내용 : 윤석열 대통령은 탄핵을 당할 것인가?

*작괘일시 : 양력 2024. 12. 26. 17:24분

*오주괘상 : 壬壬甲丙甲

　　　　　　　　寅申子子辰

*형상

　1. 인다신강(印多身强)

　2. 寅申 충

　3. 丙火 절각

　4. 申子辰 삼합

　5. 수다목부(水多木浮)

　6. 子子·복음 등

　7. 寅辰 원합

*간명

일간 甲木을 주인공으로 하고 명조를 분석한다. 일간 甲木이 동지섣달 申시에 태어났다. 한기가 태심하여 화기(火氣)가 필요하다. 월간 丙火가 조후용신(調候用神)으로 가미(嘉美)나 월지 子에 절각을 당하고 있으니 무용지물이요, 또 지지가 子子 복음을 하고, 申子辰 삼합으로 수기(水氣) 왕성하여 일간 甲木이 부목(浮木)이 되고 있다.

이를 형상(形像)으로 간명을 하게 되면 일간 甲木은 寅에 뿌리를 두고 있는 11월의 대림목(大林木)으로 반굴(盤屈)의 경향이 있으나 丙火 태양이 대지를 따뜻하게 비추니 그 기세(氣勢)가 웅장하고, 말과 행위는 만인(萬人)으로부터 존경과 모범의 표상이 될 것이다.

다만 세월이 조금 지나면 시지 申金이 관록이요 권력이니 寅木을 충하여 일간의 뿌리를 뽑고, 인성(印星)인 子子가 복음(伏陰)으로 육친의 도움이 오히려 열화(熱火)를 낳을 것이며, 申子辰 삼합은 수기(水氣) 태왕을 일으켜 모자멸자(母慈滅子)의 부목 형국(形局)을 갖추고 있다.

고로 그 뜻은 원대하다 할 수 있으나 돕는 이들이 오히려 해가 되는 인성과다(印星過多)를 일으켜 스스로 자멸되는 형상으로 귀결된다고 할 수 있겠다.

*결론

탄핵을 당한다.

◇ 5차 看證

탄핵정국으로 세상이 시끄럽다. 만약 탄핵이 된다면 대통령선거를 조기에 하게 될 것이다. 공기(空氣)로 민주당 이재명 대표가 국민의 지지율이 높아 당선될 가능성이 있다고들 한다.

*문점내용 : 이재명 민주당 대표가 차기 대통령에 당선되겠는가?

*작괘일시 : 양력. 2025. 01. 20. 11 : 04

*오주괘상 : 甲己己丁甲

　　　　　　子巳丑丑辰

*형상

　甲己합

　丑辰파

　子辰합

　巳丑합

　일간 태왕

　삼기성상

*간명

일간 己土를 주인공으로 두고 팔자 간명을 시도한다.

일간 己土는 동짓달인 丑월에 태어났다. 따뜻한 온기가 있어야 만물을 생육(生育)할 수가 있으니 화기(火氣)의 역할을 하는 조후 간지가 있는지를 우선 보아야 한다는 것과 오주(五柱) 전반이 土 일색으로 일간이 태왕하다 보니 부억(扶抑)할 간지의 역할이 필요하다는 것을 말하고 있다. 이들 간지의 역할을 명리학에서는 용신(用神)이라 명명하고 간명의 제일감으로 중요하게 다루고 있다.

일간 己土가 필요로 하는 조후(調候) 용신으로 월간 丁火와 일지 巳火가 있고, 억부 용신으로 甲木이 년간과 분간에 투출(投出) 되어서 천간과 지지로 상호 도움을 받고 있으니 오주패(五柱卦)는 귀상(貴相)임을 나타낸다.

다만 오주 10자의 정적(情迹)이면서 동태적(動態的) 활동이 앞으로 어떻게 전개될 것인가가 요점이므로 이들의 반향(反響)을 파악하는 것이 중요하다. 할 것이다. 우선 일간 己土를 위주로 하여 전후로 나누어 전반(前

牛)을 간명(看命)한다.

○○己丁甲
○○丑丑辰

　현재 일간 己土의 입장을 관망해보면, 년간(年干)의 甲木은 정관(正官)으로 권력이요 직장이며 직업이다. 辰土에 뿌리를 내리고 있으니 그 기세가 높다. 丁火를 생(生)하고 丁火는 일간을 돕고 있으니 원원유장(遠源流長)하고 생생불이(生生不已)로 음덕(蔭德)이 유장함을 나타내고 있다. 특히 기신(忌神)인 많은 土를 극하고 통제하고 있으니 용신(用神)의 역할을 톡톡히 하고 있다는 것을 보여준다. 이는 현재 자리가 권위나 권력이 유상(有相) 함을 의미하는 것으로 볼 수가 있겠다.

甲己己○○
子巳丑○○

　후반의 운명은 어떻게 흘러갈 것인가? 일주가 己丑이다. 시주(時柱)의 己巳는 미래(未來)요, 분주(分柱)의 甲子는 조짐(兆朕)으로 그들의 활동과 역량이 일간의 운명을 좌우할 것이니 이들의 동태를 파악하는 것이 중요하다.
　첫째 일간 己土는 시간 己土와 분간 甲木을 두고 쟁합(爭合)을 하고 있다. 둘째 일간은 丑土에 뿌리를 두고 巳丑으로 합을 하고 있으며 子丑으로도 합을 하고자 한다. 셋째 시간 己土는 분간 甲木과 선합(先合)을 함으로 일간 己土는 합이불이(合而不移)가 되고 있다. 넷째 조후용신 巳火는 일간과 시간 己土를 생하면서 子水로부터 극을 당하고 또 子丑 합을 막고 있다. 다섯째, 분지 子水는 용신 巳火를 극 하면서 丑土와 합을 하고자 한다. 여섯째 일간 주위의 많은 土로 인해 뿌리 없는 甲木이 상모(相侮)의 상처를 입는 형상으로 나타난다. 일곱째 분주의 甲木은 12 운성의 목욕지(沐浴地)에 앉아 있어 바람에 나불대는 갈대와 같다.

甲己己丁甲

子巳丑丑辰

총체적으로 오주 10자 중 土가 5개요 土를 돕는 인자가 2개가 있어 도합 7개가 일간의 힘으로 태왕함을 알 수 있다.

그러므로 일간을 통제할 수 있는 甲木이 용신으로 중화(中和)를 추구할 수 있어야 한다. 그러나 일간의 힘으로 인해 오히려 용신 甲木이 뿌러지는 토다목절(土多木絶)의 형상을 하고 있다. 이는 암장된 金오행이 설기(洩氣) 시키지 못하고 있기 때문이기도 하다. 또 꺼리는 것은 시주 己巳의 역할로 己土는 甲木과 선합(先合)으로 일간의 합이불합(合而不合)을 초래하고, 巳火는 용신이면서 시간(時干)을 돕는 기신(忌神)의 역할을 하고 있다.

재론하면 일간 己土의 마음은 정관 甲木과 합에 뜻이 있어 노심초사(勞心焦思) 하나 시주 己巳와 주위의 많은 土로 인해 뜻을 이루기가 요원하다 할 것이다.

*결론 - 대통령 당선이 어렵겠다.

(2) 실상과 허상

실상(實相)은 현실이고 꿈은 허상(虛像)이다. 인생은 무한의 세계에서 현장의 세계로 와 실상과 허상에서 살다가 왔던 곳으로 돌아간다. 현실의 여정은 희로애락(喜怒哀樂)을 동반하고 현상으로 나타난다. 꿈은 미지(未知)의 일로 기대(期待)와 불안과 공포 등을 동반한다. 문제는 허상의 일을 현실적으로 해소할 수 있는 일은 없다는 것에 있다. 그러기 때문에 점(占)이 탄생하는 것이다.

점은 일종의 영감(靈感)이다. 종교인이 느끼고 말하는 신의 계시를 받았다는 것도 영감으로 볼 수가 있겠다. 일반인들도 영감을 때론 받기도 한다. 그것은 대체로 꿈에서 이루어지는 경우가 많지만, 비몽사몽 중에서 나타나기도 하고 특이하게 현실적으로 일어나는 경우가 있기도 하다. 그래서 점을 신봉하기도 기원하기도 하는 것이다.

오주괘(五柱卦)는 1년 365일 8760시간 525600분에서 채택된 영감으로 이루어진 것이다.

참고 문헌

- 干支曆과 명운論
- 窮通寶鑑
- 명리학개론
- 四柱定說
- 四柱何知章
- 四柱와 疾病醫學
- 運氣學說
- 淵海子平精解
- 五柱卦論法
- 子平眞詮評註
- 造化元鑰
- 中國命理學史
- 滴天髓
- 적천수풀이
- 推命書
- 현대명리학
- 五柱卦觀法

帀論要訣
잡론요결

초판 1쇄 발행 2025년 3월 28일

지은이	이봉태
펴낸이	이기봉
편집	좋은땅 편집팀
펴낸곳	도서출판 좋은땅
주소	서울특별시 마포구 양화로12길 26 지월드빌딩 (서교동 395 - 7)
전화	02)374 - 8616~7
팩스	02)374 - 8614
이메일	gworldbook@naver.com
홈페이지	www.g - world.co.kr

ISBN 979-11-388-4141-2 (03180)